全国交通运输职业教育高职汽车运用与维修技术专业规划教材

Qiche Jixie Jichu
汽车机械基础

全国交通运输职业教育教学指导委员会　**组织编写**
孙　旭　**主　　编**
陈　松　**副主编**
王　芳　**主　　审**

人民交通出版社股份有限公司
China Communications Press Co.,Ltd.

内容提要

本书为全国交通运输职业教育高职汽车运用与维修技术专业规划教材。本书分为七个模块，主要内容包括：汽车构件力学分析基础、汽车常用工程材料、汽车通用零部件、汽车零件加工基础、汽车常用机构、汽车常用机械传动、汽车液压与气压传动。

本书可作为高等职业院校汽车运用与维修技术专业、汽车检测与维修技术专业的教学用书，也可作为汽车检测与维修技术人员的培训教材。

图书在版编目（CIP）数据

汽车机械基础/全国交通运输职业教育教学指导委员会组织编写；孙旭主编．—北京：人民交通出版社股份有限公司，2019.11

ISBN 978-7-114-15766-0

Ⅰ.①汽… Ⅱ.①全…②孙… Ⅲ.①汽车—机械学—高等职业教育—教材 Ⅳ.①U463

中国版本图书馆 CIP 数据核字（2019）第 171336 号

书　　名：	汽车机械基础
著 作 者：	孙　旭
责任编辑：	张一梅
责任校对：	张　贺
责任印制：	张　凯
出版发行：	人民交通出版社股份有限公司
地　　址：	（100011）北京市朝阳区安定门外外馆斜街 3 号
网　　址：	http://www.ccpress.com.cn
销售电话：	(010)59757973
总 经 销：	人民交通出版社股份有限公司发行部
经　　销：	各地新华书店
印　　刷：	北京市密东印刷有限公司
开　　本：	787×1092　1/16
印　　张：	15
字　　数：	352 千
版　　次：	2019 年 11 月　第 1 版
印　　次：	2019 年 11 月　第 1 次印刷
书　　号：	ISBN 978-7-114-15766-0
定　　价：	38.00 元

（有印刷、装订质量问题的图书由本公司负责调换）

前　言

为贯彻落实《国务院关于印发〈国家教育事业发展"十三五"规划〉的通知》(国发〔2017〕4号)精神,深化教育教学改革,提高汽车技术人才培养质量,满足创新型、应用型人才培养目标的需要,全国交通运输职业教育教学指导委员会组织来自全国交通职业院校的专业教师,按照教育部发布的《高等职业学校汽车运用与维修技术专业教学标准》的要求,紧密结合高职高专人才培养需求,编写了全国交通运输职业教育高职汽车运用与维修技术专业规划教材。

在本系列教材编写启动之初,全国交通运输职业教育教学指导委员会组织召开了全国交通运输职业教育高职汽车运用与维修技术专业规划教材编写大纲审定会,邀请行业内知名专家对该专业的课程体系和教材编写大纲进行了审定。教材初稿完成后,每种教材由一名资深专业教师进行主审,编写团队根据主审意见修改后定稿,实现了对书稿编写全过程的严格把关。

本系列教材在编写过程中,认真总结了全国交通职业院校的专业建设经验,注意吸收发达国家先进的职业教育理念和方法,形成了以下特色:

1. 与专业教学标准紧密衔接,立足先进的职业教育理念,注重理论与实践相结合,突出实践应用能力的培养,体现"工学结合"的人才培养理念,注重学生技能的提升。

2. 打破了传统教材的章节体例,采用模块式或单元+任务式编写体例,内容全面、条理清晰、通俗易懂,充分体现理实一体化教学理念。为了突出实用性和针对性,培养学生的实践技能,每个模块后附有技能实训;为了学习方便,每个模块后附有模块小结、思考与练习(每个单元后附有思考与练习)。

3. 在确定教材编写大纲时,充分考虑了课时对教学内容的限制,对教学内容进行优化整合,避免教学冗余。

4. 所有教材配有电子课件,大部分教材的知识点,以二维码链接动画或视频资源,做到教学内容专业化,教材形式立体化,教学形式信息化。

《汽车机械基础》是本系列教材之一。全书由江苏航运职业技术学院孙旭担任主编,常州机电职业技术学院陈松担任副主编,浙江交通职业技术学院王芳担任主审。参加本教材编写工作的有:孙旭(编写模块一至模块三、模块六),陈松(编写模块四),江苏航运职业技术学院王昕灿、奇瑞汽车股份有限公司赵银森(编写模块五),江苏航运职业技术学院程小平(编写模块七)。

由于编者水平和经验有限,书中难免存在不足或疏漏之处,恳请广大读者提出宝贵意见,以便进一步修改和完善。

全国交通运输职业教育教学指导委员会
2019年2月

目　录

绪论 ………………………………………………………………………………… 1
　一、机械概述 …………………………………………………………………… 1
　二、汽车机械基础课程的性质和内容 ………………………………………… 2
　三、汽车机械基础课程的任务 ………………………………………………… 3
　四、汽车机械基础课程的学习方法 …………………………………………… 3

模块一　汽车构件力学分析基础 ……………………………………………… 4
　一、物体静力分析和受力图的绘制 …………………………………………… 4
　二、平面力系分析及应用 ……………………………………………………… 12
　三、旋转构件的运动与动力分析 ……………………………………………… 21
　四、构件承载能力分析 ………………………………………………………… 26
　技能实训 ………………………………………………………………………… 32
　模块小结 ………………………………………………………………………… 33
　思考与练习 ……………………………………………………………………… 33

模块二　汽车常用工程材料 …………………………………………………… 36
　一、汽车零件材料性能分析 …………………………………………………… 37
　二、晶体结构与铁碳合金相图 ………………………………………………… 43
　三、钢的热处理 ………………………………………………………………… 49
　四、汽车常用金属材料 ………………………………………………………… 52
　五、汽车常用非金属材料 ……………………………………………………… 61
　技能实训 ………………………………………………………………………… 67
　模块小结 ………………………………………………………………………… 68
　思考与练习 ……………………………………………………………………… 68

模块三　汽车通用零部件 ……………………………………………………… 71
　一、紧固件与连接件 …………………………………………………………… 71
　二、轴 …………………………………………………………………………… 80
　三、轴承 ………………………………………………………………………… 87
　四、联轴器、离合器和制动器 ………………………………………………… 99
　技能实训 ………………………………………………………………………… 105
　模块小结 ………………………………………………………………………… 106

思考与练习 ··· 107
模块四　汽车零件加工基础 ··· 108
　　一、金属压力加工 ··· 108
　　二、焊接加工基础 ··· 113
　　三、金属切削加工 ··· 120
　　技能实训 ·· 129
　　模块小结 ·· 130
　　思考与练习 ··· 130

模块五　汽车常用机构 ·· 133
　　一、机构的组成及运动简图 ··· 133
　　二、平面连杆机构 ··· 138
　　三、凸轮机构 ··· 144
　　四、棘轮机构和螺旋机构 ·· 148
　　技能实训 ·· 152
　　模块小结 ·· 153
　　思考与练习 ··· 153

模块六　汽车常用机械传动 ··· 156
　　一、带传动 ·· 156
　　二、链传动 ·· 167
　　三、齿轮传动 ··· 173
　　技能实训 ·· 193
　　模块小结 ·· 194
　　思考与练习 ··· 194

模块七　汽车液压与气压传动 ·· 197
　　一、液压传动基础知识 ··· 197
　　二、典型液压控制回路及在汽车上的应用 ··· 213
　　三、气压传动基础知识 ··· 220
　　四、气压基本回路及汽车典型气压传动系统 ·· 228
　　技能实训 ·· 231
　　模块小结 ·· 232
　　思考与练习 ··· 233

参考文献 ·· 234

绪 论

建议课时

2课时。

一、机械概述

人们在生产和生活中广泛使用的汽车,是根据汽车的工作条件、性能要求选择机械工程材料,再进行加工制造获得各种零、部件,再经过装配、调试后形成整车。内燃机是工业生产中的重要动力机器,也是传统车辆的动力来源,图0-1所示为一种单缸内燃机,它由汽缸体1、活塞2、进气门3、排气门4、连杆5、曲轴6、凸轮7、顶杆8、齿轮9和10等组成。通过在汽缸内的进气—压缩—做功—排气循环过程,使可燃混合气燃烧的热能转变为曲轴转动的机械能。

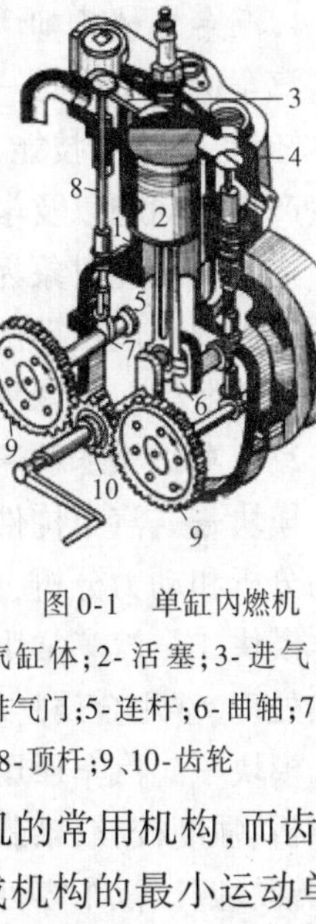

1. 机器特征

汽车、单缸内燃机都属机器范畴,机器的种类繁多,结构和用途也各不相同,但总的来说机器有三个共同的特征:①都是人为的实物组合;②组合体中各运动单元之间具有确定的相对运动;③能实现能量转换或完成有用的机械功。

图0-1 单缸内燃机
1-汽缸体;2-活塞;3-进气门;4-排气门;5-连杆;6-曲轴;7-凸轮;8-顶杆;9、10-齿轮

2. 机构、构件与零件

由多个实物组合,能实现相对运动特征的物件称为机构,仅具备前一个特征的称为构件。如齿轮机构、凸轮机构都是汽车发动机的常用机构,而齿轮、凸轮、连杆等是构件。机构是机器中相对运动的单元体;构件是组成机构的最小运动单元体。构件可以是单一零件,或是一个无相对运动的组合体。在机器中不可拆的制造单元体称为零件。零件分两类:一类是通用零件,如螺栓、螺母、垫圈等;另一类是专用零件,例如活塞、曲轴等。

3. 部件

将若干个能协同完成某一功能的、由零件组成的相对独立系统称为部件,部件是装配的最小单元。如离合器、变速器、后桥等。

4. 机器与机械

机器由若干机构、构件、零件组成,机械是机器和机构的总称。从广义上定义:机器是用

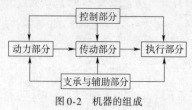

图0-2 机器的组成

来转换或传递能量、物料和信息的,能执行机械运动的装置。机器的组成一般包括:动力部分、传动部分、工作部分、控制部分和支承与辅助部分(图0-2)。

(1)动力部分主要有电动机和内燃机,用来产生动力;

(2)传动部分用来传递运动和动力;

(3)工作部分又叫执行部分,用来完成预期的机械运动;

(4)控制部分用来控制和协调各部分动作;

(5)支承与辅助部分用来组成机器整体,协调部分功能。

机器的各组成部分随其用途不同而各异,但在不同的机器组成中,常包括齿轮、带轮、凸轮、连杆、液压、气压等传动机构,以及轴、轴承、联轴器、离合器、键、螺栓、销和弹簧等零部件,包含有机械、电气等传动、控制元件和机构。它们在不同的机器中所起作用和工作原理基本相同,是各种机器共同的、重要的组成部分。对这些常见机构、零部件和元件,一般称为常用机构、通用零部件和元件。

二、汽车机械基础课程的性质和内容

1.汽车机械基础课程的性质与研究对象

汽车机械基础是一门综合性技术基础课,旨在培养学生从事汽车行业相关工作所需的基本知识、理论和技能,使之具备分析、设计、运行和维护机械设备和机械零件的能力,为解决生产实际问题以及学习专业技能或学习有关新的科学技术打下基础。

本课程研究对象为汽车机械。一是综合运用力学、工程材料及热处理等知识,去解决汽车常用机构和通用零部件的选用、设计与加工问题;二是以汽车中常用的传动方式为主线开展课程的教学。本课程涉及的知识面广,实践性强,侧重于汽车维修工程实务。

2.汽车机械基础课程的内容

模块一 汽车构件力学分析基础。主要对构件进行静力分析,对平面力系与构件进行运动分析和动力分析,以及对构件在轴向载荷作用下进行应力及强度计算等。

模块二 汽车常用工程材料。主要介绍材料的基本性能、金属结构与铁碳合金相图、钢的热处理、常用金属材料和非金属材料的牌号、种类、性能及用途。

模块三 汽车通用零部件。主要介绍螺纹紧固件、键与销以及轴系零部件的结构及材料分析、强度校核、轴毂的连接、滑动轴承、滚动轴承的选用与维护。

模块四 汽车零件加工基础。主要介绍金属压力加工的基础知识,锻造加工、焊接加工的基础知识与工艺,金属切削加工的基础知识、金属切削加工的工艺特点,各种加工方法所用设备的工作原理和应用范围。

模块五 汽车常用机构。主要介绍平面连杆机构、凸轮机构的组成、类型、特点及其应用,运动过程及运动参数分析;介绍机器中常用机构的组成与工作原理、结构特点以及设计的基本原理和选用方法。

模块六 汽车常用机械传动。主要研究带传动与链传动的类型、特点及应用,结构张紧与维护,齿轮传动的类型与特点,基本参数与几何尺寸计算,斜齿圆柱齿轮、直齿圆锥齿轮、蜗轮蜗杆传动、轮系基础知识。

模块七　汽车液压与气压传动。主要介绍液压及气压传动基本概念，液压及气压系统的组成与表示方法，液压及气压元件的基本结构与工作原理，对典型的汽车液压、气压传动系统进行实例分析。

三、汽车机械基础课程的任务

(1)掌握常用材料的牌号、种类、性能及用途，了解常用材料的成分、组织、性能之间的关系。了解常用热处理基本原理、特点及应用，初步具有合理选用材料的能力。

(2)了解零件各种加工工艺的基本原理和特点。了解各种加工方法所用设备、工具的工作原理和应用范围，掌握一些主要设备的基本操作方法。

(3)了解与本课程相关的新技术、新工艺、新设备、新材料的发展状况。

(4)熟悉常用机构、常用机械传动的工作原理、特点、应用、结构和标准及通用零部件的选用方法，具有正确分析、使用和维护机械的能力。

四、汽车机械基础课程的学习方法

本课程是从理论性、系统性很强的基础课和专业基础课向实践性较强的专业课过渡的一个重要转折点，学习本课程时除传统的学习方法外，还应注意以下几点：

(1)本课程是一门综合性的课程，应将多门专业基础课程的基本理论应用到实际中去解决汽车机械基础问题，不应孤立地、片面地学习和研究。

(2)本课程的多数模块内容是按照工作原理、结构、计算、工艺性、使用维护的顺序介绍的，要注重学习的完整性。

(3)本课程的研究对象多，内容繁杂，对每一个研究对象的基本知识、基本原理、基本思路和方法进行归纳总结，掌握其共性与个性，只有这样才能有效地提高分析问题和解决问题的能力。

(4)本课程实践性强，要多拆装汽车主要总成件，观察零部件实物，了解结构特点，分析相互间关系，提高对汽车机械的认识能力。

模块一　汽车构件力学分析基础

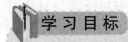

知识目标

1. 掌握静力分析的基本概念和基本定理；
2. 掌握平面力系的基本知识和有关定理；
3. 掌握旋转构件运动基本特征及基本参数的计算；
4. 掌握常用构件拉(压)的强度校核方法。

能力目标

1. 能综合运用力学基础知识分析汽车常用机构受力状况；能正确绘制受力图,并通过平衡条件求未知力；
2. 能分析并解决汽车及一般机械零部件中旋转部件不平衡问题；
3. 能对汽车常用构件的拉(压)进行强度校核；
4. 能从力学的角度对汽车及一般机械零部件的承载能力与工作情况进行评价与分析。

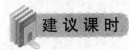

12 课时。

一、物体静力分析和受力图的绘制

 案例引入

自卸汽车举升机构静力分析。

图1-1　工程自卸汽车受力情况

如图1-1所示为某工程自卸汽车的受力情况,自卸车翻斗处于静止状态。翻斗可绕铰链支座 A 点转动,油缸推杆 BE 是二力构件,其受到的油缸推力为5000N,翻斗所受重力为12000N。求:(1)试画出推杆 BE 和翻斗的受力图。(2)求图示位置时铰链支座 A 处的约束反力。

要对自卸汽车举升机构进行受力分析、画受力图、对未知力求解,首先要掌握受力图、平衡、约束等有关基本概念，在实施过程中需正确运用静力学的基本知识，如二力平衡公理、三力平衡汇交定理及力的平行四边形法则，来解决问题。

对汽车机械基础的研究是以力学分析为基础的，而静力分析主要研究力系的简化以及物体在力的作用下平衡的普遍规律。力系是指作用于同一物体上的一组力，物体的平衡一般指物体相对于地面静止或做匀速直线运动。

(一)力

力是物体间相互的机械作用。力不能脱离物体而存在，即施力物体和受力物体同时存在。

力是一个具有大小和方向的矢量，力对物体的作用效果取决于力的三个要素：力的作用点、力的方向、力的大小。力的作用点表示力作用在物体上的部位，力的三要素中任何一个要素的改变，都会使力的作用效果改变。

把力的三要素用带箭头的有向线段表示出来叫力的图示。如图1-2所示，线段的长度(按一定比例画出)表示力的大小，箭头的指向表示力的方向，线段的起始点或终止点表示力的作用点。通过力的作用点，沿着力的方向的直线，叫作力的作用线。如图1-2a)所示，表示推力F沿水平方向向左，作用点在A点，大小为30N；如图1-2b)所示的重力G竖直向下，作用点在物体的重心O，大小为20N。

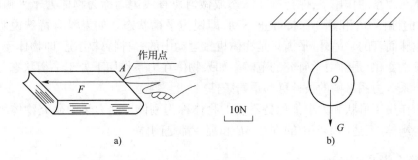

图1-2 力的图示

力的常见种类：

(1)重力。重力是物体受到地球的吸引而产生的力。重力的作用点在物体的重心上，方向总是垂直向下。

(2)弹力。当物体在外力作用下发生弹性变形时，反抗形变的力称为弹力。弹力的方向与物体恢复原来形状的趋势相同，与使物体发生形变的外力方向相反。在物体的弹性极限范围内，弹力的大小和弹性体的变形量成正比。

注意：弹力是发生形变物体所产生的力，它作用在使它发生形变的其他物体上。

(3)摩擦力。两个物体相互接触并有相对运动或相对运动趋势时，接触面上产生阻碍物体相对运动或相对运动趋势的力，称为摩擦力。摩擦力总是沿着接触面与物体相对运动或相对运动趋势的方向相反。

最大静摩擦力F_{max}的大小与两个物体之间的正压力F_N成正比，即：

$$F_{\max} = f_s F_N \tag{1-1}$$

式中：f_s——静摩擦系数，其大小与两接触面的材料及表面情况（粗糙度、干湿度、温度等）有关，与接触面积的大小无关。

讨论：如果已知静摩擦系数 f_s 和正压力 F_N，能否说摩擦力 $F = f_s F_N$？

（二）受力图

为了清楚地表示物体的受力情况，首先需要把所研究的物体从周围物体中分离出来，单独画出它的简图。这种从周围物体中隔离出来的物体称为分离体；画出分离体上所有作用力的图，称为物体的受力图。

画受力图的主要步骤如下：

(1) 选取研究对象。根据题目要求确定研究对象，将研究对象从与它相联系的周围物体（约束）中分离出来，用最简明的轮廓线单独画出。

(2) 受力分析。分析研究对象的受力情况，包括研究对象所受的主动力以及哪些物体（约束）对研究对象有力的作用。

(3) 画受力图。画出作用在研究对象上的全部已知力和约束反力。

（三）平衡

当物体在力系的作用下，保持静止状态或做匀速直线运动称为物体处于平衡状态。如图1-1所示的推杆 BE 和翻斗保持静止不动，即视为平衡状态。如果没有特殊说明，平衡总是相对于地球而言的。另外，平衡只是物体机械运动中的一种特殊情况，即物体受力后其运动状态不发生变化，是静力学研究的范畴。如果物体在力系作用下处于平衡状态，这种力系称为平衡力系。力系平衡的条件称为平衡条件。

在外力作用下形状和大小都保持不变的物体称为刚体。静力学中研究物体平衡时，都把它看作为刚体，上述图1-1中的推杆 BE 和翻斗都是刚体。

（四）静力学基本公理

静力学基本公理是人类在长期生活和生产实践中积累经验的总结，又经过实践的反复检验，证明是符合客观实际的普遍规律而建立的基本理论，是静力学全部理论的基础。

公理一：二力平衡公理

作用于同一刚体上的两个力，使刚体处于平衡状态的必要与充分条件是：这两个力大小相等，方向相反，作用在同一条直线上（简称：等值、反向、共线）。

提示：工程中经常遇到不计自重、只受两个力作用而平衡的构件，称为二力构件，当构件为杆状时，又习惯称为二力杆。根据二力平衡公理，作用于二力构件的两个力的作用线必定是沿着两个力作用点的连线，且大小相等，方向相反。

公理二：加减平衡力系公理

在刚体上作用有某一力系时，再加上或减去一个平衡力系，并不改变原有力系对刚体的作用效应。

推论一：力的可传性原理

作用于刚体上的力,可以沿着其作用线任意移动,而不改变力对刚体作用的外效应。图 1-3a)所示的小车,在力 F 的作用线上 B 点加一对与 F 等值且反向、共线的力 F_1 和 F_2,这样并不改变原来的力 F 对小车的作用效应。而 F 和 F_2 两力也符合等值、反向、共线的条件,也是平衡力系,若将这两个力从图 1-3b)中减去,得到图 1-3c)所示状态,同样不改变原来的力对小车的作用效应。这就相当于将原来的力 F 从 A 点沿其作用线移到 B 点,并不改变对小车的作用效应。

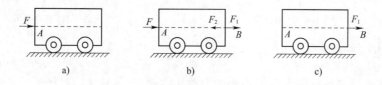

图 1-3 力的可传性原理

公理三：作用力与反作用力公理

两物体之间相互作用的力,总是同时存在,两者大小相等、方向相反、沿同一条直线,分别作用在两个物体上。

该公理表明,两个物体之间所发生的机械作用一定是相互的,即作用力与反作用力必须同时成对出现。这种物体之间的相互作用关系是分析物体受力时必须遵循的原则。

注意：作用力与反作用力公理中的一对力和二力平衡公理中的一对力是有区别的。作用力和反作用力分别作用在不同的物体上,而二力平衡公理中的两个力则作用在同一个物体上。

公理四：力的平行四边形法则

作用于刚体上某 A 点(或作用线交于 A 点)的两个力 F_1 和 F_2,可以合成为一个力,这个力称为 F_1 和 F_2 的合力。合力的大小和方向由以这两个力为邻边所组成的平行四边形的对角线来确定。如图 1-4a)所示,F 是 F_1 和 F_2 的合力。力的平行四边形公理符合矢量加法法则,即

$$F = F_1 + F_2 \tag{1-2}$$

为了作图方便,可用简单的作图法代替平行四边形,如图 1-4b)所示,只需画出三角形即可。其方法是自 A 先画一力 F_1,然后再由 F_1 的终端 B 画力 F_2,连接 F_1 的起端 A 与 F_2 的终端 C,即代表合力 F,这种作图法称为力的三角形法则。显然,其结果与画力的顺序无关。

推论二：三力平衡汇交定理

作用于刚体上同一平面内的三个不平行的力,如果使刚体处于平衡,则这三个力的作用线必汇交于一点。

此定理的证明很容易。如图 1-5 所示,设作用于刚体上同一平面内有三个力 F_1、F_2、F_3,力 F_1 和 F_2 的作用线相交于 B 点。根据力的可传性原理,将 F_1 和 F_2 分别沿其作用线移到 B 点,将两个力合成,其合力 F 必通过此交点。F 与 F_3 这两个力又使刚体平衡,所以 F 与 F_3 必等值、反向、共线,故 F_1、F_2、F_3 三个力的作用线必汇交于 B 点。

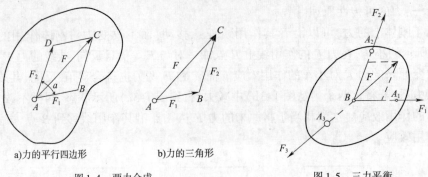

图 1-4 两力合成　　　　　图 1-5 三力平衡

(五) 约束

引起物体运动或使物体有运动趋势的力称为主动力,如重力、拉力等。主动力是促使物体运动的力,主动力一般是已知的。

限制物体某些运动的条件称为约束,约束作用于被约束物体上的力称为约束反力。约束反力是被动力,被动力一般是未知的。例如,如图 1-1 所示中的铰链支座 A 限制了工程自卸汽车的翻斗转动,铰链支座 A 就是翻斗的约束。铰链支座 A 作用于翻斗上的力,即是铰链支座 A 对翻斗的约束反力。

在静力学中,主动力和约束反力组成平衡力系,约束反力通常是由主动力引起的,并且取决于约束本身的性质、主动力及物体的运动状态,约束反力的大小可利用平衡条件来定量计算。

工程实践中,物体间的连接方式是很复杂的,下面介绍工程中常见的几种典型的约束类型,根据它们的结构特点,分析约束反力的作用点和方向。

1. 柔索约束

绳索、链条、胶带等柔性体都属于这类约束。由于柔索约束只限制物体沿着柔索伸长方向的运动承受拉力,不能承受压力或弯曲,所以柔索的约束反力必定是沿着柔索的中心线且背离被约束物体的拉力。如图 1-6 所示,起重机用钢丝绳起吊大型机械主轴,主吊索 AC 和 BC 对吊钩的约束反力分别为 F'_1 和 F'_2,都通过它们与吊钩的连接点,方向沿着各吊索的轴线指向背离吊钩。

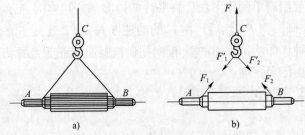

图 1-6 柔索约束

2. 光滑接触面(线)约束

当表面非常光滑(摩擦可以忽略不计)的平面或曲面构成对物体运动限制时,称为光滑接触面约束。物体在光滑接触面上可以沿着支承面自由地滑动,也可以朝脱离支承面的任何方向运动,但不能沿支持面在接触点处的公法线向着支承面内运动。所以,构成光滑接触面约束的约束反力通过接触点,方向沿着接触面的公法线并指向被约束物体。光滑接触面的反力又叫法向反力。如图 1-7 所示,其约束反力均为压力,常用 F_N 表示。

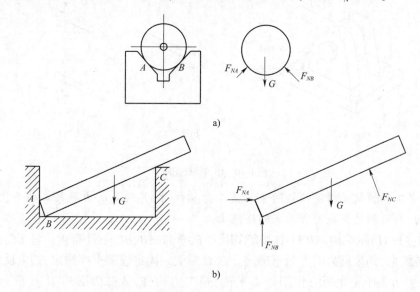

图 1-7　光滑接触面约束

3. 圆柱铰链约束

图 1-8a)中 A、B 两构件的连接是通过圆柱销钉 C 来实现的,这种使构件只能绕销轴转动的约束称为圆柱铰链约束。这类约束的特点是只能够限制构件沿垂直于销钉轴线方向的径向位移。若将销钉和销孔间的摩擦略去不计,则这类铰链约束称为光滑铰链约束。若构成铰链约束的两构件都是可以运动的,这种约束称为中间铰链,图 1-8b)为其简图形式。

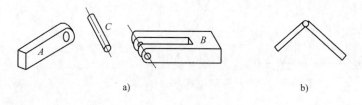

图 1-8　中间铰链

由于销钉与销孔之间看成光滑接触,根据光滑接触面约束反力的特点,销钉对构件的约束反力应沿着接触点处的公法线方向,且通过销孔中心,但接触点的位置不能预先确定。约束反力 F 的角度未知,它随着构件的受力情况而变化。为计算方便,约束反力通常用经过构件销孔中心的两个正交分力 F_x 和 F_y 来表示,如图 1-9 所示。

在圆柱铰链连接的两个构件中,如果其中一个固结于基础或支座上,这种约束称为固定铰链支座,简

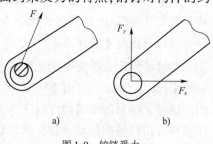

图 1-9　铰链受力

称固定铰链或固定支座[图1-10a)],简图如图1-10b)所示。其约束反力的方向也不能确定,仍表示为正交的两个分力F_{Ax}和F_{Ay}[图1-10c)]。

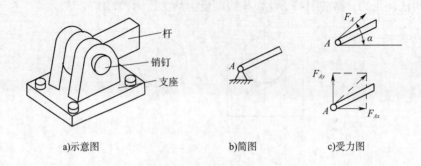

a)示意图　　　　　b)简图　　　　　c)受力图

图1-10　固定铰链支座

提示：当中间铰链或固定铰链约束的是二力构件时,其约束反力满足二力平衡条件,方向是确定的,在沿两约束反力作用点的连线上。

如图1-11a)所示结构,AB杆中点有作用力F,杆件AB、BC不计自重。杆BC在B端受到中间铰链约束,约束反力的方向不确定。在C端受到固定铰链支座约束,约束反力的方向也不确定,但BC杆受此两力作用处于平衡,是二力构件,该二力必过B、C两点的连线,见图1-11b)。

杆AB在A、B两点受力并受主动力F作用,是三力构件,符合三力平衡汇交定理,如图1-11c)所示。在画BC杆和AB杆受力图时应注意,中间铰链B必须按作用力与反作用力公理画其受力图。

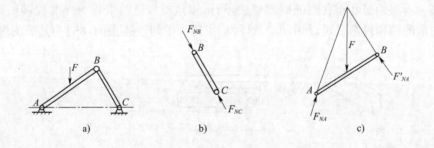

a)　　　　　b)　　　　　c)

图1-11　二力构件和三力构件

提示：固定铰链支座A可用图1-11c)所示的三力平衡汇交定理确定约束反力的方位,力的指向可任意假设,也可用互相垂直的两个分力表示。

4. 活动铰链支座约束

如果将固定铰链支座用几个辊轴支承在光滑面上,这种约束称为活动铰链支座,又称辊轴约束[图1-12a)],常用于桥梁、屋架等结构中。图1-12b)是活动铰链支座的简图和受力图。这种支座只能限制构件沿支承面垂直方向的移动,不能限制构件沿支承面水平方向的移动和绕销钉轴的转动,因此,活动铰链支座的约束反力垂直于支承面且通过销孔中心,指向不能确定,可任意假设。

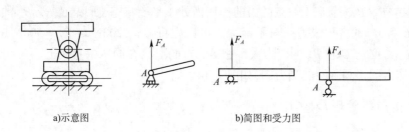

a)示意图　　　　　　　b)简图和受力图

图1-12　活动铰链支座

 案例解答

1)画推杆 BE 的受力图

(1)选取研究对象。选推杆 BE 为研究对象,画出它的简图。

(2)受力分析。推杆 BE 受油缸对它的推力和翻斗对它的作用力,是一个二力构件,并处于平衡状态。推杆受力情况要通过二力平衡公理确定。

根据二力平衡公理,推杆 BE 在油缸 E 处受到的力 F_E,方向由 E 指向 B;在 B 处受到翻斗的约束反力 F_B,方向由 B 指向 E。两个力大小相等,都等于油缸对推杆的推力 500N,方向相反,作用在同一条直线上。

(3)画受力图。画推杆 BE 的受力图,如图1-13所示。

2)画出翻斗的受力图

(1)选取研究对象。选取翻斗为研究对象,画出它的简图。

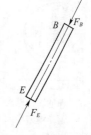

图1-13　推杆 BE 的受力图

(2)受力分析。翻斗受到三个力的作用:翻斗自身重力 G,作用于翻斗的重心,方向竖直向下,大小为 1200N;铰链 B 为外约束,对翻斗的约束反力 R_B;铰链 A 为外约束,对翻斗的约束反力 R_A。

①确定 B 处的约束反力 R_B。铰链 B 存在着推杆 BE 和翻斗之间的作用力与反作用力。铰链 B 对翻斗的作用力要通过作用与反作用公理来确定。

根据作用与反作用公理和推杆 BE 受力情况,已知推杆 BE 受到翻斗的作用力 F_B,方向沿推杆方向,大小等于油缸对推杆的作用力 F_E 即为 500N,所以,推杆 BE 对翻斗的作用力 R_A 方向与 F_B 相反,大小与 F_B 相等即为 500N,且与 F_B 在同一条直线上,作用于翻斗上 B 点。

②确定 A 处的约束反力 R_A。铰链 A 处对翻斗的约束反力 R_A 通过铰链 A 的中心,翻斗受到的 G、R_B、R_A 三个力作用处于平衡状态。所以,铰链 A 对翻斗的作用力 R_A 的方向可以通过三力平衡汇交定理来确定。

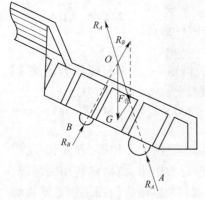

图1-14　翻斗受力图

翻斗受到 G、R_B、R_A 3个力作用而处于平衡状态,这3个力在同一个平面内,所以,R_A 的作用线必通过 R_B、G 两作用力的交点 O 和点 A,如图1-14所示。

翻斗受 G、R_B、R_A 个力作用汇交于一点,可以用力的平行四边形法则进行合成。

翻斗受 G、R_B、R_A 3 个交于一点的力的作用而处于平衡状态，所以，G、R_B、R_A 的合力为零。R_A 必定与 G 和 R_B 的合力成为一对平衡力。可以先将 G = 1200N 与 R_B = 500N 用平行四边形法则合成，R_A 必与 G 和 R_B 的合力大小相等，方向相反，在同一条直线上。

(3) 画受力图。画翻斗的受力图，如图 1-14 所示。

二、平面力系分析及应用

发动机曲柄连杆机构受力分析。

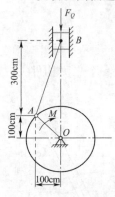

图 1-15 曲柄连杆机构运动模型

如图 1-15 所示的发动机曲柄连杆机构运动模型，已知 F_Q = 15kN，构件自重不计，求图示位置平衡时的力偶矩 M 和 O 处的约束反力。

通过以上模型，可以分析发动机的输出转矩或在起动时所需转矩的大小，以及对曲轴轴承、连杆轴承的受力情况进行分析。

要解决以上问题，除了要掌握由前一课所讨论的基本知识外，还需了解力矩、力偶的基本概念，具备平面力系及其平衡条件等有关知识，并能综合运用。

(一) 力矩与力偶

1. 力矩

若某物体具有一固定支点 O，受 F 力作用，当 F 力的作用线不通过固定支点 O 时，则物体将产生转动效应。其转动效应与力 F 的大小和固定支点 O 到力 F 作用线的垂直距离 h 有关，用它们的乘积来度量，称之为平面力对点的矩，简称力矩，记作：

$$M_O(F) = \pm Fh$$

式中，h 称为力臂，O 点称为矩心，它可以是固定支点，也可以是某指定点。规定：产生逆时针转动效应的力矩取正值，反之取负值，如图 1-16 所示。

在平面问题中，力对点的矩只需考虑力矩的大小和转向，因此力矩是代数量。力矩的单位为 N·m 或 kN·m。

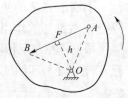

图 1-16 力对点的矩

例 1-1 如图 1-17 所示为用一撬杠撬一重物，力 F 与撬杠垂直，F = 200N，L = 40cm，试求力 F 对 O 点作用的力矩。

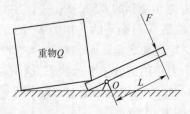

图 1-17 撬杠撬重物，力 F 对 O 点作用的力矩

解：支点 O 为转动中心，即矩心，力 F 与撬杠垂直，所以力 F 到 O 点的距离就是力臂。力 F 对支点的力矩：

$$M_O(F) = -F \times L = -200 \times 0.4 = -80(\text{N} \cdot \text{m})$$

2. 力偶

在实践中经常遇到某物体受到大小相等，方向相反，但不在同一条作用线上的两平行力作用，使物体转动的情况。例如，汽车驾驶员转动转向盘[图 1-18a)]；钳工用丝锥攻螺纹[图 1-18b)]。

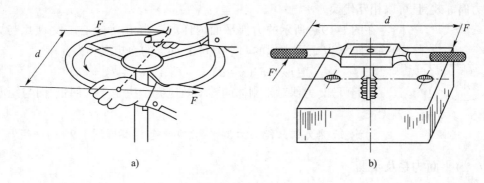

图 1-18 力偶的实例

这种由两个作用于刚体上大小相等、方向相反但不共线的平行力所组成的最简单的力系称为力偶,如图1-19a)所示。力偶只能使刚体产生纯转动效应,而不能产生移动效应。力偶对刚体产生的转动效应,用力偶矩 M 来度量,记作:

$$M = \pm Fd$$

式中:d——两个力作用线之间的垂直距离,称为力偶臂。

两力作用线所组成的平面称力偶的作用面。规定:如力偶使刚体做逆时针方向转动,则力偶矩取正值,反之取负值。对于平面力偶而言,力偶矩可认为是代数量,其绝对值等于力的大小与力偶臂的乘积。力偶矩的单位为 N·m 或 kN·m。衡量力偶转动效应的三个要素是:力偶矩的大小、力偶的转向和力偶的作用面。

平面力偶除了用力和力偶臂表示外,也可以用一带箭头的弧线表示,M 表示力偶矩的大小,箭头表示力偶矩的转向,如图1-19b)所示。

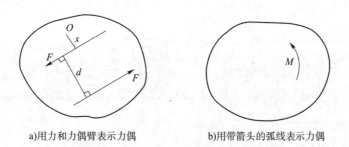

a)用力和力偶臂表示力偶　　　　b)用带箭头的弧线表示力偶

图 1-19 力偶

力偶具有如下性质:

(1)力偶不能合成为一个力。力偶不能用一个力来代替,也不能用一个力来平衡,只能用反向的力偶来平衡。

提示:力偶和力是静力学的两个基本要素。

(2)力偶对其所在平面内任一点的力矩都等于一个常量,其值等于力偶矩本身的大小,而与矩心的位置无关。

(3)力偶的等效性,在同一平面内的两个力偶,如果它们的力偶矩大小相等,转向相同,则两力偶等效,且可以相互代换。

在图1-19a)所示的力偶平面内任取一点 O 为矩心。设 O 点与力 F 的垂直距离为 x,则力偶的两个力对于 O 点的力矩之和为:

$$-Fx + F'(x+d) = -Fx + F(x+d) = Fd$$

由此可知,力偶对于刚体的转动效应完全决定于力偶矩,而与矩心位置无关。

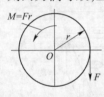

图1-20 力与力偶平衡

讨论:既然力偶只能与力偶平衡,那么怎样解释图1-20的平衡?

(二)平面力系及平衡

若作用在物体上的力都分布在同一平面内,或近似地分布在同一平面内,则该力系称为平面力系。根据力系中各力作用线分布的特点不同,平面力系可分为:

1)平面汇交力系

各力作用线汇交于一点构成平面汇交力系。如图1-6中的起重机吊钩,在吊起主轴时,吊钩上所受的力都在同一平面内,且汇交于 C 点,即组成一个平面汇交力系,如图1-6b)所示。

2)平面力偶系

仅由平面力偶组成的平面力系叫平面力偶系。如图1-21所示的汽车发动机缸盖,若用多轴钻床同时钻孔,则汽缸盖上作用的即为平面力偶系。

3)平面任意力系

各力作用线在平面内任意分布的平面力系叫平面任意力系,又叫平面一般力系。

当物体所受的力对称于某一平面时,也可以简化为平面力系的问题来研究。如图1-22所示,均匀装载沿直线行驶的货车,如果不考虑路面不平引起的摇摆和侧滑,则据自重与货重之和 W、所受风阻力 F、地面对车轮的约束力(考虑摩擦之后)F_{RA}、F_{RB} 等,便可作为平面任意力系来处理。

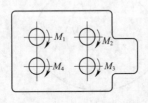 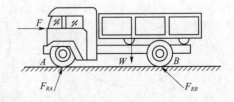

图1-21 汽缸盖　　　　　图1-22 货车

1. 平面汇交力系

1)平面汇交力系合成与解析法

(1)力在坐标轴上的投影。为了应用解析法研究力系的合成与平衡问题,先引入力在坐标轴上投影的概念。设力 F 作用于物体的 A 点[图1-23a)]。在力 F 作用线所在的平面内取直角坐标系 Oxy,从力 F 的两端 A 和 B 分别向 x 轴作垂线,得到垂足 a 和 b。线段 ab 就是力 F 在 x 轴上的投影,用 F_x 表示。力在坐标轴上的投影是代数量,其正负号规定如下:若由 a 到 b 的力向与 x 轴的正方向一致时,力的投影取正值,反之取负值。同样,从 A 点和 B 点分别向 y 轴作垂线,得到力 F 在 y 轴上的投影 F_y,即线段 $a'b'$。显然:

$$F_x = F\cos\alpha$$
$$F_y = F\cos\beta = F\sin\alpha$$

式中：α、β——力 F 与 x、y 轴的夹角。

如果把力 F 沿 x、y 轴分解，得到两个正交分力 F_1、F_2［图 1-23b)］。

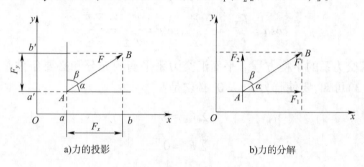

a)力的投影 b)力的分解

图 1-23 力的投影和分解

提示：力的投影与力的分力是不同的，投影是代数量，而分力是矢量；投影无所谓作用点，而分力的作用点必须与原来的作用点相同；在确定投影时，都是按照从力的两个端点向投影轴作垂线，所得垂足之间的线段表示其大小，而确定分力时，都是按照力的平行四边形公理来确定分力的大小。只有在直角坐标系中，分力的大小与对应坐标轴上投影的绝对值才相等。

(2) 合力投影定理。设有一平面汇交力系，在求此合力系合力时，所作出的力多边形为 $abcde$，如图 1-24a) 所示，在其平面内取直角坐标系 Oxy，从力多边形各顶点分别向 x 轴和 y 轴作垂线，所有力在 x 轴上的投影为 F_{1x}、F_{2x}、F_{3x}、F_{4x} 和 $F_{\Sigma x}$，在 y 轴上的投影为 F_{1y}、F_{2y}、F_{3y}、F_{4y} 和 $F_{\Sigma y}$。从图上可见：

$$F_{\Sigma x} = F_{1x} + F_{2x} + F_{3x} + F_{4x} = \sum F_x$$
$$F_{\Sigma y} = F_{1y} + F_{2y} + F_{3y} + F_{4y} = \sum F_y$$

上式说明，合力在任一轴上的投影，等于各分力在同一轴上投影的代数和。这就是合力投影的定理。

(3) 平面汇交力系合成的解析法。知道了合力 F_Σ 的两个投影 $F_{\Sigma x}$ 和 $F_{\Sigma y}$，就不难求出合力的大小和方向，见图 1-24b)。

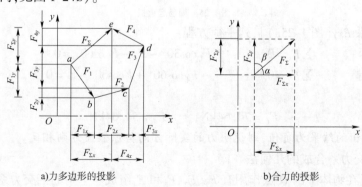

a)力多边形的投影 b)合力的投影

图 1-24 合力投影定理

合力 F_Σ 的大小为：

$$F_\Sigma = \sqrt{F_{\Sigma x}^2 + F_{\Sigma y}^2} = \sqrt{(\sum F_x)^2 + (\sum F_y)^2} \qquad (1-3)$$

合力的方向可由方向余弦确定：设 F_Σ 与 x、y 轴的夹角分别为 α、β，则

$$\cos\alpha = \frac{F_{\Sigma x}}{F_\Sigma} = \frac{\sum F_x}{F_\Sigma}, \cos\beta = \frac{F_{\Sigma y}}{F_\Sigma} = \frac{\sum F_y}{F_\Sigma}$$

（4）平面汇交力系的平衡方程。平面汇交力系平衡的充分和必要条件是力系的合力等于零。从式（1-3）可知，要使合力 $F_\Sigma = 0$，必须是：

$$\left.\begin{array}{l}\sum F_x = 0\\ \sum F_y = 0\end{array}\right\} \qquad (1-4)$$

式（1-4）说明，力系中所有各力在每个坐标轴上投影的代数和都等于零。这就是平面汇交力系平衡的解析条件。式（1-4）称为平面汇交力系的平衡方程。这两个独立的方程，可以求解两个未知量。

例1-2 简易起重机装置如图1-25a)所示。重物 $G = 20$kN，用绳子挂在支架的滑轮 B 上，绳子的另一端接在绞车 D 上。若各杆的重量及滑轮的摩擦和半径均略去不计，当重物处于平衡状态时，求拉杆 AB 及支杆 CB 所受的力。

解：选取滑轮 B 作为研究对象，分析 B 点受力情况，如图1-25b)所示。因 AB 和 CB 是不计重量的直杆，仅在杆的两端受力，均为二力杆，故它们的约束反力 F_A、F_C 作用线必沿直杆的轴线方向。绳子的拉力 F 与重力 G 数值相等。

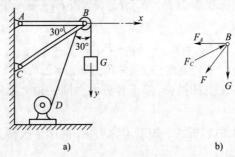

图1-25 简易起重机

选取坐标系 Bxy[图1-25a)]，列平衡方程：

$$\sum F_x = 0 \qquad F_C\cos30° - F_A - F\cos60° = 0$$
$$\sum F_y = 0 \qquad -F_C\cos60° + F\cos30° + G = 0$$

解得：

$$F_C = 74.64\text{kN}, \qquad F_A = 54.64\text{kN}$$

提示：若解出的结果为负值，则说明力的实际方向与原假设方向相反。

2）平面汇交力系合成的几何法

例1-3 设在物体上的 O 点作用有 F_1、F_2、F_3 和 F_4 组成一个平面汇交力系，若 $F_1 = F_2 = 100$N，$F_3 = 150$N，$F_4 = 200$N，各力的方向如图1-26a)所示，求合力 F_Σ 的大小和方向。

模块一 汽车构件力学分析基础

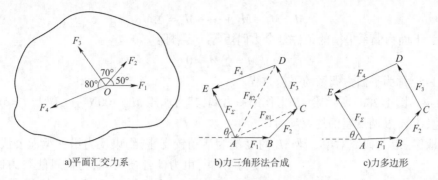

a) 平面汇交力系　　　b) 力三角形法合成　　　c) 力多边形

图 1-26　平面汇交力系的合成

解：如图 1-26b) 所示，选一比例尺，应用力三角形法则，先将 F_1、F_2 合得成合力 F_{R1}，再把 F_{R1} 和 F_3 合成得合力 F_{R2}，最后将力 F_{R2} 和 F_4 合成得合力 F_Σ，即为 F_1、F_2、F_3 和 F_4 组成汇交力系的合力。用比例尺量得 $F_\Sigma = 170\text{N}$，用量角器量得 $\theta = 54°$。

实际作图时，不必画出虚线所示的 F_{R1} 和 F_{R2}，而可直接依次作 $\overline{AB}$、$\overline{BC}$、$\overline{CD}$、$\overline{DE}$ 分别代表 F_1、F_2、F_3、F_4，最后从力 F_1 的始端 A 点连接力 F_4 的末端 E 点得 $\overline{AE}$，作出一个力多边形，这个多边形的封闭边 $\overline{AE}$ 就是合力 F_Σ 见图 1-26c)。这种求合力的方法称为力多边形法则。

提示：由于力系中各力的大小和方向已经给定，画力多边形时，可以改变力的次序。改变次序后，只改变力多边形的形状，而不影响所得合力的大小和方向。

注意：各分力矢量必须首尾相接。各分力箭头沿多边形一致方向绕行。而合力的指向应从第一个力矢量的起点指向最后一个力矢量的终点，最终形成力多边形的封闭边。

上述方法可以推广到若干个汇交力的合成。由此可知，平面汇交力系合成的结果是一个合力，它等于原力系中各力的矢量和，合力的作用线通过各力的汇交点。这种关系可用矢量表达式写成下式：

$$F_\Sigma = F_1 + F_2 + \cdots + F_n = \sum F_i$$

3) 平面汇交力系平衡的几何条件

在图 1-27 中，平面汇交力系 F_1、F_2、F_3、F_4 已合成为一个合力 F_Σ。若在该力系中另加一个力 F_5，使其与力 F_Σ 等值、反向、共线，则根据二力平衡公理可知，物体处于平衡状态，即 F_1、F_2、F_3、F_4、F_5 成平衡力系。如作出该力系的力多边形，将成为一个封闭的力多边形，即最后一个力的终点与第一个力的起点相重合，亦即该力系的合力为零(图 1-27)。因此，平面汇交力系平衡的必要与充分条件为力系的合力等于零；其几何条件为力系中各力所构成的力多边形自行封闭。用矢量表达式为：

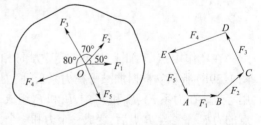

图 1-27　平面汇交力系平衡的几何条件

$$F_\Sigma = 0 \quad \text{或} \quad \sum F_i = 0$$

2. 平面力偶系

力偶既然没有合力，其作用效应完全取决于力偶矩，所以平面力偶系合成的结果是一个合力偶。设物体仅受平面力偶系 M_1、M_2、$\cdots$、M_n 的作用，其合力偶矩 M 等于力偶系中各力偶矩的代数和。即

17

$$M = M_1 + M_2 + \cdots + M_n = \sum M_i$$

显然,平面力偶系平衡的条件是合力偶矩等于零,即:

$$M = \sum M_i = 0 \qquad (1\text{-}5)$$

式(1-5)称为平面力偶系的平衡方程。

例 1-4 图 1-28a)所示梁 AB 上作用一力偶,其力偶矩 $M = 100\text{N} \cdot \text{m}$,梁长 $l = 5\text{m}$,不计梁的自重,求 A、B 两支座的约束反力。

解:取梁 AB 为研究对象。梁 AB 的 B 端为活动铰支座,约束反力沿支承面公法线指向受力物体。由力偶性质可知,力偶只能与力偶平衡。因此,F_B 必和 A 端反力 F_A 组成一力偶与 M 平衡,所以 A 端反力 F_A 必与 F_B 平行、反向,并组成力偶。受力图如图 1-28b)所示。

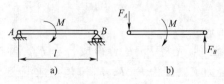

图 1-28

列平衡方程:

$$\sum M = 0, \quad -F_B l + M = 0$$

$$F_A = F_B = \frac{M}{l} = \frac{100}{5}\text{N} = 20\text{N}$$

3. 平面任意力系

1)力的平移定理

作用于刚体上的力可以沿其作用线任意移动,而不改变力对刚体作用的外效应。但是,当力平行于原来的作用线移动时,便会改变对刚体的外效应。如图 1-29a)所示,作用在刚体上的力为 F_A,在刚体上任取一点 B,现将 F_A 平行移到 B 点。

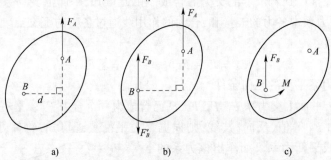

图 1-29 力向一点平移

在新作用点 B 加上大小相等、方向相反且与 F_A 平行并相等的两个力 F_B 和 F'_B,如图 1-29b)所示。根据加减平衡力系公理,力 F_A、F_B 和 F'_B 对刚体的作用与原力 F_A 对刚体的作用等效。在力系 F_A、F_B 和 F'_B 中,F_A 和 F'_B 组成一个力偶,用 M 表示[图 1-29c)]。因此,作用于 A 点的力 F_A 平移至 B 点后,变成一个力和一个力偶 M,其力偶矩等于 F_A 对 B 点之矩,即:

$$M = M_B(F_A) = F_A d$$

式中:d——力 F_A 对 B 点的力臂。

上述结果可以推广为一般结论:作用在刚体上的力,可以平行移到刚体内任意一点,但必须同时附加一个力偶,其力偶矩等于原来的力对新作用点之矩。

力向一点平移的结果,很好地揭示了力对刚体作用的两种外效应。如将作用在静止的自由刚体某点上的力,向刚体质心平移,所得到的力将使刚体平动;所得到的附加力偶则使刚体绕质量中心转动。对于非自由刚体,也有类似的情形。如图1-30所示,攻螺纹时,如果用一只手扳动扳手,则作用在扳手 AB 一端的力 F 与作用在点 C 的力 F′ 和一个力偶 M 等效。这个力偶使丝锥转动,而这个力 F′ 却往往是丝锥弯曲或折断的主要原因。因此,钳工在攻螺纹时,切忌用单手操作,必须用两手握扳手,而且用力要相等。

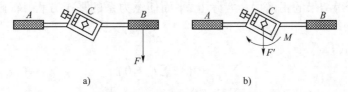

图1-30 攻螺纹受力分析

2)平面任意力系的平衡方程及应用

要使刚体在平面任意力系作用下保持平衡,力系的主矢和对于任一点的主矩必须同时等于零。反之,当平面任意力系的主矢和主矩同时等于零时,力系一定平衡。所以,平面任意力系平衡的必要和充分条件是:力系的主矢和对于任一点的主矩同时等于零,即:

$$\left. \begin{array}{l} F'_\Sigma = \sqrt{(\sum F_x)^2 + (\sum F_y)^2} = 0 \\ M_O = \sum M_O(F) = 0 \end{array} \right\}$$

此平衡条件用解析式表示为:

$$\left. \begin{array}{l} \sum F_x = 0 \\ \sum F_y = 0 \\ \sum M_O(F) = 0 \end{array} \right\} \quad \text{或写成} \quad \left. \begin{array}{l} \sum F_x = 0 \\ \sum F_y = 0 \\ \sum M_O = 0 \end{array} \right\} \tag{1-6}$$

式(1-6)称为平面任意力系的平衡方程,是平衡方程的基本形式。于是,平面任意力系平衡的必要和充分条件是:力系的各个力在直角坐标系的两个坐标轴上投影的代数和都等于零,以及力系的各个力对任一点力矩的代数和也等于零。

提示: 坐标轴和简化中心(或矩心)是可以任意选取的,在应用平衡方程解题时,为使计算简化,通常将矩心选在两未知力的交点上;坐标轴则尽可能选取与力系中多数未知力的作用线平行或垂直,以便尽可能避免联解方程。

例1-5 汽车制动踏板装置如图1-31所示。已知 $a = 380\text{mm}$, $b = 50\text{mm}$, $\alpha = 60°$,工作阻力 $F = 1700\text{N}$,求驾驶员作用于制动踏板上的制动力 F_P 和铰链 O 的约束反力。

解: 取制动踏板为研究对象,铰链 O 的约束反力假设成图1-31所示的方向,铰链 O 为两个未知力的交点,可取为矩心,力矩方程中将只包含一个未知力 F_P。求出制动力 F_P 后,再列出两个投影方程,可求出支座 O 的反力。平衡方程如下:

$$\sum M_O = 0, \quad Fb\sin\alpha - F_P a = 0$$

$$\Rightarrow F_P = Fb\sin\alpha / a = 1700 \times 0.05\sin60°/0.38 = 193.7\text{N} \cdot \text{m}$$

$$\sum F_x = 0, \quad F_{Ox} - F\sin\alpha = 0$$

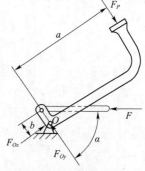

图1-31 汽车制动踏板

$$\Rightarrow F_{Ox} = F\sin\alpha = 1700\sin60° = 1472.2\text{N}$$
$$\sum F_y = 0, \qquad F_{Oy} + F\cos\alpha - F_P = 0$$
$$\Rightarrow F_{Oy} = F_P - F\cos\alpha = 193.7 - 1700\cos60° = -656.3\text{N}$$

由此可见,解题所用平衡方程是由一个力矩方程和两个投影方程组成的,另取矩心列力矩方程来校核所得结果的正确性。实际上,平面任意力系的平衡方程,除了基本形式外,还有其他两种形式。

(1)二力矩式:

$$\left.\begin{array}{l}\sum F_x = 0(或\sum F_y = 0)\\ \sum M_A = 0\\ \sum M_B = 0\end{array}\right\} \qquad (1\text{-}7)$$

使用条件:A、B 两点的连线不能与 x 轴(或 y 轴)垂直。

(2)三力矩式:

$$\left.\begin{array}{l}\sum M_A = 0\\ \sum M_B = 0\\ \sum M_C = 0\end{array}\right\} \qquad (1\text{-}8)$$

使用条件:A、B、C 三点的连线不能在同一直线上。

提示:无论选用哪种形式的平衡方程,对于同一平面力系来说,最多只能列出三个独立的平衡方程,因而只能求出三个未知量。

案例解答

在掌握以上相关知识后,可以对本课题引入的案例进行分析求解。

基本思路:选取合适的研究对象,正确画出受力图,根据平衡条件列平衡方程,求解。

实施过程:

(1)先取滑块为研究对象,受力如图1-32a)所示。

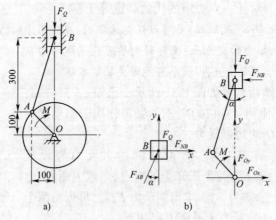

图1-32 曲柄滑块受力图(尺寸单位:mm)

各力组成平面汇交力系,平衡方程如下:

$$\sum F_x = 0, \qquad F_{AB}\sin\alpha - F_{NB} = 0$$

$$\sum F_y = 0, \quad F_{AB}\cos\alpha - F_Q = 0$$

求得：
$$F_{AB} = F_Q/\cos\alpha, F_{NB} = F_Q\tan\alpha = 0.4 \times (1/3) = 0.133\text{kN}$$

(2) 再取整体为研究对象，受力如图1-32b)所示。

各力组成平面任意力系，列平衡方程：
$$\sum F_x = 0, F_{Ox} - F_{NB} = 0$$
$$\sum F_y = 0, F_{Oy} - F_Q = 0$$
$$\sum M_O = 0, F_{NB} \times 400 - M = 0$$

求得：
$$F_{Ox} = F_{NB} = 0.133\text{kN}, F_{Oy} = F_Q = 0.4\text{kN}, M = F_{NB} \times 400 = 53.2\text{N}\cdot\text{m}$$

三、旋转构件的运动与动力分析

在汽车机械部件中，有很多旋转构件，如齿轮、带轮、曲轴、飞轮等。绕着固定轴做旋转运动称为定轴转动。旋转的运动部件要进行动平衡试验。如发动机的曲轴与飞轮应一起进行动平衡，否则，在旋转时因质量不平衡而产生的离心力将引起发动机的振动并加速主轴承的磨损。

 案例引入

旋转构件质量不平衡的危害分析。

如图1-33所示，质量为 m 的飞轮模型，其质心与转轴之间的距离为 e，安装在 AB 轴的中点处。飞轮与轴一起以匀转速 n 绕 AB 轴线转动。已知：$m = 200\text{kg}, e = 0.5\text{mm}; n = 6000\text{r/min}$。求当飞轮质心 C 转到最低位置时轴承的约束反力。

解决以上问题，需要了解旋转构件的特征及其运动参数，掌握转动速度、转动加速度及惯性力的计算，需要通过定轴转动刚体的动静法来解决问题。

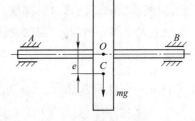

图1-33 飞轮模型示意图

(一)转动速度

反映物体转动快慢程度的物理量称为转动速度，常用角速度和线速度表示。

1. 角速度

角速度是指单位时间内物体转过的角度，用 ω 表示，单位为 rad/s（弧度/秒）。

当物体做匀速转动时，在时间 t 内转过的角度为 φ（图1-34），则角速度为：

$$\omega = \frac{\varphi}{t} \tag{1-9}$$

在工程实际中，常以每分钟转数（r/min）来表示发动机转动的快慢程度，称为转速，用 n 表示。因为每转一周等于 2π rad（弧度），所以角速度 ω 与转速 n 之间的关系为：

$$\omega = \frac{2\pi n}{60} = \frac{\pi n}{30} \tag{1-10}$$

2. 线速度

定轴转动构件上的各点都做圆周运动,它们的角速度相等,但每转一个角度构件上距离转轴不同位置的点其速度是不同的。

如图 1-35 所示,如果转动构件上某点的转动半径为 R,在时间 t 内转过的角度为 φ,则该点的速度为:

$$v = \frac{s}{t} = \frac{R\varphi}{t} = R\omega = \frac{\pi Rn}{30} \quad (1-11)$$

即定轴转动构件上任一点速度的大小,等于转动半径与角速度的乘积。

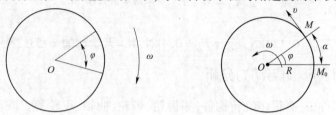

图 1-34 转动构件　　　　图 1-35 转动构件上点的速度

提示:定轴转动刚体上各点线速度的方向沿该点圆周的切线,与 $\omega(n)$ 转向一致,大小与该点到转轴的距离成正比。

(二)转动加速度

1. 法向加速度

当构件作匀速回转运动时,若角速度为常数,则同一半径上各点的线速度大小保持不变,但线速度的方向却时时在变。速度变化要用加速度来衡量,因为速度是矢量,速度的变化包括大小和方向,其方向的变化用法向(向心)加速度表示,按下式计算:

$$a_n = \frac{v^2}{R} = R\omega^2 \quad (1-12)$$

式中:a_n——法向加速度(m/s²);

　　　v——线速度(m/s);

　　　R——回转半径(mm)。

提示:定轴转动刚体上各点法向加速度的方向垂直于线速度,其大小与点到定轴的距离成正比。

2. 角加速度和切向加速度

当构件作变速回转运动时,其角速度不再是常数,角速度的变化用角加速度来说明。角加速度是指单位时间内角速度的变化。设其角速度在时间 t 内由 ω_0 变化到 ω_1,则角加速度为:

$$\alpha = \frac{\omega_1 - \omega_0}{t}$$

变速转动的构件,由于角速度是变化的,所以各点的线速度不但方向变化,大小也是变化的。线速度大小的变化用切向加速度表示。切向加速度是指单位时间内线速度大小的变化。设构件上某点的线速度在时间 t 内由 v_0 变化到 v_t,则它的切向加速度为:

$$a_t = \frac{v_t - v_0}{t}$$

式中,$v_t = R\omega_t$;$v_0 = R\omega_0$。

所以:
$$a_t = \frac{R(\omega_t - \omega_0)}{t} = R\alpha \tag{1-13}$$

提示:转动刚体上各点切向加速度的方向沿圆周的切线方向,当它为正值时,与线速度方向一致,当它为负值时,与线速度方向相反,大小与点到转轴的距离成正比。

(三) 惯性力

如图 1-36 所示,系在绳端质量为 m 的小球在水平面内作匀速圆周运动。小球的速度为 v,圆的半径为 r,小球受到拉力 F_T(向心力)的作用获得法向加速度(向心加速度)a_n,其大小 $a_n = v^2/r$。根据牛顿第二定律,$F_T = ma_n$,又根据作用与反作用定律,有:

$$F_I = -F_T = -ma_n$$

小球对绳子的反作用力 F_I,是由于小球具有惯性,力图保持其原来的运动状态不变,对绳子反抗而产生的,称为小球的法向惯性力或离心惯性力(简称离心力),它作用在绳子上。

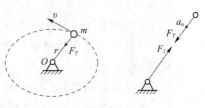

图 1-36 惯性力

由此可知:当质点受到力的作用而改变其原来的运动状态时(即当质点具有加速度时),由于质点的惯性而产生的对施力物体的反作用力,称为质点的惯性力。

提示:惯性力的大小等于质点的质量与加速度的乘积,方向与加速度的方向相反;惯性力作用在使该质点产生加速度的施力物体上。

讨论:重为 18kN 的汽车在弯曲公路上以 10m/s 的速度行驶,弯曲路线的半径是 150m,离心力是多少?

(四) 动静法

将 $F_T = ma_n$ 写成 $F_T + (-ma_n) = 0$,即:

$$F_T + F_I = 0 \tag{1-14}$$

这两个方程只是在形式上有所不同,而它们所表达的物理意义却是相同的,都表示了作用在质点上的力与加速度之间的关系。

方程(1-14)具有一种新的力学含义:如果将质点的惯性力假想地加在质点自身上,则作用在质点上的外力与质点的惯性力在形式上组成一平衡力系,就可以用静力平衡方程式解决质点动力学问题。这种将动力学问题从形式上变成静力学问题的方法,称为动静法。

提示:动静法只是一种解题的方法,惯性力是虚加在质点上的,实际上质点并未受到惯性力的作用;平衡力系实际上也是不存在的,也未改变质点动力学的性质;但它却给旋转构件的动力分析带来很大的方便。

刚体绕定轴转动时,刚体上各点的速度各不相同。因此,在应用动静法进行动力计算时,不能把整个刚体看成一个质点来处理,只能将转动刚体看成由无限个质点所组成的质点系来处理。在每个质点上假想加上该质点的惯性力,然后将全部质点的惯性力向转动中心简化,得到全部惯性力的总和,再以这个总和来代表定轴转动刚体的惯性力。这就是应用动静法解决刚体绕定轴转动的动力分析问题。对于刚体具有对称平面,且转动轴垂直于此对称平面的情况,刚体上各质点的惯性力,可假想加在该刚体上的平面惯性力系,再向转动中心简化,得到一个惯性力 F_1 和一个惯性力偶矩 M_1。惯性力通过转轴,其大小等于刚体的质量与质心加速度的乘积,方向与质心加速度的方向相反;惯性力偶矩的大小等于刚体对转轴的转动惯量与角加速度的乘积,转向与角加速度的转向相反,即:

$$F_1 = -ma_c$$
$$M_1 = -J_Z\alpha$$

式中:m——刚体的质量;
　　　a_c——质心的加速度;
　　　J_Z——刚体对转轴的转动惯量;
　　　α——角加速度。

提示:
(1)物体的质量中心简称质心,在均匀重力场内,质心和重心是重合的。
(2)均质等厚度圆盘对通过质心且垂直于对称平面的转轴的转动惯量为 $J_Z = 1/2mR^2$。

讨论:
(1)若转轴通过质心且 $\alpha \neq 0$ [图1-37a)],则 $F_1 = -ma_c = 0$,只需加惯性力矩 $M_1 = -J_Z\alpha$。
(2)若转轴不通过质心,且刚体做匀速转动[图1-37b)],则 $M_1 = -J_Z\alpha = 0$,此时只需加惯性力 F_1,其大小为 $F_1 = me\omega^2$,方向由 O 指向 C。
(3)若转轴通过质心,且刚体做匀速转动[图1-37c)],则 $F_1 = -ma_c = 0$,$M_1 = -J_Z\alpha = 0$,此时无需加惯性力和惯性力偶。

a)转轴通过质心　　b)转轴不通过质心　　c)转轴通过质心

图1-37　定轴转动刚体的惯性力

(五)旋转构件的功与功率

1. 力对移动构件所做的功

作用于物体上的力所做的功,等于沿运动方向作用力的分量与物体沿运动方向的位移的乘积。功的单位为 J,$1J = 1N \cdot m$。

如图1-38所示,根据功的定义,力 F 对物体所做的功为 $W = Fs\cos\theta$。

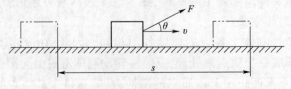

图1-38　力对移动构件所做的功

提示：功为代数矢量，若力的投影正方向与位移方向一致，则力在这一位移上所做的功为正；反之为负。

2. 力对转动构件所做的功

如图1-39所示的齿轮，齿轮所受的力 F 沿着齿廓的法线方向（摩擦力忽略不计），将其分解为两个力：圆周力 $F_x = F\cos\alpha$ 和径向力 $F_y = F\sin\alpha$。在径向力 F_y 方向齿轮没有运动，故其做功为零，圆周力 F_x 所做的功就代表力 F 所做的功。设在圆周力 F_x 作用下齿轮转过角度为 φ，则力 F 所做的功为：

$$W = F_x r \varphi = M\varphi \tag{1-15}$$

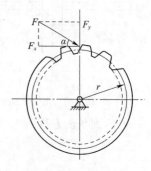

图1-39 力对转动构件所做的功

式中：M——力 F 对齿轮中心的力矩。

由此可知，力对转动构件所做的功，等于该力对回转中心的力矩与该构件转角的乘积。

3. 功率

功率是表明机器工作能力的一个重要指标，人们把力在单位时间内所做的功称为功率，用 P 表示，即 $P = W/t$。

对于移动构件，$P = F s \cos\theta / t$，$s/t = v$，因此：

$$P = Fv\cos\theta$$

上式表明：力的功率等于力在速度方向上的投影与速度的乘积。

对于转动构件，$P = M\varphi/t$，所以：

$$P = M\omega \tag{1-16}$$

上式表明：力矩或力偶矩的功率等于力矩或力偶矩与构件角速度的乘积。功率的单位是 W 或 kW，1 W = 1J/s。

在工程实际中，常要根据功率和转速计算作用在转动构件上的力矩或力偶矩。若构件的转速为 n，则：

$$M = \frac{P}{\omega} = \frac{30P}{\pi n} \tag{1-17}$$

若功率 P 的单位为 kW，转速 n 的单位为 r/min，则：

$$M = \frac{30 \times 1000P}{\pi n} = \frac{9550P}{n} \quad (N \cdot m) \tag{1-18}$$

提示：

(1) 对于旋转构件，转矩与功率成正比，与转速成反比。汽车爬坡时，需要降挡来降低车轮的转速，以增大转矩增加爬坡的能力。

(2) 汽车发动机的动力性指标主要是有效转矩、有效功率和转速。发动机的功率、转矩随曲轴转速变化的规律是发动机的转速特性的重要内容。

案例解答

1) 选研究对象，分析受力

以飞轮和转轴组成的系统为研究对象。这是具有对称平面的刚体绕定轴转动问题。忽

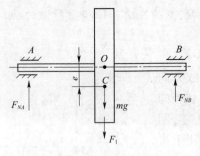

图1-40 飞轮受力图

略轴的质量,作用在系统上的力有:飞轮重力mg;轴承约束反力F_{NA}、F_{NB};惯性力F_1,如图1-40所示。

2)画系统受力图

由于飞轮匀速转动,角加速度$\alpha=0$,因此,只需加惯性力$F_1=me\omega^2$,F_1的方向随质心加速度的改变而改变,即随质心位置变化而变化。当质心处于轴下方时,F_1与重力mg方向一致,这时轴承约束反力最大。系统受力如图1-40所示。

3)列平衡方程

$$\sum F_y = 0, F_{NA} + F_{NB} - mg - me\omega^2 = 0$$

由于重力和惯性力都作用在轴的中点,所以:

$$F_{NA} = F_{NB} = \frac{1}{2}(mg + me\omega^2) = \frac{1}{2}m\left[g + e\left(\frac{n\pi}{30}\right)^2\right]$$

将数据代入,得:

$$F_{NA} = F_{NB} = \frac{1}{2} \times 200 \times \left[9.81 + 0.5 \times 10^{-3} \times \left(\frac{6000\pi}{30}\right)^2\right] = 20.7\text{kN}$$

由结果可以看出:由于飞轮质心与转轴中心只偏差0.15mm,引起的动约束力约为静约束力($1/2mg$)的20倍。这是非常可观的,而且也是有害的。

提示: 对于旋转构件,一方面在设计和制造过程中应尽量避免质量偏心,另一方面也可以用实验的方法对高速旋转构件加以平衡校正(添加平衡质量块或挖取质量块),以尽量减少偏心度,避免对机器的损害。

四、构件承载能力分析

工程实际中使用的构件种类很多,根据其几何形状,可以简化为四类:杆、板、壳、块。如起重机钢索受拉,千斤顶的螺杆受压,这些构件大多数都是等直杆,等直杆在大小相等、方向相反、作用线与轴线重合的一对力作用下,变形表现为沿轴线方向的伸长或缩短。等直杆的变形除轴向拉伸和压缩变形外,还有剪切变形、扭转变形和弯曲变形等基本变形形式。构件在很多情况下会承受两种以上的基本变形,称为组合变形。

本节内容主要解决在常温和静载条件下杆件在轴向拉压时的力学性能计算问题。所谓常温就是指室温;静载是指平稳缓慢加载至一定值后不再变化的载荷。其他类型的构件及其他类型承载下的变形问题本书不做讨论,可参考材料力学方面的相关资料。

案例引入

发动机曲柄连杆机构中的连杆强度分析。

在本模块二中,已对曲柄连杆机构进行了受力分析,绘制了受力图,并求出有关作用力的大小。现已知连杆横截面最小截面积为10mm^2,连杆材料的许用应力$[\sigma]=60$MPa。试校核连杆的强度。

要解决以上发动机连杆受拉(压)时的强度计算与校核任务,必须要具备构件在承受轴向载荷时的应力、许用应力、强度条件等方面的基本知识。

(一)轴向拉伸(或压缩)时的应力

1. 内力与应力

当物体受到外力作用时,使组成物体质点间的相互位置发生变化,质点间的相互作用也随之改变,为了维持构件各部分之间的联系,保持构件的形状和尺寸,构件内部各部分之间必定存在着相互作用的力,该力称为内力。

内力是可以改变的,在一定限度内,外力增大,内力增大,变形也随之增大,内力与外力服从正比关系。当外力超过弹性限度,内力不再随外力而增加,材料就会丧失正常的工作能力。因此,内力的变化直接影响到杆件的失效。

材料相同、粗细不同的两根杆,在受到相同的拉力作用时,尽管两杆的内力相同,但随外力的增加,细杆更容易被拉断。这说明拉杆的强度不仅与轴力的大小有关,还取决于杆件的截面尺寸。材料在单位横截面积上的内力称为应力,用 σ 表示。

在实际工程中,容易碰到材料质地不均匀、承受载荷不确定、近似计算和外界环境作用等情况,为了保证构件具有一定的强度储备,应计算出构件安全工作时,材料所允许承受的最大应力,通常称为许用应力,用 $[\sigma]$ 表示。

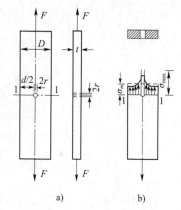

图1-41 应力集中

在进行内力分析的时候,我们假设并认为杆横截面上的应力均匀分布,但杆横截面尺寸突然变化,如在杆件上钻孔等,都会造成横截面突变处的局部区域内,应力的急剧增大,离开突变区域稍远处,应力又趋于均匀。通常将这种横截面尺寸突变处,应力急剧增大的现象称为应力集中,如图1-41所示。

为了避免和减小应力集中对杆件的不利影响,在设计时应尽量使杆件外形平缓光滑,不使杆截面尺寸发生突然变化。当杆件上必须开孔时,应尽量将孔洞置于低应力区内。

承受轴向拉伸、压缩的构件,只有在与加力区域稍远且横截面尺寸又无急剧变化的区域内,横截面上的应力才是均匀分布的。然而工程中由于实际需要,某些零件常有切口、切槽、螺纹等,因而使杆件上的横截面尺寸发生突然改变,这时,横截面上的应力不再均匀分布,这已为理论和试验所证实。而且试验结果还表明:截面尺寸改变愈剧烈,应力集中程度就愈大。因此,零件上应尽量避免带尖角的孔或槽,在阶梯杆截面的突变处要用圆弧过渡。

2. 低碳钢拉伸时的力学性能

构件的强度和变形不仅与构件的尺寸和所承受的载荷有关,而且还与构件所用材料的力学性能(又称材料的力学性能)有关。材料的力学性能是指在外力的作用下,材料在变形和破坏方面表现出的特性。它由试验来确定。低碳钢是工程上广泛使用的金属材料,它在拉伸时表现出来的力学性能具有典型性。有关材料在拉伸时的力学性能在模块二会有进一步说明,在此不再赘述。

3. 材料压缩时的力学性能

金属材料的压缩试样,一般做成短圆柱体,为避免压弯,其高度为直径的 1.5~3 倍;非金属材料,如水泥等,常用立方体形状的试样。图 1-42 所示为低碳钢压缩时的 σ-ε 曲线,虚线代表拉伸时的 σ-ε 曲线。可以看出,在弹性阶段和屈服阶段两曲线是重合的。这表明,低碳钢在压缩时的比例极限 σ_p、弹性极限 σ_e、弹性模量 E 和屈服极限 σ_s 等,都与拉伸时基本相同。进入强化阶段后,两曲线逐渐分离,压缩曲线上升。由于应力超过屈服点后,试样被越压越扁,横截面面积不断增大,因此,一般无法测出低碳钢材料的抗压强度极限。对塑性材料一般不做压缩试验。铸铁压缩时的 σ-ε 曲线如图 1-43 所示,虚线为拉伸时的 σ-ε 曲线。可以看出,铸铁压缩时的 σ-ε 曲线也没有直线部分,因此,压缩时也只是近似地满足胡克定律。铸铁压缩时的抗压强度 σ_{bc} 比抗拉强度 σ_b 高出 4~5 倍,塑性变形也较拉伸时明显增加,其破坏形式为沿 45°左右的斜面剪断。

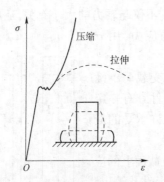
图 1-42 低碳钢拉伸、压缩应力应变曲线

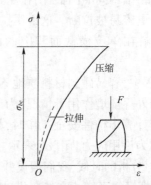
图 1-43 铸铁拉伸、压缩应力应变曲线

塑性材料的 δ 和 ψ 值都比较大,表示材料破坏前能发生很大的塑性变形。材料塑性好,便于加工,而且抵抗冲击的能力较强,受应力集中的影响较小。脆性材料的 δ 和 ψ 值都比较小,故难以加工,矫正构件安装位置时容易产生裂纹,抵抗冲击的能力差,受应力集中的影响较大。塑性材料的抗拉能力和抗压能力基本相同,对受拉和受压构件都适用,但价格比脆性材料高。对于其他脆性材料,如硅石、水泥等,其抗压能力也显著地高于抗拉能力。一般脆性材料价格较便宜,因此工程上常用脆性材料作承压构件,不宜用作受拉构件。

(二)轴向拉伸(或压缩)时的强度计算

在工程实际中,许多构件承受拉力和压力的作用。如图 1-44 所示的起重机吊架中,忽略自重,AB、BC 两杆均为二力杆;BC 杆在通过轴线的拉力作用下沿杆轴线发生拉伸变形;而 AB 杆则在通过轴线的压力作用下沿杆轴线发生压缩变形。这类杆件的受力特点是:杆件承受外力的作用线与杆件轴线重合;变形特点是:杆件沿轴线方向伸长或缩短。这种变形形式称为轴向拉伸或压缩,简称拉伸或压缩。这类杆件称为拉杆或压杆。内燃机中的连杆、压缩机中的活塞杆等均属此类。它们都可以简化成图 1-45 所示的计算简图。

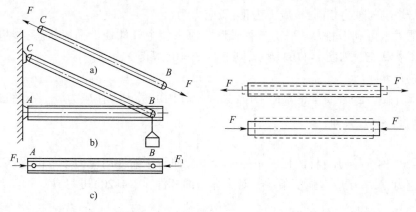

图 1-44 起重机吊架　　　　图 1-45 拉、压杆件计算简图

1. 横截面上的正应力

要确定拉压杆横截面上的应力,必须了解其内力系在横截面上的分布规律。由于力与变形有关,因此,首先观察分析杆的变形。取一等截面直杆,事先在其表面画两条横截面的边界线(ab 和 cd)和许多与轴线平行的纵向线[1-46a)],然后在两端沿轴线施加拉力 F[1-46b)],可发现:

(1)所有纵向线发生伸长,且伸长量相等。

(2)横截面边界线沿轴线发生相对平移。ab、cd 分别移至 $a'b'$ 和 $c'd'$,但仍为直线,并仍与纵向线垂直。

根据这一现象可做如下假设:变形前为平面的横截面,变形后仍为平面,但沿轴向发生了平移,此假设称为平面假设。根据平面假设,任意两横截面间的各纵向纤维的伸长量(或缩短量)均相同,由材料的均匀性、连续性假设可知:内力在横截面上的分布是均匀的,即横截面上各点处的应力大小相等,其方向与横截面上轴力一致,垂直于横截面,故为正应力,如图 1-47b)所示。

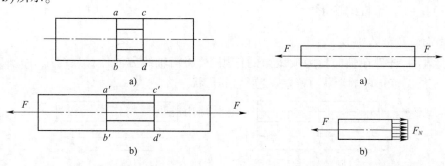

图 1-46 拉伸变形现象　　　　图 1-47 拉应力分布

设杆的横截面面积为 A,轴力为 F_N,则该横截面上的正应力为:

$$\sigma = \frac{F_N}{A} \tag{1-19}$$

当杆发生轴向压缩时,上式同样适用。

式中,由于轴向拉伸和压缩横截面上的分布内力的合力与杆轴线重合,称 F_N 为轴力。

轴力的正负规定如下:拉伸时(背离截面)的轴力为正,压缩时(指向截面)的轴力为负。

σ 的正负号规定与轴力相同,拉应力为正,压应力为负。

轴力的大小可利用静力学平衡方程求解。原来整个杆件处于平衡状态,假想的切开部分仍处于平衡状态。如图 1-47b)所示,则 $F_N - F = 0$,解得 $F_N = F$。

2. 强度计算

为了保证拉(压)杆安全正常地工作,必须使杆内的最大工作应力 $\sigma_{\max}$ 不超过材料的拉伸(或压缩)许用应力,即:

$$\sigma_{\max} \leq [\sigma] \qquad (1\text{-}20)$$

式(1-20)称为拉(压)杆的强度条件。对于拉伸与压缩许用应力不等的材料,须分别校核最大拉应力、最大压应力强度条件。对于等截面杆件,式(1-20)可写成:

$$\sigma_{\max} = \frac{F_{N\max}}{A} \leq [\sigma] \qquad (1\text{-}21)$$

式中:$F_{N\max}$ 和 A——危险截面上的轴力及其横截面面积。

利用强度条件,可以解决下列三种强度计算问题:

(1)校核强度。已知杆件的尺寸、所受载荷和材料的许用应力,根据式(1-20)校核杆件是否满足强度条件。

(2)设计截面。已知杆件所承受的载荷及材料的许用应力,确定杆件所需的最小横截面积 A。由式(1-21)得:

$$A \geq \frac{F_{N\max}}{[\sigma]} \qquad (1\text{-}22)$$

(3)确定承载能力。已知杆件的横截面尺寸及材料的许用应力,确定许用载荷。由式(1-21)确定杆件最大许用轴力为:

$$F_{N\max} \leq [\sigma] A \qquad (1\text{-}23)$$

然后即可求出结构的许用载荷。

(三)拉(或压)杆的变形

1. 轴向拉压杆的变形

试验表明,杆件在轴向拉力或压力的作用下,将沿轴线方向伸长或缩短,如图 1-48 所示,图中实线为变形前的形状,虚线为变形后的形状。

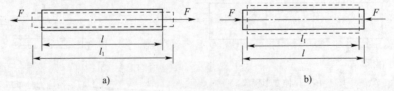

图 1-48 轴向拉压杆件的变形分析

设 l 为杆件变形前的长度,l_1 为杆件变形后的长度,则变形后的长度改变量为:$\Delta l = l_1 - l$。Δl 称为杆件的绝对伸长或缩短,即总的伸长量或缩短量,其单位为 m 或 mm。

为了消除杆件原尺寸对变形大小的影响,用绝对伸长量除以杆件的初始尺寸,即得单位伸长,称为纵向线应变,简称线应变。常用 ε 表示。对于轴力为常量的等截面直杆,线应变 ε 的正负号与 Δl 一致,拉伸时为正,压缩时为负。

$$\varepsilon = \frac{\Delta l}{l} \tag{1-24}$$

2. 胡克定律

轴向拉伸和压缩试验表明：当杆横截面上的正应力不超过某一限度时，正应力 σ 与相应的纵向线应变 ε 成正比。即：

$$\sigma = E\varepsilon \tag{1-25}$$

式（1-25）称为胡克定律。常数 E 称为材料的弹性模量。对同一材料，E 为常数。弹性模量具有和应力相同的单位，常用 GPa 表示。

若将式中 $\sigma = \dfrac{F_N}{A}$ 和 $\varepsilon = \dfrac{\Delta l}{l}$ 代入式（1-25）中，则得到胡克定律的另一种表达式为：

$$\Delta l = \frac{F_N l}{EA} \tag{1-26}$$

式（1-26）表明：当杆横截面上的正应力不超过某一限度时，杆的绝对变形 Δl 与轴力 F_N、杆长 l 成正比，而与横截面面积 A、材料的弹性模量 E 成反比。EA 越大，杆件变形越困难；EA 越小，杆件变形越容易。它反映了杆件抵抗拉伸（压缩）变形的能力，故 EA 称为杆的抗拉（压）刚度。

对于图 1-49 所示的阶梯形截面拉压杆或内力分段不同的拉压杆，在计算杆件变形量时，应分段计算，然后叠加。

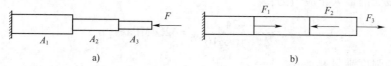

图 1-49　拉压杆件变形量的计算

（四）压杆稳定

在研究压杆的强度问题时，认为只要压杆满足强度条件，就能保证安全工作。这个结论对于短粗压杆是正确的，但对于细长压杆就不适用了。细长的受压杆当压力达到一定值时，受压杆可能突然弯曲而破坏，即产生失稳现象。由于受压杆失稳后将丧失继续承受原设计荷载的能力，而失稳现象又常是突然发生的，所以，结构中受压杆件的失稳常造成严重的后果，甚至导致整个结构物的倒塌。工程上出现较大的工程事故中，有相当一部分是因为受压构件失稳所致，因此，对受压杆的稳定问题绝不容忽视。

所谓压杆的稳定，是指受压杆件其平衡状态的稳定性。当压力 F 小于某一值时，直线状态的平衡为稳定的，当 F 大于该值时，便是不稳定的，其界限值 F 称为临界力。当压杆处于不稳定的平衡状态时，就称为丧失稳定或简称失稳。显然，承载结构中的受压杆件绝对不允许失稳。如工程中的压杆：内燃机、空气压缩机、蒸汽机的连杆，桁架结构中的抗压杆、建筑物中的柱等，在设计中提高压杆的稳定性就显得尤为重要。

例如，一根宽 30mm，厚 2mm，长 400mm 的钢板条，其材料的许用应力 $[\sigma]=160\text{MPa}$。按压缩强度条件计算，它的承载能力为：

$$F \leqslant A[\sigma] = 0.03 \times 0.002 \times 160 \times 10^6 = 9600\text{N} = 9.6\text{kN}$$

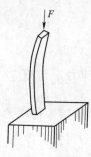

图1-50 压杆稳定

但试验发现,当压力还没有达到70N时,它就开始弯曲,如图1-50所示。若压力继续增大,则弯曲变形急剧增加,最后折断,此时的压力远小于9.6kN。压杆之所以丧失工作能力,是由于它不能保持原来的直线状态造成的。由此可见,细长压杆的承载能力不是取决于它的压缩强度条件,而是取决于它保持直线平衡状态的能力。压杆丧失保持原有直线平衡状态的能力而破坏的现象称为丧失稳定,简称失稳。可以通过以下三个途径改善压杆稳定性:选择合理的截面形状;改变压杆的约束条件;合理选择材料。

案例解答

根据任务描述,由于已知连杆材料的许用应力、杆件的受力、连杆的横截面面积,可以通过式(1-20)进行强度校核,验算连杆是否满足强度要求。

(1)求连杆的轴力

由本模块二、图1-34及求得的结果,$F_{AB} = F_Q / \cos\alpha = 424\mathrm{kN}$

求活塞杆的轴力:

$$F_N = F_{AB} = 424\mathrm{kN}$$

(2)校核连杆的强度

连杆横截面的最大正应力为:

$$\sigma_{max} = \frac{F_N}{A} = \frac{424 \times 10^3}{10 \times 10^{-3}} = 42.4\mathrm{MPa} \leqslant [\sigma]$$

故连杆的强度满足要求。

讨论思考:若连杆横截面面积不变为$10\mathrm{mm}^2$,材料的弹性模量$E = 200\mathrm{GPa}$,你能根据以上知识计算出连杆的变形量吗?若是变截面的连杆,你还能计算它的变形量吗?

技能实训

汽车轮胎的动平衡

(一)实训内容

轮胎旋转时,旋转轴与重力中心不一致,主要是由于轮胎质量分布不均匀引起,汽车车轮高速行驶时会形成动不平衡状态,造成车辆在行驶中车轮抖动、转向盘振动的现象。为了避免这种现象或是消除已经发生的这种现象,就要使车轮在动态情况下通过增加配重的方法,使车轮各边缘部分的平衡,这个校正的过程也就是人们常说的动平衡。

(二)实训目的

(1)应用动静法对刚体产生的惯性力平衡。
(2)应用动静法解决刚体绕定轴转动的动力分析问题。

(三)实训器材

汽车轮胎的惯性平衡机一台,汽车轮胎总成一个,平衡铅条若干,撬胎棒一根。

(四)操作步骤及工作要点

(1)打开汽车轮胎的惯性平衡机,检查各部分性能。
(2)插上电源,通电检查各部分性能。
(3)安装汽车轮胎总成。
(4)起动惯性平衡机,从低速到高速缓慢加速。
(5)观察惯性产生振动现象。
(6)找到惯性力的方向停机。
(7)在惯性力相反的方向(钢圈边缘与轮胎接触处)嵌入少量铅条。
(8)再次起动惯性平衡机,从低速到高速缓慢加速,观察惯性产生振动现象。
(9)用上述方法,直至达到惯性平衡为止。
(10)操作要点:
①安装轮胎总成要调平;
②安装轮胎总成要拧紧锁紧螺母;
③从低速到高速要缓慢加速;
④要注意操作安全和人身安全。

通过本模块知识脉络图(图1-51),自行对所学知识进行梳理总结。带*内容各校可根据课时和学情酌情选修。

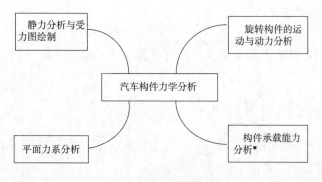

图1-51 知识脉络图

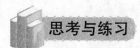

(一)简答题

1.何谓二力杆?二力杆一定是直的吗?指出图1-52所示结构中的二力杆。

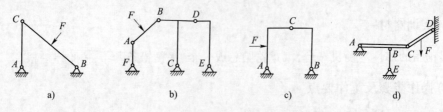

图 1-52 二力杆

2. 指出图 1-53 所示的直列六缸发动机中曲轴—连杆—活塞机构中各处的约束类型,并用简图符号表示(设所有接触处均为光滑接触)。

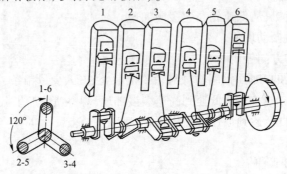

图 1-53 直列六缸发动机

3. 已知质量为 m 的汽车以速度 v 匀速行驶,当它通过半径为 R 的圆弧形桥面时对桥面的压力为 N,试求参数 v 与 N 之间的关系。

4. 如何理解汽车爬坡时,需要降挡来降低车轮的转速,以增大转矩,增加爬坡的能力?

5. 在定轴转动中,角速度和线速度有何区别和联系?

6. 塑性材料在拉伸试验时大致可以分为哪几个阶段?

7. 扭转轴的变形特点是什么?

8. 弯曲梁的受力特点是什么?

9. 简单叙述提高梁强度的措施。

(二) 作图题

分别画出图 1-54 中重力为 W 的构件的受力图。

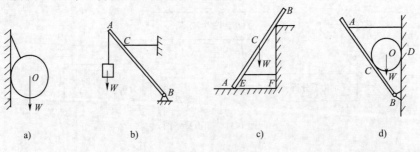

图 1-54 构件受力

(三) 计算题

1. 支架如图 1-55 所示,在 A 铰链处悬一重 $W=20\text{kN}$ 的重物。求杆 AB、$AC(BC)$ 在图示四种情况 a)、b)、c)、d)下所受的力。杆的自重忽略不计。

模块一　汽车构件力学分析基础

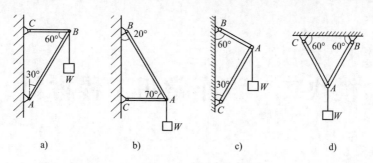

图1-55　支架受力

2. 图1-56所示为一汽车维修工具,已知:$P=10\text{kN}$,$\alpha=0.05\text{rad}$($\tan\alpha\approx\sin\alpha\approx\alpha$)。试求该状况时压块对工件的压力。

3. 图1-57所示为汽车台秤简图,BCF为整体台面,杠杆AB可绕O轴转动,B、C、D均为铰链,DC杆处于水平位置。试求平衡时砝码的重量G_1与被称汽车的重量G_2的关系。

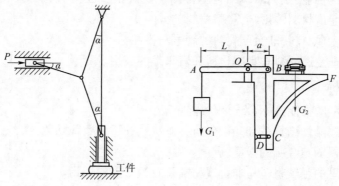

图1-56　汽车维修工具　　　　图1-57　汽车台秤

4. 图1-58所示,已知直角T字杆某瞬时以角速度ω、角加速度α在图平面内绕O轴转动,则C点的速度和加速度分别为多少?(方向均应在图上表示)。

5. 已知受拉杆如图1-59所示,拉力$F=2\text{kN}$,长$L=1\text{m}$,横截面积$A=10\text{cm}^2$,弹性模量$=200\text{GPa}$,材料许用应力为150MPa,校核其强度并求其伸长量。

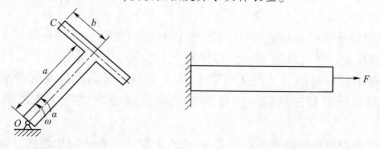

图1-58　T字杆　　　　　图1-59　受拉杆

模块二　汽车常用工程材料

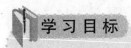

学习目标

☞ 知识目标

1. 了解材料的性能、金属晶体结构基础知识及铁碳合金相图的含义及应用；了解常用热处理方法及对金属材料的影响；了解材料的分类；
2. 熟悉典型金属材料、非金属材料的牌号与性能；
3. 掌握典型非金属材料与金属材料在汽车上的应用。

☞ 能力目标

1. 能利用材料的性能指标合理评价零件；
2. 能根据金属晶体结构基础知识分析并解决相关工程实践问题；
3. 能使用仪器测定金属的强度、硬度；
4. 能识别典型的金属材料与非金属材料及在汽车上的选用。

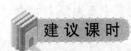

12 课时。

　　汽车工程材料是汽车制造、使用以及维修中常用的材料，是材料科学的一个分支。目前，汽车正朝着高速、经济、舒适、安全、环保的方向发展，特别是近年来人们对环保的高度重视，对汽车工程材料提出了更高的要求，因而在汽车产品设计及其制造与维修过程中，材料的选用问题将日趋突出。这使汽车工业的发展与材料学科之间的关系更为紧密。

　　汽车工业已是世界各国的支柱产业之一，在汽车制造工业中应用最广泛的仍是金属材料，占总质量的70%～90%。在我国，汽车工业所用的钢铁材料占钢铁年产量的10%左右。金属材料之所以获得广泛的使用，是因为金属材料不仅来源丰富，而且具有耐用性好、工艺性好等优点。金属材料还可以通过不同成分配置、不同的加工和热处理方法来改变组织与性能，以扩大其使用范围。随着科学技术的不断进步，高性能金属材料和高性能非金属材料在汽车上的应用范围逐渐扩大。

一、汽车零件材料性能分析

案例引入

了解发动机的工作情况,观察发动机曲柄连杆机构的运动,认识发动机活塞(图2-1)的工作环境和任务,分析活塞要完成其工作任务,保证发动机正常工作,所用材料应具备什么性能? 通常选用什么材料?

材料的性能包括使用性能和工艺性能。

材料的使用性能,是指在正常使用条件下,零部件材料所表现出来的性能。主要包括物理性能、化学性能和力学性能。材料的使用性能决定了材料的使用范围、安全可靠性和使用寿命。

材料的工艺性能,是指材料在各种加工过程中所适应加工的性能。对于金属材料来讲,工艺性能主要包括铸造性能、锻造性能、焊接性能、切削加工性能和热处理性能。材料的工艺性能直接影响着零部件质量,是零部件选材和制定加工工艺路线时必须考虑的因素之一。

图2-1 发动机活塞

汽车应用材料主要以金属材料和非金属材料为主。由于非金属材料在性能指标及测试方法上与金属材料相同或相似,所以本节主要以金属材料为例来阐述工程材料的一般性能与主要指标。

(一)材料的使用性能

1. 材料的物理性能

材料的物理性能,是指材料的固有属性,如密度、熔点、导热性、导电性、热膨胀性、磁性和色泽等。

1)密度

在机械制造中,一般将密度小于 $5.0 \times 10^3 kg/m^3$ 的金属称为轻金属,如铝、镁、钛及其合金;将密度大于 $5.0 \times 10^3 kg/m^3$ 的金属称为重金属,如铁、铅、钨等。非金属材料其密度相对更小,如陶瓷的密度为 $2.2 \times 10^3 \sim 2.5 \times 10^3 kg/m^3$,塑料的密度则多数为 $1.0 \times 10^3 \sim 1.5 \times 10^3 kg/m^3$。在实际生产中,一些零部件的选材必须考虑材料的密度,如汽车发动机中要求采用质量轻、运动时惯性小的活塞,因此,活塞多采用低密度的铝合金制成。

2)熔点

熔点,是指材料由固态向液态转变的温度。各种金属都具有固定的熔点。熔点高的金属(如钨、钼、铬等)常用来制造耐高温的零件,如汽车、拖拉机的发动机排气阀等(40Cr10Si2Mo、4Cr9Si2)等;熔点低的金属(如锡、铅、锌等)常用来制造熔断丝等零件。对于非金属材料来说,陶瓷材料的熔点一般都显著高于金属及合金的熔点,而高分子材料、复合材料一般没有固定的熔点。

3)导热性

导热性,是指材料在加热和冷却时传导热量的性能,常用热导率表示。材料的热导率越大,导热性越好。例如,制造散热器、热交换器与活塞等零件应选用导热性好的零件。

4) 导电性

导电性,是指材料传导电流的能力,常用电阻率表示。电阻率越小,导电性越好。金属中,银的导电性最好,铜、铝次之,合金的导电性较纯金属差。在非金属材料中,高分子材料通常是绝缘体,而导电高分子材料一般都是复合型复分子材料。陶瓷材料一般情况下是良好的绝缘体,但某些特殊成分的陶瓷,如压电陶瓷却是具有一定导电性的半导体材料。

5) 热膨胀性

热膨胀性,是指材料随温度的变化产生膨胀、收缩的特性,常用线膨胀系数来表示。

由线膨胀系数大的材料制造的零件,在温度变化时,尺寸和形状变化较大。如轴和轴瓦之间要根据线膨胀系数来控制其间隙尺寸;发动机活塞的形状特别要考虑所用材料的热膨胀性。在热加工和热处理时也要考虑材料的线膨胀影响,以减小工件的变形和开裂。一般来说,陶瓷的线膨胀系数最低,金属次之,高分子材料最高。

6) 磁性

磁性,是指材料能被磁场吸引或磁化的性能,常用磁导率表示。目前,应用较多的磁性材料有金属和陶瓷两类。金属磁性材料又分为铁磁材料、顺磁材料和抗磁材料。铁、钴、镍等金属及合金为铁磁材料,它们在外磁场中能强烈地被磁化,主要用于制造变压器和继电器的铁芯、电动机的转子和定子等零部件;锰、铬等材料在外磁场中呈现十分微弱的磁性,称为顺磁材料;铜、锌等材料能抗拒或削弱外磁场的磁化作用,称为抗磁材料。抗磁材料多应用于仪表壳等要求不易磁化或能避免电磁干扰的零件。

陶瓷磁性材料统称为铁氧体,常用于制作电视机、录音机及动圈式仪表的永磁体。磁性只存在于一定的温度内,高于一定温度时,磁性就会消失。如铁在770℃以上就会失去磁性。

2. 材料的化学性能

材料的化学性能,是指材料在化学作用下表现出来的性能。对于金属材料来说,化学性能一般指耐腐蚀性和抗氧化性。对于非金属材料来说,还存在着化学稳定性、抗老化能力和耐热性等问题。

1) 耐腐蚀性

材料在常温下抵抗周围介质(如大气、燃气、水、酸、碱、盐等)腐蚀的能力称为耐腐蚀性。金属材料在腐蚀性介质中常会发生化学腐蚀或电化学腐蚀。碳钢、铸铁的耐腐蚀性较差;钛及其合金、不锈钢的耐腐蚀性较好;铝和铜也有较好的耐腐蚀性。因此,对金属制品的腐蚀防护十分重要。对于汽车上易腐蚀的零部件,一方面可采用耐腐蚀性好的不锈钢、铝合金等材料制造;另一方面,要采用适当的涂料进行涂覆,起到防腐蚀、填平锈斑的作用。大多数高分子材料如陶瓷材料和塑料等都具有优良的耐腐蚀性。被誉为塑料王的聚四氟乙烯,不仅耐强酸、强碱等强腐蚀剂,甚至在沸腾的王水中其性能也非常稳定。

2) 抗氧化性

材料在高温下抵抗氧化的能力称为抗氧化性,又称热稳定性。在钢中加入 Cr、Si 等元素,可大大提高钢的抗氧化性。如在高温下工作的内燃机排气门等轿车零部件,就是采用抗氧化性好的 4CrSi2 等材料来制造的。

3. 材料的力学性能

材料的力学性能,是指材料在外加载荷作用下所表现出来的性能,或称机械性能。材料的力学性能主要决定于材料的化学成分、组织结构、冶金质量、表面和内部的缺陷等内在因素,但一些外在因素如载荷性质、应力状态、温度、环境介质等也会有较大影响。材料的力学性能包括强度、塑性、硬度、韧性及疲劳强度等。

载荷是指金属材料在加工及使用过程中所受的外力。要研究材料的力学性能,必须先了解零件所承受的载荷的性质和作用方式。根据载荷作用性质的不同,它可以分为静载荷、冲击载荷及交变载荷三种。静载荷,是指载荷的大小和方向不变或变动极缓慢的载荷,如汽车在静止状态下,车身对车架的压力属于静载荷;冲击载荷,是指以极高速度作用于零部件上的载荷,如汽车在不平的道路上行驶时,车身对悬架的冲击即位冲击载荷;交变载荷,是指大小和方向随时间发生周期性变化的载荷,也称疲劳载荷,如运转中的发动机曲轴、齿轮等零部件所承受的载荷均为交变载荷。根据载荷形式的不同,载荷也分为拉伸载荷、压缩载荷、弯曲载荷、剪切载荷和扭转载荷等。金属材料受不同载荷作用而发生的几何形状和尺寸的变化称为变形,变形一般分为弹性变形和塑性变形。

1)强度与塑性

金属抵抗塑性变形或断裂的能力称为强度,强度大小通常用应力来表示。断裂前金属材料产生永久变形的能力称为塑性。

根据载荷作用方式不同,强度可分为抗拉强度、抗压强度、抗弯强度、抗剪强度和抗扭强度等。其中抗拉强度为最基本的强度指标,可通过拉伸试验来测定。

试验时,先按国家标准 GB/T 228.1—2010 规定将材料制成一定形状和尺寸的标准试样,如图 2-2 所示。将标准试样装夹在拉伸试验机上,缓慢进行拉伸,使试样承受轴向拉力,直到拉断为止。试验机自动记录装置可将整个拉伸过程的拉伸力和伸长量描绘出来。这种在进行拉伸试验时,载荷 F(拉伸力)和试样伸长量 Δl 之间的关系曲线叫作力-伸长曲线。用拉伸力 F 除以试样原始截面积 S_0 就得到材料单位横截面上的内力,即应力 σ。以绝对伸长 ΔL 除以试样原始标距就得到单位伸长量,即应变 ε,则力-伸长(F-ΔL)曲线就成了应力-应变曲线。图 2-3 是低碳钢的力-伸长曲线,图中纵坐标表示力 F,单位为 N;横坐标表示绝对伸长 ΔL,单位为 mm。图 2-3 中表现出四个变形阶段。

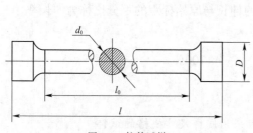

图 2-2 拉伸试样

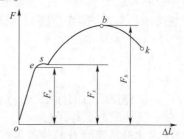

图 2-3 低碳钢的力-伸长曲线

oe:弹性变形阶段。此阶段内试样变形完全是弹性的,卸载后试样即恢复原状。F_e 是试样保持最大弹性变形的最大拉伸力。

es:屈服阶段。当载荷超过 F_e 时,若卸载的话,试样的伸长只能部分地恢复,而保留一部分残余变形,即为塑性变形。当载荷增加到 F_s 时,图上出现平台或锯齿状,产生屈服现象。即在载荷不增加或略有减少的情况下,试样继续发生变形的现象叫作屈服。此时的载荷 F_s 称为屈服载荷。屈服后,材料将残留较大的塑性变形。

sb:强化阶段。在屈服阶段以后,欲使试样继续伸长,必须不断加载。随着塑性变形增大,试样变形抗力也逐渐增加,这种现象称为形变强化(或称加工硬化)。F_b为拉伸试验时试样所能承受的最大载荷。

bk:缩颈阶段(局部塑性变形阶段)。当载荷达到最大值F_b时,试样的直径发生局部收缩,称为缩颈。试样变形所需的载荷也随之降低,这时伸长主要集中于缩颈部位,直至断裂。

(1)强度指标。金属材料抵抗拉伸载荷的强度指标一般有屈服强度σ_s和抗拉强度σ_b等。

①屈服强度σ_s。试样在试验过程中,力不增加(保持恒定)仍能继续伸长(变形)时的现象称为屈服现象。当金属材料呈现屈服现象时,在试验期间达到塑性变形发生而力不增加的应力点,称为屈服强度,以σ_s表示,单位为 MPa。

$$\sigma_s = \frac{F_s}{S_0} \quad (\text{MPa}) \tag{2-1}$$

式中:F_s——试样屈服时的载荷(N);
S_0——试样原始横截面积(mm^2)。

对于塑性很低的金属材料(如铸铁),不仅没有明显的屈服现象,而且也不产生缩颈。

屈服强度是工程技术上极为重要的力学性能指标之一。因为工程中绝大部分结构零件在工作过程中不允许出现塑性变形。如发动机上的缸盖螺栓是不允许产生塑性变形的,否则,后果将不堪设想。

②抗拉强度σ_b。材料在拉断前所能承受的最大应力称为抗拉强度。其计算公式为:

$$\sigma_b = \frac{F_b}{S_0} \quad (\text{MPa}) \tag{2-2}$$

式中:F_b——试样承受的最大载荷(N);
S_0——试样原始横截面积(mm^2)。

抗拉强度表示材料在拉伸载荷作用下的最大均匀变形的抗力,也是机械零件设计和选材的主要依据之一。

(2)塑性。常用拉伸试样断裂时的最大相对变形量来表示塑性指标。一般塑性指标是指断后伸长率和断面收缩率,它们是通过拉伸试验测得的。

①断后伸长率δ。试样拉断后,标距的伸长与原始标距的百分比称为伸长率。其计算公式如下:

$$\delta = \frac{L_1 - L_0}{L_0} \times 100\% \tag{2-3}$$

式中:L_1——试样拉断后的标距(mm);
L_0——试样的原始标距(mm)。

注意:在比较不同材料的伸长率时,应采用同样尺寸规格的试样。

②断面收缩率Ψ。

试样拉断后,缩颈处截面积的最大缩减量与原始横截面积的百分比为断面收缩率。其计算公式如下:

$$\Psi = \frac{S_0 - S_1}{S_0} \times 100\% \tag{2-4}$$

式中:S_0——试样的原始横截面积(mm^2);
S_1——试样拉断处的最小横截面积(mm^2)。

断面收缩率 ψ 的大小与试样尺寸因素无关。金属材料的伸长率 δ 和断面收缩率 ψ 数值越大,表示材料的塑性越好,不容易突然断裂。塑性好的金属可以通过压力加工、焊接等加工成型方法加工成复杂形状的零件。例如,工业纯铁的 δ 可达 50%,ψ 可达 80%,可以拉成细丝、轧薄板等。而白口铸铁的 δ 和 ψ 几乎为零,不能进行塑性加工。工程上通常把伸长率 $\delta \geq 5\%$ 的材料称为塑性材料,如钢材、铜和铝等;把 $\delta < 5\%$ 的材料称为脆性材料,如铸铁、砖石等。低碳钢的伸长率 $\delta = 20\% \sim 30\%$,断面收缩率 $\psi = 60\% \sim 70\%$,故低碳钢是很好的塑性材料。

2) 硬度

硬度是材料抵抗局部变形,特别是塑性变形、压痕或划痕的能力,也可以说是指金属材料抵抗比它更硬物体压入其表面的能力。硬度试验的方法很多,有压入硬度试验法(如布氏硬度、洛氏硬度等);划痕硬度试验法(莫氏硬度);回跳硬度试验法(肖氏硬度)等,生产中常用的是压入硬度试验法。

(1) 布氏硬度的表示方法:符号 HBS 或 HBW 之前的数字为硬度值,符号后面按球体直径、试验力保持时间(10~15s 不标注)的顺序用数值表示试验条件(根据 GB/T 231.1—2018 规定和要求)。例如:120HBS10/1000/30 表示用直径 10mm 钢球在 9.807kN 试验力作用下保持 30s 测得的布氏硬度值为 120。

(2) 洛氏硬度的表示方法:硬度数值写在符号的前面,HR 后面写使用的标尺(根据 GB/T230.1—2018 规定和要求)。例如:

① 52HRC 表示用 HRC 标尺测定的洛氏硬度值为 52。

② 70HRA 表示用 HRA 标尺测定的洛氏硬度值为 70。

3) 冲击韧性

金属材料抵抗冲击载荷作用而不破坏的能力称为韧性。目前,常用一次摆锤冲击弯曲试验、小能量多次冲击试验来测定金属材料的韧性。

4) 疲劳强度

在静载荷作用下,零件所受的外力小于 σ_b 时,材料是不会断裂的。但是,当零件在工作中受到方向与大小呈周期性交变的载荷作用时,在周期性交变应力作用下,零件会在小于 σ_s 的情况下发生突然断裂,这种现象称为疲劳。金属因疲劳而产生的断裂,称为疲劳断裂。在机件断裂事故中,疲劳断裂约占断裂事故的 80%~90%。

试验证明,金属材料能承受的交变应力,与断裂前应力循环次数 N 有关,见图 2-4。由图可知,金属的承受交变应力 σ 越大,则断裂时应力循环次数 N 越少。当应力低于某一值时,曲线与横坐标平行,表示材料可经无限周期循环而不破坏,此应力值称为材料的疲劳极限或疲劳强度,用 σ_{-1} 表示。由于无数次应力循环次数的试验是无法完成的,工程上一般规定:对于钢铁循环次数为 10^7 时所对应的应力即为 σ_{-1};有色金属则规定 $N = 10^8$。

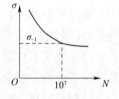

图 2-4 疲劳曲线示意图

影响疲劳极限的因素很多,主要有工作条件、表面状态、材质、残余内应力等。人们可通过改善零件结构形状、避免应力集中、降低零件表面粗糙度值以及采取各种表面强化的方法来提高材料的疲劳强度。

5)高温下金属的机械性能

很多零件是长期在高温条件下工作的,例如发动机的进、排气阀等,对这类零件,室温下的机械性能是不能满足高温条件下长期工作要求的。金属零件长时间在高温和恒应力作用下,即使应力小于σ_s,也会缓慢地产生塑性变形,这种现象称为蠕变。蠕变发展到最后也能导致断裂,造成设备的重大事故。金属在高温下的机械性能指标,主要有热强度和热硬性。

(1)热强度。热强度的指标有蠕变极限和持久强度。

①蠕变极限:蠕变极限是金属长期在高温和载荷作用下对塑性变形的抗力。蠕变极限用$\sigma_{\delta/t}^T$表示,单位为MPa。其中,T为材料的工作温度(℃),δ为变形量(%),t为零件工作时间(h)。例如,国内外多用1Cr13制作汽轮机叶片,该材料的蠕变极限为57MPa,即零件在500℃温度下,工作10000h,产生0.1%变形量时的应力值为57MPa。

②持久强度:持久强度是金属材料在高温和载荷作用下抵抗断裂的能力,持久强度用σ_t^T表示,单位为MPa。T为材料的工作温度(℃),t为零件工作时间(h)。例如1Cr13的持久强度为190MPa,表示在500℃温度下,工作100000h,发生断裂时的强度为190MPa。

(2)热硬性。金属材料在高温下的硬度是高温轴承、高速切削刀具、热作模具材料和某些机器零件材料的重要指标。例如机械加工中对于切削刀具不仅要求在室温下有较高的硬度,而且因高速切削温度升高,在刀具刃部达600℃或更高时,仍能保持高的硬度。材料在高温下具有较高硬度的性能,称为热硬性,又称红硬性。

(二)材料的工艺性能

汽车上使用的大多数零件是采用金属材料制造的。金属材料的工艺性能,是指金属在加工时所表现出来的适应能力和难易程度。它包括铸造性能、锻造性能、焊接性能、切削加工性能和热处理性能等。

1)铸造性能

铸造性能,是指金属融化成液态后,在铸造成型时所具有的一种特性,它常用金属的液态流动性、冷却时的收缩率和偏析等指标衡量。汽车发动机上的汽缸盖、汽缸体、活塞、变速器壳体、转向器壳体等均是由金属材料铸造而成的。

2)锻造性能

锻造性能,是指金属材料利用锻压加工方法成型的难易程度称为锻造性能。其优劣取决于金属材料的塑性和变形抗力。塑性好的金属变形时不易开裂;变形抗力小的金属,锻压时省力,而且工具、模具不易磨损。例如碳钢在加热状态下锻造性能较好,铸铁则不能锻造。

冷变形工艺性能各种钢板和各种管路在施工和安装中,有时需要进行各种冷变形,所以要求这些材料具有良好的冷变形工艺性能。

3)焊接性能

焊接性能,是指金属材料在一定的焊接工艺条件下,获得优质焊接接头的难易程度。焊接性能好的金属能获得没有裂纹、气孔等缺陷的焊缝,并且焊接接头具有比较好的机械性能。

4)切削加工性能

切削加工性能,是指对材料进行切削加工的难易程度和切削加工后的表面质量,其难易程度与金属的强度、硬度、塑性和导热性有关。切削加工性能好的金属对刀具磨损量小、切削用量大、加工表面精度高。

5) 热处理性能

热处理性能,是指金属进行热处理时所表现出来的性能,一般可以通过热处理来提高金属材料的机械性能。

二、晶体结构与铁碳合金相图

 案例引入

碰撞受损的承载式车身结构件是更换还是修复?这是汽车评估人员几乎每天都必须面对的问题。实际上,作出这种决定的过程就是寻找一个判断理由的过程。为了帮助汽车评估人员作出正确的判断,美国汽车碰撞修理业协会经过大量的研究,终于得出关于损伤机构件的修复与更换的一个简单判断原则,即"弯曲变形就修,折曲变形就换"。如何正确理解以上原则,在实际操作中如何把握?

(一)晶体结构及其结晶

金属材料所具有的各种不同的机械性能、工艺性能、理化性能,除与金属材料的化学成分有关外,还与金属材料的内部构造有关。

1. 晶体结构与类型

固态物质按其内部微粒(原子、离子或分子)的构成,可分为晶体和非晶体两类。微粒呈无规则排列的固态物质称为非晶体,如玻璃、塑料、松香等;微粒呈规则排列的固态物质称为晶体,如盐、冰等。晶体有一定的熔点,非晶体则没有一定的熔点。在通常的情况下,处于固态的一切金属及其合金都是晶体。为了便于理解,把原子看成是一个个小球,则金属晶体就是由这些小球有规律地堆积而成,如图 2-5 所示。

为了形象地表示晶体中原子排列的规律,可以将原子简化成一个点,用假想的线将这些点连接起来,就构成了有规律性的空间格子,这种表示原子在晶体中排列规律的空间格架叫作晶格,如图 2-6 所示,通常取晶格中一个最基本的、能代表其结构特点的单元,即晶胞来描述晶体结构。

 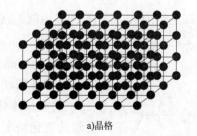

a)晶格　　　　　　　　　　　b)晶胞

图 2-5　晶体中金属原子的排列　　　图 2-6　晶格和晶胞示意图

金属的晶格类型很多,但绝大多数(占 85%)金属属于下面三种晶格。

体心立方晶格,它的晶胞是一个立方体,原子位于立方体的八个顶角上和立方体的中心,如图 2-7 所示。属于这种晶格类型的金属有铬(Cr)、钒(V)、钨(W)、钼(Mo)及 δ-铁(δ-Fe)等金属。

面心立方晶格,它的晶胞也是一个立方体,原子位于立方体的八个顶角上和立方体六个面的中心,如图2-8所示。属于这种晶格类型的金属有铝(Al)、铜(Cu)、铅(Pb)、镍(Ni)及r-铁(r-Fe)等金属。

密排六方晶格,它的晶胞是一个正六棱柱体,原子排列在柱体的每个顶角上和上、下底面的中心,另外三个原子排列在柱体内,如图2-9所示。属于这种晶格类型的金属有镁(Mg)、铍(Be)、钛(Ti)及锌(Zn)等金属。

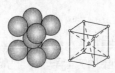 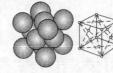 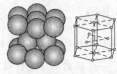

图2-7 体心立方晶胞　　　　图2-8 面心立方晶胞　　　　图2-9 密排六方晶胞

在实际使用的金属材料中,由于加进了其他种类的外来原子及材料在冶炼后的凝固过程中受到各种因素的影响,使本来该有规律的原子排列方式受到干扰,不像理想晶体那样规则。晶体中出现的各种不规则的原子堆积现象称为晶体缺陷。常见的晶体缺陷有空位、位错、晶界和亚晶界等,它们都对力学性能产生影响。

金属在不受外力作用时,金属晶格原子处于平衡状态。在受到外力作用后,引起原子间距离的改变,造成晶格的畸变时,使晶格中的原子处于不稳定状态,这样就表现为整个晶格的变形。在除去外力后,晶格中的原子因内力的作用,又立即恢复到原来平衡位置,晶格畸变和整个晶格的变形也随之消失,这就是金属弹性变形的实质,这种变形是很微小的。

若继续增大外力,金属晶格发生较大畸变,当畸变到一定程度时,晶格的一部分相对另一部分产生较大错移,错移后的晶格原子,就在新的位置与附近的原子组成新的平衡。当外力去除后,原子间的距离可以恢复原状,但错移的晶格却不能再恢复到原来位置,这就产生了一种不可恢复的永久变形即为塑性变形。这种变形量比弹性变形量大得多。

金属塑性变形后,会引起金属性能的改变。主要是随着变形程度的加大,金属产生了硬度增高、塑性降低现象,即加工硬化,也即冷作硬化。加工硬化不利于金属的继续成形加工,但有时可以提高产品的表面硬度和性能。

2. 金属的结晶

金属材料大部分都是经冶炼得到的,即经由液态转变为固态的过程,常称之为金属的结晶过程。铸造和焊接工艺都与金属的结晶过程有关。

金属的结晶过程,就其内部原子排列情况来说,是从不规则排列状态(液态)转变为规则排列状态(固态)。将金属熔化,然后使之充分缓慢冷却,把温度随时间的变化情况进行严格测定并记录下来,便得到冷却曲线,如图2-10所示。

图2-10a)为理想冷却曲线,当液态金属冷却到温度T_n时,开始结晶,放出潜热,维持温度不变,出现了"平台"曲线。这时的温度T_n称为理论结晶温度。

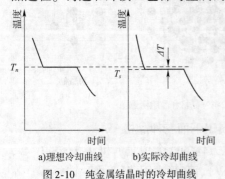

图2-10 纯金属结晶时的冷却曲线
a)理想冷却曲线　b)实际冷却曲线

图 2-10b) 为金属的实际冷却曲线,当液态金属冷却到 T_s 时,才开始结晶。结晶时同样放出潜热而出现"平台"曲线。温度 T_s 为实际结晶温度。T_n 与 T_s 之差 ΔT 称为过冷度,即 $\Delta T = T_n - T_s$,金属的冷却速度越大,引起的过冷度也越大。

当液态金属快速冷却到 T_s 以下某一温度,首先在液态金属中出现一些极微小的晶体,称为晶核,接着液态金属中其他原子向晶核靠拢并规则排列起来,使这批晶核不断地长大。此后液态金属中又产生新的晶核并且长大。如此发展下去,每个晶核都长大,便形成一晶体或晶粒,直到每一个晶核都长大到相互接触为止。因此,结晶过程就是形成晶核及晶核长大的过程。

对金属的常温机械性能来说,一般是晶粒越细小,则强度和硬度越高,同时塑性和韧性也越好。常用的细化晶粒的方法有提高金属的过冷度、进行变质处理、振动处理。

3. 金属的同素异构转变

有些金属,固态时在不同的温度范围内,会由一种晶格转变为另一种晶格,这种变化称为金属的同素异构转变。例如铁、钴、钛等金属在不同温度时就能以几种不同的晶格类型存在。金属的同素异构转变与液态金属的结晶过程相类似,也有晶核的形成与长大两个过程,一般称为重结晶或二次结晶。

图 2-11 是纯铁的冷却曲线。由图可知,液态纯铁在 1538℃ 进行结晶,得到具有体心立方晶格的 δ-Fe,继续冷却到 1394℃ 时,发生同素异构转变,δ-Fe 转变为面心立方晶格的 γ-Fe,再冷却到 912℃ 时又发生同素异构转变,γ-Fe 转变为体心立方晶格的 α-Fe,如再继续冷却到室温,晶格的类型不再发生变化。

同素异构转变是铁的一个重要特性。钢和铸铁之所以能通过热处理显著地改变其性能,是与铁的同素异构转变有着密切联系的。

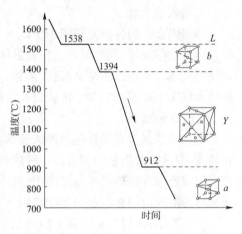

图 2-11 纯铁的冷却曲线

(二)合金的结构

纯金属一般具有良好的塑性、导电性、导热性,但强度、硬度较低且价格较高,种类有限,故生产中大量使用的是各种不同成分的合金,如铁碳合金、铝合金、铜合金等。

合金是由两种或两种以上的金属或金属与非金属元素构成的具有金属特性的物质。例如,钢和生铁就是铁与碳的合金,黄铜就是铜和锌的合金。

1. 合金的构造

组成合金的独立的最基本单元称为组元。由两个组元组成的合金称为二元合金;由三个组元组成的合金称为三元合金;由三个以上组元组成的合金称为多元合金。

组成合金的组元,在液态下多半是相互融合扩散成为均匀物体,在凝固时则按组元间相互作用的不同而形成不同的晶体结构,所以合金的结构比纯金属复杂得多。由于构成合金元素相互作用不同,合金的构造常可分为固溶体、金属化合物和机械混合物三类。

1) 固溶体

固溶体是以一种金属元素的晶格为溶剂,其他元素的原子为溶质,溶质原子溶入溶剂晶格而形成的均匀固体,如钢中的铁素体就是碳原子溶入铁的晶格而构成的固溶体。固溶体保持了溶剂的晶格。根据互相溶解能力的不同,固溶体可分为有限固溶体和无限固溶体两种。根据溶质原子在溶剂晶格中所处位置不同,固溶体可分为间隙固溶体和置换固溶体。由于溶质原子的溶入,固溶体发生晶格畸变,变形抗力增大,使金属的强度、硬度升高的现象称为固溶强化。它是强化金属材料的重要途径之一。

2) 金属化合物

金属化合物是合金组元间发生相互作用而生成的一种新相,其晶格类型和性能不同于其中任一组元,又因它具有一定的金属性质,故称金属化合物,如钢中的渗碳体就是铁和碳的金属化合物。

金属化合物具有复杂的晶体结构,熔点较高,硬度高,而脆性大。当它呈细小颗粒均匀分布在固溶体基体上时,将使合金的强度、硬度及耐磨性明显提高,这一现象称为弥散强化。

3) 机械混合物

当组成合金的各组元在固态下既互不溶解,又不形成化合物,而是按一定的质量比例,以混合方式存在着,就形成了各组元晶体的机械混合物,各组元的原子仍按自己原来的晶格来结成晶体。它可以由纯金属、固溶体、金属化合物等晶体相互任意混合而成,机械混合物的性能取决于构成物本身的性能以及它们的相对数量和分布状态。

2. 合金的结晶

合金的结晶过程同样包括形成晶核与晶核长大,但是合金的结晶过程中经常会发生固相转变,即由一种固相转变为另一种固相。因此,合金的结晶过程有两个相变点(相变点,是指金属或合金在加热或冷却过程中,发生相变的温度)。在大多数情况下,合金结晶时往往形成两种不同的固相组成的多相组织。

合金的结晶过程,是指合金的组织结构随温度、成分的变化而变化的过程,常用合金相图来反映。合金相图又称合金状态图,它表明了在平衡状态下(指在极缓慢的加热或冷却的条件下),合金的相结构随温度、成分发生变化的情况,故亦称为平衡图。

(三) 铁碳合金相图——"探究钢铁内部结构的宝图"

钢和铸铁是汽车工业中应用最广泛的金属材料,虽然其种类和牌号很多,性能和用途各异,但都是以铁和碳为主要元素组成的合金,统称为铁碳合金。不同成分的铁碳合金在不同温度下具有不同的组织,因而表现出不同的性能。铁碳合金相图就是研究铁碳合金的成分、温度和组织三者之间关系的图形。

1. 铁碳合金的基本组织

铁碳合金有下列几种组织:

1) 铁素体

碳在 α-Fe 中形成的固溶体称为铁素体,用符号 F 表示。它仍保持 α-Fe 的体心立方晶格,铁素体在室温时的溶碳能力极低,随温度的升高,溶碳量略有增加,在 727℃ 时溶碳量最大(为 0.0218%)。因此,我们平时所说的纯铁,实际上是含碳量很低的铁素体。铁素体的强度和硬度较低,而塑性和韧性较好。

2) 奥氏体

碳在 r-Fe 中形成的固溶体称为奥氏体,常用符号 A 表示。奥氏体仍保持面心立方晶格,其溶碳能力比铁素体高,在1148℃时溶碳量可达2.11%,随着温度的下降溶解度逐渐减小,在727℃时溶碳量为0.77%。奥氏体的强度和硬度不高,塑性良好,没有磁性。

3) 渗碳体

铁与碳所形成的金属化合物称为渗碳体。含碳量为6.69%,常用符号 Fe_3C 或 C_m 表示,晶格复杂,硬度很高,塑性很差,在钢中,渗碳体以不同形态和大小的晶体出现于组织中,对钢的力学性能影响很大。在一定的条件下,渗碳体可分解成石墨状态的自由碳,这一过程对于铸铁具有重要意义。

4) 珠光体

珠光体是铁素体和渗碳体的混合物,用符号 P 来表示,其平均含碳量为0.77%。由于珠光体是硬而脆的渗碳体和软而韧的铁素体层片相间、交替排列而成的混合物,因此其性能介于铁素体和渗碳体之间,故珠光体的强度较高,硬度适中,具有一定的塑性。

2. 铁碳合金相图

铁碳合金相图是表示在极缓慢冷却(或加热)情况下,不同成分的铁碳合金在不同温度所具有的组织或状态的图形。目前应用的铁碳合金相图是含碳量为0~6.69%的合金部分,因为大于6.69%的铁碳合金在工业上无使用价值。现在的铁碳合金相图因为只研究Fe-Fe_3C部分,实际上是Fe-Fe_3C相图。图2-12为简化后的Fe-Fe_3C相图。

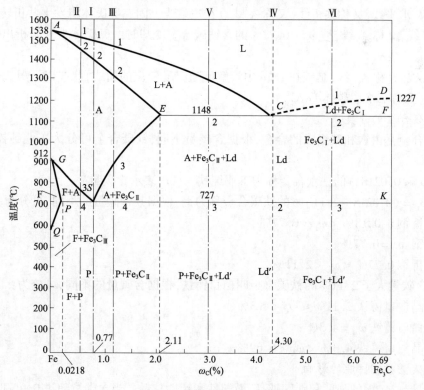

图2-12 简化后的Fe-Fe_3C相图

(1)特性点:相图中具有特殊意义的点称为特性点。简化 Fe-Fe₃C 相图中各特性点的温度、成分及其含义见表 2-1。

简化的 Fe-Fe₃C 相图中的特性点　　　　表 2-1

特性点符号	温度(℃)	w_C(%)	含　义
A	1538	0	纯铁的熔点(结晶)
C	1148	4.3	共晶点 Lc⟷Ld(AE + Fe₃C)
D	1227	6.69	渗碳体的熔点
E	1148	2.11	碳在 r-Fe 中的最大溶解度
G	912	0	α-Fe⟷r-Fe 同素异晶转变点
P	727	0.0218	碳在 α-Fe 中最大溶解度
S	727	0.77	共析点 As⟷P(Fp + Fe₃C)
Q	600	0.008	碳在 α-Fe 中的溶解度

(2)特性线:相图中各不同成分的合金具有相同意义的临界点的连接线为特性线。简化的 Fe-Fe₃C 相图中各特性线的符号、位置和意义介绍如下。

①ACD 线,又称液相线,在此线以上合金处于液体状态,用符号"L"表示。铁碳合金冷却到此线时开始结晶,在 AC 线下从液相中结晶出奥氏体,在 CD 线下从液体中结晶出渗碳体,称为一次渗碳体,用 Fe₃C₁ 表示。

②AECF 线,又称固相线,液体合金冷却至此线全部结晶为固体,此线以下为固相区。

③ECF 水平线,又称共晶线,在此线上的液态合金冷却时将发生共晶转变。

④PSK 水平线,又称共析线,又称 A₁ 线。在这条线上固态奥氏体将发生共析转变。

⑤GS 线,又称 A₃ 线,是 ω_C <0.77% 的含铁碳合金冷却时由奥氏体中开始析出铁素体的转变线。

⑥ES 线,又称 A_{cm} 线,是碳在 r-Fe 中溶解度随温度变化的曲线,此线以下奥氏体开始析出渗碳体(又称二次渗碳体 Fe₃C_Ⅱ)。

3. 铁碳合金的分类

铁碳合金是由铁和碳组成的合金,根据含碳量不同,铁碳合金可分为工业纯铁、钢和白口铸铁。

(1)ω_C <0.0218% 的铁碳合金称为工业纯铁。(ω_C 表示含碳量)

(2)ω_C = (0.0218~2.11)% 的铁碳合金称为钢,根据其含碳量的不同,可分为:

亚共析钢 0.0218% < ω_C < 0.77%;

共析钢 ω_C = 0.77%;

过共析钢 0.77% < ω_C < 2.11%。

(3)含碳量大于 2.11% 的铁碳合金叫白口铸铁,根据含碳量的不同,可分为:

亚共晶白口铸铁 2.11% ≤ ω_C < 4.3%;

共晶白口铸铁 ω_C = 4.3%;

过共晶白口铸铁 4.3% < ω_C < 6.69%。

4. 含碳量对钢性能的影响

含碳量越高,钢的强度和硬度越高,而塑性和韧性越低。当含碳量超过 0.9% 时,随含碳量增加,强度也随之降低。所以生产中使用的碳钢含碳量一般不超过 1.35%,含碳量大于 2.11% 的白口铸铁,具有很高的硬度和脆性,难以进行切削加工,很少单独使用。

三、钢的热处理

 案例引入

如图 2-13 所示,某发动机曲轴采用含碳量 0.45% 的亚共析钢作为毛坯材料,在加工过程中,还要经过热处理工艺,热处理工艺是何含义,对材料的性能有何影响?能否去掉这些工艺?

热处理是将金属或合金在固态下进行加热、保温和冷却以获得所需要的组织结构和性能的工艺。通过热处理可以充分发挥金属材料的潜力,改善金属材料的性能,延长使用寿命和节省金属材料。热处理还可改善工件的加工工艺性能,提高加工质量,减少刀具磨损。因此,它在机械制造中占有十分重要的地位。

热处理应用的主要对象是钢。钢的热处理方法有退火、正火、淬火、回火及各种表面热处理等。各种热处理的工艺过程都是由加热、保温和冷却三个阶段组成,其中加热温度对热处理影响最大,通常可用"温度—时间"为坐标的曲线图来表示,称为热处理工艺曲线,如图 2-14 所示。

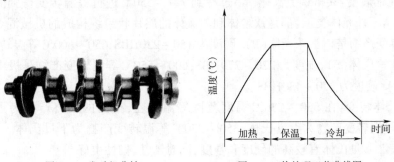

图 2-13 发动机曲轴　　图 2-14 热处理工艺曲线图

钢的组织转变是热处理的核心问题。了解钢在加热、保温、冷却过程中组织的转变规律是理解各种热处理方法的基础。下面以共析钢为例介绍钢在加热与冷却时的组织转变过程。

(一)钢在加热时的组织转变

1. 钢的奥氏体化

将钢加热到一定温度,获得完全或部分奥氏体组织的转变称为奥氏体化,钢中珠光体将向奥氏体转变,其转变过程如图 2-15 所示。

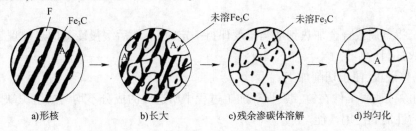

图 2-15 共析钢中奥氏体形成过程示意图

热处理加热后的保温阶段,不仅是为了使工件热透,也是为了使组织转变完全,以及奥氏体成分均匀。

2. 奥氏体晶粒的长大

刚转变的奥氏体晶粒往往是细小的,如果继续升温或进行长时间的保温,就会引起奥氏体晶粒的长大。一般来说,加热温度的影响远比保温时间的影响大。加热温度越高,奥氏体晶粒就越易长大,在高温下的停留时间越长,奥氏体晶粒也越易长大。冷却后,钢的晶粒完全由奥氏体晶粒大小所决定,只有细小的奥氏体晶粒,才会得到细小的钢的室温组织。因此,在加热时,如何获得细而均匀的奥氏体晶粒,常常成为热处理产品质量的关键之一。

(二)钢在冷却时的组织转变

钢经加热获得奥氏体组织后,如在不同的冷却条件下冷却,最后可使钢获得不同的力学性能。在热处理工艺中,常采用等温冷却和连续冷却两种冷却方式。

1. 等温冷却转变

共析钢的等温冷却转变主要有两种。

(1)珠光体转变:共析钢奥氏体(A)过冷到727~550℃进行等温转变得到的最终产物,其显微组织属于珠光体类型,都是铁素体和渗碳体的层片状组织构成的机械混合物。727~650℃等温转变产物是正常珠光体(P),硬度为150~220HBS;650~600℃等温转变产物是细珠光体,又称索氏体(S),硬度为220~270HBS;600~550℃等温转变产物是极细珠光体,又称托氏体(T),硬度为270~430HBS。

(2)贝氏体转变:在550~230℃温度范围等温转变,得到的最终产物为贝氏体(B)。550~350℃等温转变产物为上贝氏体,350~230℃等温转变产物为下贝氏体。上贝氏体和下贝氏体比较,下贝氏体有较高的硬度和强度,同时塑性、韧性也好。

2. 连续冷却转变

马氏体转变:当钢从高温急冷到230℃时,便开始转变为马氏体(M),马氏体组织是碳在α-Fe中的过饱和固溶体,用M表示。马氏体具有较高的强度和硬度,含碳量较低的马氏体($w_C<0.2\%$)具有良好的塑性和韧性,是一种强韧性很好的组织。含碳量高的马氏体的塑性、韧性差。马氏体转变是强化钢铁材料的有效手段。但马氏体形成时要伴随体积膨胀,因而产生内应力,组织也不稳定。

(三)典型热处理工艺方法

1. 退火

退火是将金属或合金加热到适当温度保持一定时间,然后缓慢冷却的热处理工艺。

1)退火的目的

(1)调整硬度,便于切削加工。

(2)消除或改善工件在铸、锻、焊等加工过程中所造成的成分不均匀或组织缺陷,以提高工件的工艺性能和使用性能。

(3)消除内应力或加工硬化,以防工件变形开裂。

2) 退火的方法

退火的方法一般有：完全退火、球化退火、均匀化退火和去应力退火。

2. 正火

正火是将钢材或钢件加热到 Ac_3（或 Ac_{cm}）以上 30～500℃，保温适当的时间后在静止的空气中冷却的热处理工艺。正火由于冷却速度比退火快，所以得到的组织是非平衡组织。

正火主要有以下几方面的作用：

（1）对于普通结构钢中的低碳钢、低碳合金钢工件，正火的目的是消除铸造和焊接过程引起的过热缺陷、细化晶粒、提高硬度、改善切削加工性。

（2）对力学性能要求不高或尺寸较大的结构件，常用正火作为最终热处理，以提高其强度、硬度。

（3）对中碳结构钢工件，正火可消除成形工艺过程中产生的缺陷，保证合适的切削加工硬度，为后续热处理做好组织准备。

（4）消除过共析钢网状二次渗碳体，为球化退火做组织准备。

3. 淬火

淬火是将钢加热到 Ac_1 或 Ac_3 线以上 30～50℃温度，保温一定时间，然后进行快速冷却的一种热处理工艺。其目的是获得马氏体组织，使钢具有高硬度和高耐磨性。淬火是强化钢材的重要方法。

常用的冷却介质有水、盐水、碱水、矿物油等。碳钢淬火时，一般用水淬，合金钢淬火时，一般用油淬。

常用的淬火方法有单介质淬火、双介质淬火、马氏体分级淬火、贝氏体等温淬火等。

钢在淬火时，奥氏体转变为马氏体的难易程度叫淬透性。淬透性好的钢比淬透性差的钢便于整体淬硬。钢的淬透性与钢的化学成分有关，除钴外，所有合金元素都提高钢的淬透性。淬透性好的钢，经淬火回火后，截面上组织均匀一致，综合力学性能好；而且淬火冷却时，可采用比较缓和的淬火介质，减少工件的变形及开裂倾向。

钢的淬硬性指钢在理想条件下进行淬火硬化所能达到的最高硬度的能力。钢的淬硬性主要取决于钢的含碳量，低碳钢淬硬性差，高碳钢淬硬性好。

4. 回火

钢件淬火后，再加热到某一温度，经保温后，冷却到室温的热处理工艺称为回火。淬火处理所获得的淬火马氏体组织很硬、很脆，并存在很大的内应力而易于突然变形和开裂，因此，除等温淬火外，一切淬火钢都必须进行回火后才能使用。

回火的主要目的是：获得所需要的力学性能；稳定工件尺寸；减少或消除内应力，以防开裂。

常用的回火方法有如下几种。

1) 低温回火

是将淬火钢加热到 150～250℃回火，低温回火的目的是消除淬火应力，略提高韧性，保持硬度和高耐磨性。主要用于工具及发动机燃油系统中的精密偶件的热处理。

2) 中温回火

是将淬火钢加热到 350～500℃回火，中温回火的目的是为了提零件的弹性及韧性。多用于各种弹簧的热处理。

3）高温回火

是将淬火钢在500~600℃回火,通常将淬火后再进行高温回火的工艺称为调质处理。高温回火的目的主要是为了使零件具有高韧性、中等硬度、高强度和高疲劳强度,即具有良好的综合力学性能。主要用来处理承受复杂载荷的中碳钢及中碳合金钢零件,如发动机的曲轴、连杆及活塞杆等。

5. 表面热处理

发动机的曲轴、活塞销、连杆及齿轮等,工作中常承受弯曲、扭转、冲击和交变载荷。这就要求零件表面具有高硬度、高耐磨性,而芯部则需要有足够的塑性和韧性。为此常采用表面热处理,表面热处理包括表面淬火和表面化学热处理。

表面淬火是仅对工件表层进行淬火的工艺,主要适用中碳钢和中碳合金钢,表面淬火后,一般应低温回火。

表面化学处理是将零件置于一定加热介质中加热,并达到一定温度,使介质中某种活性原子渗入零件表面的一种热处理工艺。其目的是通过改变零件表面化学成分和组织,来改善表面的力学性能和理化性能。表面化学热处理常用工艺方法有：

（1）渗碳：向零件表层渗入碳原子的化学热处理工艺称为渗碳。其目的是提高零件表层的含碳量,并经淬火和低温回火,使表层获得高硬度、高耐磨性和整体的疲劳强度,而材料的心部仍保持足够韧性。如发动机上的活塞销、凸轮及齿轮常采用渗碳工艺。渗碳零件必须用低碳钢或低碳合金钢来制造。

（2）氮化：使活性氮原子渗入零件表面的方法称为氮化或渗氮。氮化的目的是提高零件表面的耐磨性、耐蚀性及疲劳强度。高速发动机的曲轴、汽缸套及量具等常采用氮化处理。

（3）碳氮共渗：在零件表面同时渗碳和渗氮的过程叫碳氮共渗,又称氰化。由于它兼有渗碳和渗氮两者的特点,并能缩短时间,在生产上用来提高零件表面的耐磨性和耐蚀性。

钢的化学热处理已经从单元素渗发展到多元素复合渗,使之具有良好的综合性能。如铬、铝、硅共渗等。

四、汽车常用金属材料

 案例引入

金属材料是目前汽车上应用最广泛的工程材料。工业上,通常把金属材料分为两大类：黑色金属和有色金属。黑色金属是指钢铁材料,钢铁材料在我国汽车工业中仍占主流地位。一辆中型载货汽车上钢铁材料约占汽车总质量的3/4,轿车上约占2/3。试指出以下汽车结构件常采用何种黑色金属材料？为什么？

轿车车身、中型货车车架、发动机缸体、发动机飞轮、半轴、变速器齿轮、减振器弹簧、发动机气门导管。

(一)黑色金属材料

钢铁材料最大的特点是价格低廉,比强度(强度/密度)高,便于加工,因而得到广泛的应用。汽车用钢铁材料有钢板、结构钢、特殊用途钢、钢管、铸铁等，主要用于制造车架、车身、车轴、发动机缸体、曲轴、罩板、外壳等零件。

1. 碳素钢

碳素钢又称碳钢，是含碳量小于2.11%（实际在1.35%以下）的铁碳合金，并含有冶炼中难以除净的少量杂质，如硅、锰、硫、磷等。碳钢不仅具有较好的机械性能，良好的工艺性能，而且价格低廉，品种多样，能够满足各种场合的使用要求，所以约占钢总产量的90%以上。

1）碳素钢的分类、牌号和用途

碳素钢的分类方法很多，最常见的有以下三种。

(1) 按钢中的含碳量分：

低碳钢　含碳量 $\omega_C < 0.25\%$。

中碳钢　含碳量 $\omega_C = 0.25\% \sim 0.6\%$。

高碳钢　含碳量 $\omega_C > 0.6\%$。

(2) 按钢的质量分：

普通碳素钢 $\omega_S \leq 0.05\%$，$\omega_P \leq 0.045\%$，主要用于各类工程上。

优质碳素钢 $\omega_S \leq 0.035\%$，$\omega_P \leq 0.035\%$，主要用来制造各种机器零件，通常是热处理后使用。

高级碳素钢 $\omega_S \leq 0.025\%$，$\omega_P \leq 0.025\%$，主要用来制造工具和要求特别高的零件。

(3) 按钢的用途分：

碳素结构钢　主要用来制造各种工程构件（如机架、桥梁等）。一般为中、低碳钢。

碳素工具钢　主要用来制造各种刃具，模具和量具等。一般为高碳钢。

2）常用的碳素钢

(1) 碳素结构钢。

碳素结构钢的牌号由代表屈服点"屈"字的拼音字首 Q、屈服点数值、质量等级符号（分 A、B、C、D，A 级质量最差，D 级质量最好）和脱氧方法符号（F、B、Z、TZ）四个部分按顺序组成。例如 Q235-A 表示 $\sigma_s \geq 235\text{MPa}$，质量等级为 A 级的碳素结构。Q195、Q215 钢有一定强度、塑性好，主要用于制作薄板（镀锌薄钢板）、钢筋、冲压件、地脚螺栓和烟筒等；Q235 强度较高，用于制作钢筋、钢板、农业机械用型钢和重要的机械零件，如拉杆、连杆、转轴等；Q235-C、Q235-D 钢质量较好，可制作重要的焊接结构件；Q255 钢、Q275 钢强度高、质量好，用于制作建筑、桥梁等工程质量要求较高的焊接结构件，以及摩擦离合器、主轴、制动钢带、吊钩等。

(2) 优质碳素结构钢。

优质碳素结构钢的牌号用平均含碳量的万分之几（两位数字）表示。如钢号 45，表示平均含碳量为 0.45% 的优质碳素结构钢。优质碳素结构钢具有较好的塑性、韧性，可通过热处理来提高力学性能，主要用来制造各种机器零件。08F 塑性好，可制造冲压零件；10、20 冷冲压性与焊接性能良好，可作冲压件及焊接件，经过适当热处理（如渗碳）后也可制轴销等零件；30、40、45、50 经热处理后，可获得良好的综合机械性能，用来制造齿轮、轴类、套筒等零件；60、65 主要用来制造弹簧。优质碳素结构钢使用前一般都要进行热处理。

(3) 碳素工具钢。

碳素工具钢是用于制造刃具、模具和量具的钢。由于大多数工具都要求高硬度和高耐磨性,故工具钢含碳量都在 0.7% 以上,都是优质钢和高级优质钢。

碳素工具钢的牌号用"T"加数字表示。"T"为"碳"字的汉语拼音字首,数字表示平均含碳量的千分数,牌号末尾的字母 A 表示高级优质。例如 T9 表示平均含碳量为 0.9% 的碳素工具钢。

碳素工具钢的热硬性差,一般刃部温度达到 250℃ 以上时,硬度和耐磨性即迅速降低。各种牌号的碳素工具钢经淬火后的硬度相差不大,但随含碳量的增加,钢的硬度、耐磨性增加,而韧性降低。因此,不同牌号的工具钢用于制造不同情况下使用的工具。

2. 合金钢

前面所讲的碳钢,虽然得到广泛应用。但随着生产的发展,越来越满足不了要求,原因是钢的淬透性低、绝对强度低、回火抗力差,不能用于大尺寸、重载荷的零件,也不能用于耐腐蚀、耐高温的零件,而且热处理工艺性能不佳。为改善碳钢的组织和性能,在碳钢基础上有目的地加入一种或几种合金元素所形成的铁基合金,称为低合金钢或合金钢。通常加入的合金元素有:硅 Si、锰 Mn、铬 Cr、镍 Ni、钼 Mo、钨 W、钒 V、钛 Ti 等。

由于合金元素的加入,合金钢的性能较碳钢好,提高了淬透性和综合力学性能。但应注意,使用合金钢时要进行热处理,以便充分发挥合金元素的作用。另外合金钢优点虽多,但也存在一些缺点,如合金钢的冲压、切削性能一般比较差;成本较高,价格较贵。因此,在使用金属材料时,在满足零件性能要求的前提下应尽量使用碳钢。

合金钢按合金元素的质量分数可分为低合金钢($\omega_{Me} < 5\%$)、中合金钢($5\% \leq \omega_{Me} < 10\%$)、高合金钢($\omega_{Me} \geq 10\%$);按用途可分为合金结构钢、合金工具钢和特殊性能钢等。

1) 低合金结构钢

低合金结构钢是在低碳钢的基础上加入少量合金元素(合金元素总量小于 3%)而得到的钢。这类钢比低碳钢的强度要高 10%~30%,冶炼比较简单,生产成本与碳钢相近。由于合金元素的强化作用,这类钢比相同含碳量的碳素结构钢的强度(特别是屈服点)要高得多,并且有良好的塑性、韧性、耐蚀性和焊接性。低合金结构钢主要用于船舶、桥梁、锅炉、高压容器、油管、大型钢结构及汽车等方面。此类钢一般在热轧或正火状态下使用,一般不再进行热处理。

牌号表示方法与普通碳素结构钢相同。例如 Q345 表示屈服强度不低于 345MPa 的低合金结构钢。Q345 是我国产量最大、使用最多的低合金结构钢,它的综合力学性能、焊接性能、加工性能良好。例如,国产载货汽车的大梁几乎都采用 Q345 钢。

2) 合金结构钢

合金结构钢的牌号采用两位数字(含碳量)+元素符号+数字来表示。前面两位数字表示钢中平均含碳量的万分之几,元素符号表明钢中含有的主要合金元素,其后的数字则标明该元素的含量。凡合金元素含量小于 1.5% 时不标数,如果平均含量为(1.5%~2.5%)、(2.5%~3.5%)时,则相应地标 2、3。例如 60Si2Mn 为合金结构钢,平均含碳量为 0.6%,含 Mn 量小于 1.5%,含 Si 为(1.5~2.5)%。

(1) 合金渗碳钢。

适用于渗碳＋淬火＋低温回火的热处理方式的合金结构钢为合金渗碳钢。含碳量为(0.1~0.25)%；主要合金元素有Cr、Ni、B，另外还有少量辅助合金元素V、W、Mo、Ti等。经热处理后，表面具有高强度、高耐磨性和高的耐疲劳性能，而芯部具有适当的强度和良好的韧性。

合金渗碳钢适用于工作在有强烈冲击、接触疲劳、严重摩擦磨损的条件下，表面要求具有坚硬的耐磨性而芯部具有柔韧的抗冲击性的零件。20CrMnTi是应用最广泛的合金渗碳钢，用于制造汽车的变速齿轮、轴、发动机凸轮、活塞销等零件。

(2) 合金调质钢。

合金调质钢是在中碳钢的基础上加入一些合金元素，经调质处理后使用的钢。含碳量为0.3%~0.6%的中碳钢，主要合金元素有Cr、Ni、Mn、Si等。具有高韧性、高塑性及相当高的强度，用于制造重载荷下、受力复杂、要求综合力学性能的重要零件。

40Cr、40MnB是常用的合金调质钢，与碳素调质钢40、45相比具有较高的淬透性和综合机械性能，常用于制造较重要的调质件和表面淬火件，如汽车连杆、连杆螺栓、摇臂轴、进气阀、凸轮及汽车半轴等；又如40CrNi、37CrNi3钢具有很高的淬透性和高的强度、韧性、塑性，适用于大截面、承受大载荷的重要结构件，常用于制造曲轴、汽轮机转子轴等。

(3) 合金弹簧钢。

适用于做弹簧的合金结构钢称为合金弹簧钢。弹簧是汽车中应用比较多的零件，在受振动、受冲击载荷及交变载荷状态下工作，因此，要求弹簧钢应具有高弹性极限和疲劳强度，以及足够的韧性。为获得所需要的性能，合金弹簧钢的含碳量在(0.45~0.70)%之间。合金弹簧钢中加入的合金元素有Si、Mn、Cr、V等，此类钢的热处理一般为淬火＋中温回火。合金弹簧钢具有持久的高弹性极限、高的疲劳强度、足够的塑性和冲击韧性极高的屈强比($\sigma_s/\sigma_b \geq 0.8$)。

常用合金弹簧钢中，65Mn、55Si2Mn、60Si2Mn用于制造截面大于25mm的各种螺旋弹簧和钢板弹簧；55CrMnA、60CrMnA用于制造截面小于50mm的各种螺旋弹簧和钢板弹簧。

图2-16为合金结构钢在汽车上的应用示例。

a) 采用20CrMnTi的齿轮　　b) 采用40Cr的发动机连杆　　c) 采用60Si2Mn的汽车钢板弹簧

图2-16　合金结构钢的应用举例

3) 合金工具钢

合金工具钢是在碳素工具钢的基础上加入合金元素(Si、Mn、Cr、V、Mo等)制成的。合金元素的加入改善了热处理性能，因而提高了材料的热硬性、耐磨性。合金工具钢常用来制造各种量具、模具和切削刀具，也可对应地分为量具钢、模具钢和刃具钢，其化学成分、性能和组织结构也不同。

合金工具钢的牌号和合金结构钢的区别仅在于含碳量的表示方法,它用一位数字表示平均含碳量的千分数,当含碳量≥1%时,则不予标出。例如5CrMnMo为合金工具钢,平均含碳量为0.5%(5/1000),含铬、锰、钼均小于1.5%。Cr12MoV为合金工具钢,平均含碳量大于1.0%,含量铬为(11.5~12.5)%,含钼、钒均小于1.5%。

刃具钢又分低合金刃具钢和高速钢。低合金刃具钢主要是含铬的钢,而高速钢是一种含钨、铬、钒等合金元素较多的钢。高速钢有很高的热硬性,当切削温度高达600℃左右时,其硬度仍无明显下降。此外,它还具有足够的强度、韧性和耐磨性,所以它是重要的切削刀具材料。常用的高速钢有W18Cr4V、9W18Cr4V。

4) 滚动轴承钢

滚动轴承钢是用来制造各种滚动轴承的专用钢,是一种含碳量为(0.95~1.10)%,含铬量为(0.40~1.65)%的高碳低铬钢。尺寸较大的轴承还可以采用加锰、硅的高淬透性轴承钢。滚动轴承钢一般具有足够高的抗压强度、很高的疲劳强度、高的硬度和耐磨性、一定的韧性、耐蚀性及尺寸稳定性。

滚动轴承钢的常用热处理为球化退火+淬火+低温回火。球化退火的目的是获得粒状珠光体组织,使钢的硬度降低,以便切削加工并为淬火做组织准备。淬火+低温回火,是为了提高滚动轴承钢的硬度、强度、疲劳强度。滚动轴承钢主要用于制造高速运转机械中的滚动轴承零件,如滚珠、滚柱、套圈等,而且还用来制造精密量具和发动机的精密偶件。常用滚动轴承钢的牌号有GCr15、GCr9等。

5) 特殊性能钢

特殊性能钢的牌号与合金工具钢的表示方法相同,如2Cr13为不锈钢,平均含碳量为0.20%,含铬量为12.5%~13.5%。另外当含碳量$\omega_C \leq 0.03\%$和$\omega_C \leq 0.08\%$时,在钢号前面分别标00和0,例如00Cr18Ni10和0Cr18Ni9等。

特殊性能钢是指具有某些特殊的物理、化学、力学性能,因而能在特殊的环境、工作条件下使用的钢。常用的特殊性能钢有不锈钢、耐热钢、耐磨钢。

在腐蚀介质中具有耐腐蚀性能的钢称为不锈钢。不锈钢的主要合金元素是铬和镍。对不锈钢性能要求中最重要的是耐蚀性能,还要有合适的力学性能,良好的冷、热加工和焊接工艺性能。铬是使不锈钢获得耐蚀性的基本合金元素,当$\omega_{Mc} \geq 11.7\%$时钢的表面形成致密的Cr_3O_2保护膜,避免形成电化学原电池。加入Cr、Ni等合金元素,还可提高被保护金属的电极电位,减少原电池极间的电位差,从而减小电流,使腐蚀速度降低,或使钢在室温下获得单相组织(奥氏体、铁索体或马氏体),以免在不同的相之间形成微电池,通过提高对化学腐蚀和电化学腐蚀的抑制能力,提高钢的耐蚀性。常用的不锈钢有1Cr13、2Cr13、3Cr13、1Cr17、1Cr18Ni9Ti和0Cr19Ni9Ti等,适用于制造化工设备、医疗和食品机械等。

耐热钢是指在高温下不发生氧化并且有较高强度的钢。为提高耐蚀性和高温强度,常加入较多的Cr、Si、Al、Ni等合金元素。耐热钢用于制造在高温条件下工作的零件,如内燃机气阀、汽轮机叶片等。在汽车上常用的耐热钢是4Cr9Si2、4Cr10Si2Mo等,用于制造发动机排气门等。

耐磨钢常用的一种是高锰钢,如ZGMn13,成分特点是高碳、高锰,碳的含量(0.9~1.3)%、锰的含量(12.5~13.5)%,该钢切削加工困难,大多铸造成形。适用于制造在强烈冲击下工作条件要求耐磨的零件,如铁路道岔、坦克履带、挖掘机铲齿等。这类零件要求必须具有表面硬度高、耐磨,心部韧性好、强度高的特点。

3. 铸钢

铸钢可以通过铸造工艺制作形状复杂、难以进行锻造或切削加工成形,且要求较高强度和韧性的零件,如机油管凸缘、操纵杆接头等。铸钢中碳的质量分数为(0.15~0.6)%,碳的质量分数过高则塑性差,易产生裂纹等缺陷。

铸钢牌号首位冠以"ZG"("铸钢"二字汉语拼音字母),在"ZG"后面有两组数字,第一组数字表示该牌号钢屈服强度最低值,第二组数字表示其抗拉强度的最低值。如 ZG340—640,表示屈服强度不低于 340 MPa,抗拉强度不低于 640 MPa 的工程用铸钢。

4. 铸铁

1) 铸铁的分类

铸铁是含碳量大于 2.11%,并且含有硅、锰、硫、磷等杂质元素的铁碳合金。在铸铁中,碳可以以渗碳体形式存在,也可以以石墨(用符号 G 表示)的形式存在。

根据碳的存在形式和铸铁中石墨的形态不同,铸铁可以分为下列几种:

(1) 白口铸铁。

碳主要以渗碳体(C_m)形式存在。其断口呈银白色,所以称白口铸铁。这类铸铁的性能既硬又脆,很难进行切削加工,所以很少直接用来制造机械零件,而主要用作炼钢原料。

(2) 麻口铸铁。

碳大部分以渗碳体形式存在,少部分以石墨形式存在。其断口呈灰白色相间成麻点,故称麻口铸铁,应用价值不大。

(3) 灰铸铁。

碳主要以片状石墨形式存在。其断口呈灰色,故称灰铸铁。它是应用最广泛的一类铸铁。

(4) 可锻铸铁。

铸铁中的碳主要以团絮状石墨形式存在,从而使可锻铸铁具有较高的韧性和塑性。

(5) 球墨铸铁。

铸铁中的碳主要以球状石墨形式存在,因而球墨铸铁具有更高的机械性能,并且可采用热处理强化,使其机械性能进一步提高。

2) 常用铸铁的牌号、性能及用途

(1) 灰铸铁。

灰铸铁的组织由金属基体和片状石墨组成,可以认为,铸铁是在钢的基体上分布着一些片状石墨。由于石墨的强度和塑性几乎为零,因此,可以把片状石墨视为"微裂纹",从而把灰口铸铁看作是分布着许多微裂纹的钢。因裂纹割裂了金属基体的连续性,并且引起应力集中,所以灰铸铁的强度、塑性和韧性远不如钢。铸铁中的石墨数量越多,尺寸越大,分布越不均匀,割裂基体的作用越严重,铸件的强度、塑性和韧性就越差。但石墨对抗压强度和硬度的影响不大。石墨虽然降低了铸铁的力学性能,但由于石墨的存在,也使灰铸铁具有优良的铸造性、优良的耐磨性和消振性、良好的切削加工性和较低的缺口敏感性。

灰铸铁常用于受力不大、冲击载荷小、需要减振或耐磨的各种零件,如机床床身、机座、

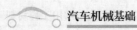

箱体、阀体等。灰铸铁是生产中使用最多的铸铁。

灰铸铁的牌号由"灰铁"两字的汉语拼音字母字头"HT"及后面一组数字组成,数字表示其最低的抗拉强度。如 HT250,表示最小抗拉强度为 250MPa 的灰铸铁。

HT200 适用于承受大载荷的重要零件,如汽车的汽缸体、汽缸盖、制动车轮等,HT300、HT350 适用于承受高载荷、要求耐磨和高气密性的重要零件,如大型发动机的汽缸体、汽缸盖、汽缸套、油缸、泵体、阀体等。

(2)可锻铸铁。

可锻铸铁是塑性和韧性远比灰铸铁高的铸铁,又称玛钢或马铁,其实并非可以锻造。可锻铸铁是由白口铸铁经石墨退火得到的一种具有团絮状石墨的铸铁,由金属基体和团絮状石墨组成。由于石墨呈团絮状,减轻了石墨对金属基体的割裂作用和应力集中,因而可锻铸铁比灰铸铁有较高的强度,并且有一定的塑性和韧性,可以部分代替锻钢。我国常用的可锻铸铁有黑心可锻铸铁和珠光体可锻铸铁。其牌号由三个字母及两组数字组成。黑心可锻铸铁有"可、铁、黑"三字的汉语拼音字头"KTH"表示;珠光体可锻铸铁用"可、铁、珠"三字的汉语拼音字头"KTZ"表示,后面两组数字分别代表最低抗拉强度和伸长率数值。如 KTH300—06,表示最低抗拉强度为 300MPa,最小伸长率为 6% 的黑芯可锻铸铁;KTZ450—06 表示最低抗拉强度为 450MPa,最小伸长率为 6% 的珠光体可锻铸铁。黑心可锻铸铁具有的一定的强度及较高的塑性和韧性,可以制造承受冲击和振动的零件,如电机机壳、汽车后桥壳、差速器壳、减速器壳等。珠光体可锻铸铁具有较高的强度和硬度,良好的耐磨性,但塑性、韧性不如前者,一般用来制造承受高载荷、耐磨损和一定冲击的零件。如制造小型曲轴、连杆、轮轴、齿轮、摇臂等。

3)球墨铸铁

铁水经球化处理而使石墨大部或全部呈球状的铸铁,称球墨铸铁。

球墨铸铁的牌号是由"球铁"两字的汉语拼音字头及两组数字组成,第一组数字表示最低的抗拉强度值,第二组数字表示最低的伸长率值。如 QT400—15,表示最低抗拉强度为 400MPa,最小伸长率为 15% 的球墨铸铁。

球墨铸铁的组织由基体和球状石墨组成,其基体可分为铁素体基体、珠光体基体及铁素体+珠光体基体三种。由于球墨铸铁中的石墨呈球状,其割裂基体的作用减小,可以充分发挥基体的性能,所以,它的强度和塑性已超过灰铸铁和可锻铸铁,甚至还超过某些低碳钢,接近铸钢。但球墨铸铁仍具有和灰铸铁相同的铸造性、减振性、耐磨性及切削加工性等优点。

在生产上与钢相比,不论在设备上还是工艺方面都简单,并且造价低廉,因此,球墨铸铁发展很快,应用很广,用球墨铸铁可制造一些受力复杂而强度、韧性及耐磨性要求高的零件。例如 QT400—18 适用于做汽车、拖拉机的轮毂、后桥壳及减速器壳体等;QT500—7 适用于做汽车、拖拉机的曲轴、连杆、凸轮轴等零件。

(二)有色金属材料

有色金属因具有质轻、导电性好等钢铁材料所不及的特性,在现代汽车上的用量呈逐年增加的趋势。例如,铝合金材料具有密度低、强度高和耐腐蚀性好的特性,在轿车的轻量化中占举足轻重的地位。据统计,近十年来,轿车上的铝及铝合金用量已从占汽车总量的 5%

左右上升至10%左右。此外,采用新型镁合金制造的凸轮轴盖、制动器等零件,可以减轻质量和降低噪声。在轿车制造行业,采用铝、镁、钛等轻金属替代钢铁材料减轻自重,是轿车轻量化的一个重要手段。

1. 铜及铜合金

1) 纯铜

纯铜呈紫红色,故又称紫铜。密度$8.9g/cm^3$,熔点$1083℃$。纯铜的导电性和导热性仅次于金和银,是最常用的导电、导热材料。它的塑性非常好且无低温脆性,易于冷、热压力加工,在大气及淡水中有良好的抗蚀性能。

纯铜的牌号有T1、T2、T3三种。T为"铜"字拼音字头,编号越大,纯度越低。无氧铜,其含氧量极低,代号为TU1、TU2。在机械中主要应用紫铜的导热性、塑性及耐蚀性。用它制造发动机的输油管、缸头垫、火花塞垫等。紫铜或其他型材经反复弯曲、锤击或其他冷加工后,会显著硬化。为使之恢复塑性,需进行退火。对已经发硬了的紫铜管欲使之软化,可用喷灯加热到发红并立即水冷。

2) 铜合金

工业上广泛采用的铜合金可分为黄铜、青铜和白铜三类。普通机械制造中,应用较广的是黄铜和青铜。

(1) 黄铜。

黄铜是以锌为主要添加元素的铜合金,具有良好的力学性能,易于加工成形,并且对大气、海水、淡水、蒸汽有相当高的抗蚀能力。按合金元素种类可把黄铜分为普通黄铜和特殊黄铜。黄铜在轿车上用作转向节衬套、钢板弹簧衬套、抽套等耐磨件,也可用作散热器冷凝器、冷却管,还可用作装饰件、供水排水管、油管接头、制动三通接头、垫片和垫圈。

①普通黄铜:普通黄铜是铜和锌的合金。其组织和力学性能,随含锌量而变化。黄铜具有极高的塑性、铸造性能、耐蚀性和良好的冷、热加工性。普通黄铜的牌号用"黄"字汉语拼音字母的字头"H"加数字组成,数字表示平均含铜量的百分数,例如H62表示含铜量为62%,含锌为38%的普通黄铜。

②特殊黄铜:在普通黄铜中加入其他的合金元素所组成的合金,称为特殊黄铜。常加入的合金元素有锡、硅、锰、铅和铝等,分别称为锡黄铜、硅黄铜、锰黄铜等。

(2) 青铜。

除黄铜和白铜(铜和镍的合金)外,所有的铜基合金都称为青铜。青铜又可以分为锡青铜和特殊青铜(无锡青铜)。

①锡青铜:以锡为主要合金元素的铜合金称为锡青铜。锡的含量一般为(3~14)%。锡青铜的力学性能与含锡量直接有关。当锡的含量小于8%时,锡青铜具有良好的塑性和一定的强度,适于压力加工,故称变形锡青铜。当锡的含量大于10%时,锡青铜由于塑性差,只适于铸造,故称铸造锡青铜,可铸造形状复杂的零件。锡青铜抗腐蚀性好、耐磨性高,多用于制造轴瓦、轴套等耐磨零件。

②特殊青铜:指不含锡的青铜。常见的有铝青铜、锰青铜、硅青铜和铅青铜。大多无锡青铜比锡青铜具有更高的力学性能、耐蚀性、耐磨性和耐热性,是锡青铜的良好代用品,如铝青铜可做弹簧,锰青铜可做轴套、齿轮、蜗轮,铅青铜可做轴承、曲轴推力垫圈。

压力加工青铜的牌号表示方法是：Q（"青"字的汉语拼音字母字头）、主加元素符号和其他元素平均质量分数百分数组成。例如 QSn4-3 表示含锡4%、含锌3%，其余为铜的锡青铜。铸造青铜的牌号由 Z（"铸"字的汉语拼音字母字头）、铜及合金元素符号和合金元素平均质量分数百分数组成，如 ZCuSn10Zn2。

2. 铝及铝合金

1）纯铝

纯铝是银白色的金属，密度小（$2.7g/cm^3$），导电性和导热性仅次于铜、银、金而居第四位。强度低（$\sigma_b \approx 80MPa$），塑性很高（$\delta = 50\%$、$\psi = 80\%$），可以冷热变形加工，具有良好的抗大气腐蚀能力。但其强度和硬度均低，因此，用于制作电线、电缆、耐蚀器皿和生活用具以及配制各种铝合金。我国工业纯铝的牌号是用其纯度来编号的，如 L1、L2、L3 等，L 为"铝"字的拼音字首，编号数字越大，纯度越低。如 L1（一号铝）的含铝量为99.7%，杂质总量不大于0.3%，L4（四号铝）的含铝量为99.4%，杂质总量不大于0.7%。

2）铝合金

即以铝为基的合金，强度高于纯铝，用于制作承受载荷的结构零件，加入一定量的合金元素，可得到强度较高、耐蚀性较好的铝合金。根据其成分和工艺的特点，铝合金分形变铝合金（或称压力加工铝合金）和铸造铝合金两类。

图2-17 采用铝合金铸造的发动机缸体

（1）形变铝合金：适宜于压力加工的铝合金称为形变铝合金。形变铝合金具有较高的强度和良好的塑性，可以通过压力加工制成各种半成品，也可以焊接，它主要用于承受中等载荷或高载荷的构件，在飞机上应用较广，如飞机大梁、起落架等。

（2）铸造铝合金：按主加合金元素的不同，可分为铝硅合金、铝铜合金、铝镁合金及铝锌合金等。铝硅合金使用最广，俗称硅铝明，具有良好的铸造性能，广泛用来制造形状复杂的零件。铝硅合金常用来制造发动机活塞、汽缸体、水冷的汽缸头、汽缸套等，如图2-17 所示采用铝合金铸造的发动机缸体。

铸造铝合金的牌号由铝及主要合金元素符号组成，主要合金元素符号后跟有表示其名义百分含量的数字（名义百分含量为该元素的平均百分含量的修约化整值），如果合金化学元素的名义百分含量小于1，一般不标数字，必要时可用一位小数表示，牌号前加 Z 表示铸造合金，如 ZAlSi7Mg。铸造铝合金的代号用汉语拼音字母"ZL"（铸铝）与三个数字组成，ZL 后面第一个数字表示合金类别，1 表示铝硅合金，2、3、4 分别表示铝铜、铝镁、铝锌合金，ZL 后第二、三位数字表示顺序号。如代号为 ZL101 铸造铝合金相应的牌号为 ZAlSi7Mg，代号 ZL201 铸造铝合金相应的牌号为 ZAlCu5Mn。

轿车上应用的铝合金以铸铝为主。发动机部分汽缸体是大尺寸的铝铸件，采用铝铸件的还有曲轴箱、汽缸盖、活塞、滤清器、发动机架等，尤其是活塞几乎都用铝合金。我国应用铝硅合金 ZL108、ZL109、ZL111 比较多。另外底盘上采用铝铸件的零件也不少，有离合器壳、变速器壳等，车轮箍也有用铝合金铸造的。

3. 轴承合金

汽车中有滑动轴承，如发动机的主轴承、曲柄销轴承、活塞销轴承以及摇臂轴承等。

在滑动轴承中,用来制造轴瓦内衬的合金,称为轴承合金,如图 2-18 所示。滑动轴承起支撑作用,而且在运转中轴与轴瓦之间有强烈的摩擦。由于轴是机器的重要的零件,且造价高,更换难。在磨损不可避免的情况下,轴承材料应尽量减少摩擦和磨损。因此,轴承合金必须满足下列条件:

图 2-18　轴承合金

(1)在轴瓦工作温度下具有足够的疲劳强度、抗压强度、硬度及足够的塑性和韧性;
(2)具有低的摩擦系数、良好的磨合性、抗咬合性及亲油性;
(3)具有良好的导热性、耐蚀性以及较小的膨胀系数;
(4)具有良好的工艺性能,即易于铸造和切削加工;
(5)价格低廉,易于获得。

为满足上述要求,轴承合金的组织最好是在软基体组织上分布着硬质点,或是在硬基体组织上分布着软颗粒。这样在运转一定的时间后,轴承的软基体或软颗粒被磨损而凹下去,可以贮存润滑油,以便能形成连续油膜。而硬质点或硬基体则凸起,以支承轴所施加的压力,从而保证轴正常工作。

常用的滑动轴承合金主要有锡基轴承合金(如 ZSnSb12Pb10Cu4、ZSnSb8Cu4)、铅基轴承合金(如 ZPbSb15Sn10、ZPbSb10Sn6)、铜基轴承合金(如 ZCuPb30、ZCuSn10P1)等。锡基和铅基轴承合金又称为巴氏合金,是应用广泛的轴承合金。

五、汽车常用非金属材料

 案例引入

试通过对汽车的认识,按非金属材料的分类方法,对汽车上采用非金属材料的结构零件进行列表整理,比较它们的特点。

在采用非金属材料的汽车结构件中,以塑料最为广泛,在损失评估中,损伤的结构件修复还是更换的基本原则是什么?

除金属以外,其他材料均为非金属材料,包括塑料、橡胶、玻璃、陶瓷、合成纤维、胶黏剂、摩擦材料、涂装材料等,它们在汽车上的应用呈逐年增长的趋势。

非金属材料有许多金属材料不具备的特点,如高分子材料质轻、耐蚀、减振、价廉等;陶瓷高硬度、耐高温、耐腐蚀等。起着金属材料无法替代的作用,从而成为工业中必不可少的门类。

工程上常用的非金属材料包括有机高分子材料、陶瓷材料和复合材料。高分子材料(即分子量特别大的有机化合物)包括塑料、橡胶等;陶瓷材料包括陶瓷、玻璃等;复合材料包括金属和金属之间、非金属和金属之间、非金属和非金属之间的复合材料,但工程用复合材料大多以非金属复合材料为主。高分子材料、陶瓷材料和金属材料并称为三大工程材料,复合材料则是一种新兴的、具有广阔发展前景的工程材料。

(一)塑料

塑料是以有机合成树脂为主要组成的高分子材料,它通常可在加热、加压条件下塑造或固化成形,得到所需要的固体制品,故称为塑料。塑料在汽车上的应用范围涉及汽车的内蚀件、外装件、功能件,如保险杠、散热器格栅、仪表板、燃油箱等。

1. 塑料的组成

塑料是一天然或合成的高分子化合物(树脂)为主要原料,并加入某些添加剂而制成的高分子材料。塑料在一定的温度和压力下,能塑造出各种形状的制品。它具有质量轻、耐磨、吸振、耐腐蚀、绝缘、可以着色、易于加工成形等优点,因而得到了广泛应用。

2. 塑料的分类

1) 按塑料的用途分,可分为通用塑料和工程塑料

(1) 通用塑料:是指用于制造日常用品、农用品等的塑料。通用塑料主要有聚乙烯、聚氯乙烯、聚苯乙烯、聚丙烯、氨基塑料和酚醛塑料等。这类塑料产量大,产量低,应用广泛。

(2) 工程塑料:是指用于制造工程构件和机械零件的塑料。工程塑料主要有ABS塑料、聚甲醛和聚碳酸酯等。这类塑料强度、刚度较高,韧性、耐热性、耐腐蚀性较好,可用来替代金属材料制造机械结构件。但在实际应用中,工程塑料和通用塑料的区分并无严格的界限。

2) 工程塑料可分为热固性塑料和热塑性塑料

(1) 热固性塑料可在常温或受热后起化学反应、固化成形,再加热时不能恢复成形前的化学结构。这类塑料耐热性好,不易变形,但生产周期长,废旧塑料不能回收利用。热固性塑料主要有酚醛塑料、氨基塑料和环氧塑料等。

(2) 热塑性塑料受热软化,熔融,冷却后固化,可以多次反复而化学结构基本不变,但其耐热性相对较差,容易变形。常用的热塑性塑料有聚乙烯、聚丙烯、聚氯乙烯、ABS塑料、聚甲醛、聚酰胺和有机玻璃等。

3. 塑料在汽车上的应用

塑料在汽车上的应用越来越多,常用做内、外装饰件,结构零件和功能件等。目前,塑料在轿车上的用量约占全车重量的9%左右。如图2-19为ABS材料应用于汽车仪表板。

图2-19 ABS制作的汽车仪表板

常用塑料的主要特性及其在汽车上的应用见拓展知识中表2-2所示。

常用汽车塑料的名称及应用　　　　　　表2-2

符号	化学名称	应用举例	属性
AAS	丙烯腈-苯乙烯	—	热塑性
ABS	丙烯腈-丁二烯-苯乙烯共聚物	车身板、仪表板、护栅、大灯外罩	热塑性
ABS/MAT	玻璃纤维强化硬质丙烯腈-丁二烯-苯乙烯共聚物	车身板	热固性
ABS/PVC	丙烯腈-丁二烯-苯乙烯共聚物/聚氯乙烯	—	热塑性
EP	环氧树脂	玻璃钢车身板	热固性

续上表

符 号	化学名称	应用举例	属 性
EPDM	乙烯-丙烯二烯共聚物	保险杠冲击条、车身板	热固性
PA	聚酰胺	外部装饰板	热固性
PC	聚碳酸酯	护栅、仪表板、灯罩	热塑性
PPO	聚苯醚	镀铬塑料件、护栅、仪表前板、大灯外罩、装饰件	热固性
PE	聚乙烯	内翼子板、内衬板、阻流板	热塑性
PP	聚丙烯	内饰件、内衬板、内翼子板、散热器挡风帘、仪表板、保险杠、面罩	热塑性
PS	聚苯乙烯	—	热塑性
PUR	聚氨酯	保险杠面罩、前后车身板、填板	热固性
TPUP	热塑性聚氨酯	保险杠面罩、防石板、填板、软质仪表前板	热塑性
PVC	聚氯乙烯	内衬板、软质填板	热塑性
RIM	反应注模聚氨酯	保险杠面罩	热固性
RRIM	强化反应注模聚氨酯	外车身板	热固性
SAN	苯乙烯-苯烯腈	内衬板	热固性
TPR	热塑橡胶	帷幔板	热固性
UP	聚酯	玻璃钢车身板	热固性

(二)橡胶

橡胶属于黏弹性高分子材料,具有弹性模量低、弹性极限高、耐疲劳、易硫化粘接等性能;有些胶种还具有耐油、耐化学介质、气密性好及耐高地温等性能。

汽车上橡胶零件约有 300 多种,橡胶制品分布于汽车发动机及其附件、传动、转向、悬架、制动、电气仪表及车身等系统内,广泛用作密封、减振及胶管、传动带与轮胎制造。

1. 橡胶的组成和分类

橡胶是以生橡胶为主要原料,加入各种适量的配合剂制成的。

生橡胶简称生胶,它是橡胶的主要原料。按其来源不同,可分为天然橡胶和合成橡胶两大类。

1)天然橡胶

天然橡胶是指以天然橡胶为生胶组成的橡胶材料。属于通用橡胶,它具有优良的弹性,较高的强度和优异的抗疲劳性、耐磨性、防水性、绝热性与电绝缘性以及良好的加工性能。

2)合成橡胶

合成橡胶,是指以石油、天然气和煤等为原料,通过化学合成的方法制成与天然橡胶性质相似的高分子材料。合成橡胶的原料来源丰富,成本低廉,其品种和数量较多,产量已超出天然橡胶。按其性能和用途不同,可分为通用橡胶和特种橡胶两大类。

通用橡胶的性能与天然橡胶相似,物理性能和机械加工性能较好,如丁苯橡胶、顺丁橡胶、异戊橡胶等。特种橡胶,是指具有耐热、耐寒、耐油和耐化学腐蚀等特殊性能的橡胶,如硅橡胶、氟橡胶、聚氨酯橡胶等。

2. 橡胶的主要特性

橡胶和其他材料相比较,其主要特性有以下几点:

(1)极高的弹性。橡胶具有独特的弹性,其延伸率可高达1000%。

(2)良好的热可塑性。橡胶在一定温度下会失去弹性而具有塑性,即具有热可塑性。

(3)良好的黏着性。黏着性是指橡胶与其他材料黏结成一体而不易分离的能力。

(4)良好的绝缘性。橡胶大多具有良好的绝缘性,因此,它是电线、电缆和电气设备良好的绝缘材料。

此外,橡胶还具有良好的耐腐蚀性、密封性和耐寒性等,但是橡胶的导热性能差,抗拉强度低,尤其容易老化。橡胶的老化,是指随着时间的增加,橡胶出现变色、发黏、变硬、变脆及龟裂等现象。为防止橡胶老化,延长橡胶制品的寿命,在橡胶制品的使用中应避免与酸、碱、油及有机溶剂接触,尽量减少受热、日晒和雨淋等。

3. 橡胶在汽车上的应用

橡胶是在汽车上得到大量应用的一种重要材料,它是其他材料所无法替代的。现代轿车中橡胶的用量约占轿车总质量的3%~6%,其中用量最大的是轮胎,约占轿车中橡胶件总质量的70%。橡胶在汽车上除了用于制造轮胎外,还可用于制造各种胶管、胶带、减振件和密封件等。常用橡胶的主要特性及其在汽车上的应用见拓展知识,如表2-3所示。

常用橡胶的主要特性及其在汽车上应用　　　　表2-3

种 类	代 号	主要特性	应用举例
天然橡胶	NR	强度高,耐磨性、抗撕裂性、耐寒性、气密性和加工性能良好,但耐高温性、耐油性较差,易老化	轮胎、胶带、胶管和通用橡胶制品等
丁苯橡胶	SBR	耐磨性优良,耐老化性、耐热性优于天然橡胶,机械性能和天然橡胶相近,但加工性能和黏着性较天然橡胶差	轮胎、胶带、胶管、摩擦片和通用橡胶制品等
氯丁橡胶	CR	机械性能良好,耐老化性、耐腐蚀性、耐热性、耐油性较好,但密度大,绝缘性、耐寒性较差,加工时易粘连	广泛用于制造轮胎胎侧、耐热运输带、耐油耐蚀胶管、汽车拖拉机配件、门窗密封条
丁基橡胶	2R	气密性好,吸振能力强,化学稳定性、耐老化性、耐气候性、耐酸性、耐碱性良好,但耐油性、加工性能差	轮胎内胎、胶管、电线护套和减振元件等
丁腈橡胶	NBR	优良的耐油性、耐热性、耐磨性、耐老化性,气密性较好,但加工性能差	广泛用于耐油橡胶制品如油封、轴封、垫圈等,还可以制造耐油胶卷、输送带等
乙丙橡胶	EPDM	耐老化性、耐蚀性优异,有很好的弹性,但加工性能差	制造耐热运输带、蒸汽胶管、耐腐蚀密封件以及垫片、散热器胶卷等汽车零件

(三) 玻璃

玻璃是由二氧化硅和各种金属氧化物组成的无机化合物,它是由石英等硅酸盐矿物材料经过配料、熔制而成的。玻璃具有透明、隔音、隔热等特性及良好的化学稳定性,并且原料丰富,生产简单。它不仅是日常生活中常用的材料,在汽车上也是一种重要材料。玻璃在汽车上主要用于车窗、挡风玻璃等,轿车上玻璃的使用量约占轿车总质量的3%。常用的玻璃主要有普通平板玻璃、钢化玻璃和夹层玻璃等。普通平板玻璃强度低,破碎后容易伤人,不易作为汽车用玻璃。汽车用玻璃皆采用钢化玻璃、夹层玻璃等安全玻璃。

1. 钢化玻璃

钢化玻璃是由普通玻璃经一定的热处理后制成的。钢化玻璃的抗弯强度高,冲击韧性较高,而且在受到冲撞时,一旦冲撞点处的玻璃破碎,整个玻璃就像雪崩般破碎,形成不锋利的颗粒碎片,这样对人体的伤害大为减小,同时也可避免人体冲撞到玻璃。

普通的钢化玻璃也有缺点,就是在汽车行驶时若遇事故,风窗玻璃呈蜘蛛网状全面破碎,严重阻挡驾驶人的视线,从而容易引起二次事故。新型的区域钢化玻璃,弥补了上述缺点,在驾驶人视线范围内玻璃经过特殊处理,能够控制碎片的形状和大小,从而保证了不影响驾驶人的视线。在国外,汽车的前风窗玻璃采用区域钢化玻璃的较为广泛。

2. 夹层玻璃

夹层玻璃又称为安全玻璃,它是将两片以上的平板类玻璃用聚乙烯醇缩丁醛塑料衬片黏合合成,具有较高的强度,同时由于具有夹层安全膜,玻璃受冲撞破碎后呈辐射状碎裂,但仍能粘连在安全膜上。这样既避免了玻璃碎片脱落伤人,又能抑制对乘客头部的冲撞,具有很高的安全性。夹层玻璃属于高级的安全玻璃,常用作汽车的前窗玻璃,此外,夹层玻璃还用作高层建筑门窗和航空用的安全玻璃等。

此外,现代汽车玻璃正向轻量化、绝热、安全和多功能的方向发展。目前,国外已开发出天线夹层玻璃、调光夹层玻璃、热反射玻璃、除霜玻璃等多功能车用玻璃,这些大都应用在高级轿车上。

(四) 陶瓷

陶瓷是以天然或合成的化合物为原料,经原料处理、成形、干燥、烧结而成的一种无机非金属材料。陶瓷不仅仅是制日用器皿的传统材料,近年来随着陶瓷性能的不断改进,已发展成为金属材料和高分子材料以外的第三大类工程材料。陶瓷材料具有耐高温、耐腐蚀性、耐磨性好,抗压强度高等特点。目前它在汽车上得到了越来越多的应用。汽车应用的陶瓷材料主要有普通陶瓷、工程陶瓷和功能陶瓷。

1. 普通陶瓷

普通陶瓷是用黏土、石英或长石等天然硅酸盐材料(含SiO_2的化合物)为原料,经过配制、烧结而制成的。这类陶瓷质地坚硬,耐腐蚀性好,不导电,易于加工成形,是应用广泛的传统材料。日用陶瓷、建筑陶瓷和化工陶瓷一般都属于这类普通陶瓷。汽车发动机的火花塞就是由普通陶瓷制成的,如图2-20所示。

图2-20 汽油发动机火花塞(白色部分为陶瓷)

2. 工程陶瓷

工程陶瓷,是指具有优良的物理、化学和机械性能的陶瓷。它是以氧化铝、氧化硅、碳化硅或氧化硼等化合物为原料经过配制、烧结而成的。工程陶瓷作为一种新型的高强度、高硬度、高耐热性、高耐磨性和高耐腐蚀性材料,是近年来大力开发研究的课题,它在汽车上也具有十分广阔的应用前景。目前工程陶瓷已应用于燃气涡轮机零件、柴油机喷嘴、气门零件和活塞等。

3. 功能陶瓷

功能陶瓷,是指一些具有特殊的介电性、压电性、导电性、透气性和磁性等性能的陶瓷材料。它在汽车上主要用于各种电子设备的传感器、导电材料和显示元件等。

(五)复合材料

复合材料是新发展起来的一种工程材料,它是两种或两种以上性质不同的金属材料或非金属材料通过人工复合而制成的。广义复合材料应用的历史已很悠久,如建筑材料用的稻草黏土泥墙和钢筋混凝土等。但是复合材料作为一种新型工程材料,是从20世纪40年代开始使用玻璃纤维增强塑料(玻璃钢)后发展起来的。复合材料主要应用在航空、航天工业中,近年来,随着汽车轻量化和高性能的趋势发展,在汽车上的应用开始日益增多。

复合材料是由基体材料和增强材料两部分组成的。基体材料主要有合成树脂、橡胶、陶瓷、石墨和有色金属等;增强材料主要有玻璃纤维、碳纤维等。复合材料兼有各种组成材料的性能,同时又具有新的特性。复合材料种类,按基体类型可分为高分子基、陶瓷基、金属基复合材料;按增强材料的性质和形态也可分为纤维、层状、颗粒状增强复合材料。

玻璃纤维增强塑料又称为玻璃钢,是20世纪40年代开始发展起来的一种工程材料。它是以玻璃纤维作为增强材料,以工程塑料作为基体材料制成的复合材料。玻璃纤维增强塑料的强度、抗疲劳性、韧性都比塑料大大提高,但强度高于铝合金,耐腐蚀性、隔热性好,且成型工艺简单,成本低。玻璃纤维增强塑料用于汽车零部件材料,可减轻汽车的自重,提高汽车的性能。目前,它在汽车上常用于仪表板、发动机罩、行李箱盖、挡泥板等。

碳纤维增强塑料是20世纪60年代开始发展起来的一种新型工程材料。它是以碳纤维为增强材料,以工程塑料为基体材料制成的复合材料。由于碳纤维比玻璃纤维具有更高的强度和刚性,且具有良好的耐疲劳性能,是比较理想的增强材料。碳纤维增强塑料强度与钢相近,化学稳定性好,摩擦系数小,自润性与耐热性好,其综合性能优于玻璃钢。碳纤维增强塑料主要用于航天工业,它在汽车上可用于传动轴、钢板弹簧、保险杠、发动机挺杆等结构件。

此外,还有纤维增强金属、纤维增强陶瓷等复合材料在汽车上也得到了开发和应用。随着对复合材料不断深入的研究,它在汽车上的应用会越来越多。

颗粒状增强复合材料,指的是为了改善复合材料的力学性能,提高耐磨性、硬度等性能,向材料中添加高硬度、耐腐蚀、耐摩擦的颗粒材料,相对于纤维增强,颗粒增强具有成本低、对材料性能改善较为均匀的特性。

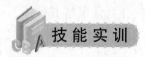

汽车零件常用材料的认识

(一)实训目的

(1)能识别汽车上所用的典型的金属材料与非金属材料。
(2)利用所学材料的性能指标,合理评价零件。
(3)增强对汽车各种零部件的结构及所用材料的认识。

(二)实训方法

听取介绍、自身观察、资料查阅、利用检测工具判别、讨论分析。

(三)实训器材

汽车整车、发动机、汽车底盘总成件及已分解的各种零件,材料试样、砂轮切割机、磁铁等。

(四)实训内容——认识金属和非金属材料

1. 观察特征、辨别材料

在教师引导下,认真观察,辨别不同的材料。

2. 列表记录(零件图片由学生现场拍摄)

序号	零件名称	零件图片	零件用途	所用材料名称	热处理方法
1					
2					
…					
…					

3. 任务延伸

了解汽车典型零件一般所采用的具体材料,并根据零件的功能要求分析材料特性。

参考:了解发动机的工作情况,观察发动机曲柄连杆机构的运动,认识发动机活塞的工作环境和任务,分析:活塞要完成其工作任务,保证发动机正常工作,所用材料应具备什么性能?通常选用什么材料?

(1)认识活塞。

通过资讯(现场观察、资料查阅、教师讲解、视频介绍等)认识发动机的活塞,了解其工作特点。

(2)分析活塞材料对性能的需求。

分若干小组讨论活塞具体的工作环境和承受的负荷情况,并分析应具备的性能。

(3)目前广泛采用何种材料制造发动机活塞?初步认识并分析。

通过查阅资料、现场认识等多种途径来了解广泛采用的活塞材料,并具体了解其性能,认识其特征。

(4)失效零件分析。

展示已失效的活塞实物,联系与发动机活塞相关的故障,分析失效原因与材料性能之间的关系,培养初步的汽车故障分析能力。

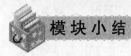

通过本模块知识脉络图(图2-21),自行对所学知识进行梳理总结。

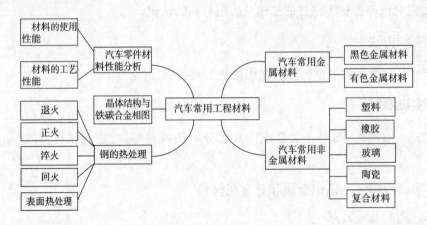

图2-21 知识脉络图

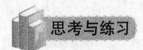

(一)填空题

1．金属材料的力学性能(也称为机械性能)是指金属材料在受到外力作用时所表现出来的特性,性能指标主要包括:_____、_____、_____、_____、_____等。

2．金属在外力作用下的变形可分为_____、_____和_____三个连续的阶段。

3．铁有三种同素异构体在912℃以下时为_____立方晶格,在912℃以上,1394℃以下时为_____立方晶格,高于1394℃而低于熔点时为_____立方晶格。

4．高碳钢焊接性能不好的原因是_____含量高。刀具材料硬度必须高于被切工件的硬度,常温硬度必须在_____HRC以上。

5．热处理工艺过程是由_____、_____和_____三个阶段所组成的。

6．铜合金中,按主加元素不同分为_____、_____和白铜。

7．根据其成分和工艺的特点,铝合金分_____和_____两类。

8．常用的滑动轴承合金主要有_____、_____、_____。

(二)选择题

1．汽缸体的材料一般选用(   ),汽缸套的材料常选用(   )。

    A.HT200   B.45钢   C.耐磨铸铁   D.青铜

2. 45钢的平均含碳量为(　　)。
　　A. 0.45%　　　　B. 4.5%　　　　C. 45%　　　　D. 0.045%
3. 发动机活塞通常选用以下哪种材料?(　　)
　　A. 45钢　　　　B. 铜合金　　　　C. HT200　　　　D. 铝合金
4. 为了改善轴类零件的综合机械性能,通常对轴进行(　　)热处理。
　　A. 正火　　　　B. 回火　　　　C. 调质　　　　D. 完全退火
5. 塑料分为热固性塑料和热塑性塑料,下列塑料材料中不属于热固性塑料的是(　　)。
　　A. 酚醛塑料　　B. 聚氯乙烯　　C. 氨基塑料　　D. 环氧树脂塑料
6. 采用一般的工艺方法,下列金属材料中,焊接性能较好的是(　　)。
　　A. 铜合金　　　B. 铝合金　　　C. 可锻铸件　　　D. 低碳钢
7. 钢的下列基本相中,属于化合物的是(　　)。
　　A. 铁素体　　　B. 奥氏体　　　C. 渗碳体　　　D. 马氏体
8. 高碳钢淬火后回火时,随回火温度升高其(　　)。
　　A. 强度硬度下降,塑性韧性提高　　B. 强度硬度提高,塑性韧性下降
　　C. 强度韧性提高,塑性硬度下降　　D. 强度韧性下降,塑性硬度提高
9. 某中等载荷齿轮拟选用45钢制造,其可能的最终热处理工艺应该是(　　)。
　　A. 淬火+低温回火　　　　　　　　B. 调质+表面淬火
　　C. 渗碳+淬火+低温回火　　　　　D. 淬火+氮化
10. 以下材料中,最合适做弹簧的是(　　)。
　　A. 20钢　　　　B. Q235　　　　C. 40Cr　　　　D. 60Si2Mn
11. 要生产能承受大冲击、重载荷的齿轮,以下最合适的材料是(　　)。
　　A. 45钢　　　　B. 20CrMnTi　　C. HT200　　　D. 60Si2Mn
12. 选用T12A材料做手用丝锥,可采用的最终热处理方式是(　　)。
　　A. 淬火+低温回火　　　　　　　　B. 调质+表面淬火
　　C. 渗碳+淬火+低温回火　　　　　D. 淬火+高温回火
13. 大小不变或变化过程缓慢的载荷是指(　　)。
　　A. 静载荷　　　B. 冲击载荷　　　C. 交变载荷
14. 表示布氏硬度值的符号是(　　)。
　　A. HR　　　　　B. HV　　　　　C. HBS(HBW)
15. 晶胞是一个立方体,原子位于立方体的中心是(　　)。
　　A. 面心立方晶格　　B. 密排六方晶格　　C. 体心立方晶格

(三)判断题
1. 对于铁碳合金来说,含碳量小于2.11%的称为铸铁。　　　　　　　　　(　　)
2. 铸钢可铸造,可锻铸铁不可锻造。　　　　　　　　　　　　　　　　　(　　)
3. 金属弹性变形后其组织和性能不发生变化。　　　　　　　　　　　　(　　)
4. 含碳量越高,钢的强度越高。　　　　　　　　　　　　　　　　　　　(　　)
5. T_8碳素工具钢的平均含碳量为8%。　　　　　　　　　　　　　　　(　　)
6. 白口铸铁硬度高,可作刀具材料。　　　　　　　　　　　　　　　　　(　　)

(四)名词解释

强度、硬度、合金、热处理、调质、晶体、金属的同素异晶转变、铁素体、奥氏体、渗碳体。

材料牌号 Q235、25、65、T10、20CrMnT、40Cr、60Si2Mn、QT400-15、HT250、ZG200-400、H68。

(五)简答题

1. 汽车钢板弹簧在长期工作后突然断裂,属于哪类问题?与材料的哪些性能有关?
2. 查阅有关资料,试分析发动机连杆的工作情况与材料性能的关系。
3. 试用金属晶体结构等相关知识分析一段铁丝经反复弯曲、发热、变硬、断裂的过程。
4. 采用45钢的发动机曲轴为什么要采用调质、表面热处理等多种热处理工艺?
5. 试分析合金渗碳钢、合金调质钢、合金弹簧钢这三类合金钢的特点,并举例说明在汽车上的应用。
6. 课外查阅资料,分析新型非金属材料在汽车上应用前景。

模块三　汽车通用零部件

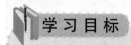

☞ 知识目标

1. 熟悉螺纹连接、键连接和销连接的形式、特点及应用,掌握螺纹连接的预紧及防松方法;
2. 掌握轴的常用材料、结构设计和强度计算;
3. 掌握滑动轴承、滚动轴承的结构类型、应用特点及选用;
4. 了解联轴器、离合器及制动器的类型与特点。

☞ 能力目标

1. 能认识常用连接件,能熟练掌握这些连接件在汽车上的应用情况;
2. 能熟悉轴系零件中主要支承零部件的功用与结构及其类型;
3. 能合理地选用有关通用零部件;
4. 能初步掌握轴系零件的装配与维护方法。

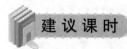

14 课时。

一、紧固件与连接件

螺纹可用来实现零件之间的连接及运动的传递,通过螺纹起连接作用的专用件为螺纹紧固件,构成的可拆连接,具有结构简单、拆卸方便、成本低廉、连接可靠等优点,广泛应用于实际生产中。键、销连接同螺纹连接一样都是重要的连接方式。螺纹紧固件、销与键都是标准件,广泛应用在汽车生产中。

(一)螺纹紧固件

螺纹的结构和尺寸由牙型、直径、线数、螺距(导程 = 线数 × 螺距)、旋向等五项要素确定。螺纹分为外螺纹和内螺纹,内、外螺纹二者共同组成螺纹副,用于连接和传动。内外螺纹要想旋合,这五项要素必须相同。螺纹的种类很多,按螺纹三要素(牙型、公称直径、螺距)

是否均符合国家标准分为:标准螺纹、特殊螺纹(牙型符合标准,公称直径和螺距不符合标准)、非标准螺纹(牙型不符合标准)。利用螺纹连接件起连接作用的螺纹称连接螺纹,常见的连接螺纹包括普通螺纹(三角形螺纹)和管螺纹。表3-1所示为常用连接标准螺纹。

常用连接标准螺纹　　　　　　　　　表3-1

螺纹种类			特征代号	牙型图	特点
连接螺纹	普通螺纹	粗牙普通螺纹	M	60°	同一公称直径按螺距的大小分为粗牙和细牙,其螺距最大的称为粗牙螺纹,其余都称为细牙螺纹。粗牙螺纹用于一般连接,细牙螺纹比粗牙螺纹承载强度高,自锁性能好,但不耐磨,易滑扣,一般用于细小零件或薄壁零件的连接,也可用于微调装置
		细牙普通螺纹			
	管螺纹	非螺纹密封的管螺纹	G	55°	以管子的内径(in)表示公称直径,以每25.4mm(1 in)内的牙数表示螺距。内外螺纹的牙顶和牙底为圆角,内、外螺纹旋合后无径向间隙,配合紧密。圆锥管螺纹密封性能比圆柱管螺纹好,可迅速旋紧和旋松。一般用于压力不大的水、煤气管路、润滑和电线管路系统,或者用于高温、高压系统和润滑
		用螺纹密封的管螺纹	R R_c R_p		

1.螺纹紧固件的种类与应用

1)螺纹紧固件的种类

螺纹紧固件的种类很多,常用的有螺栓、双头螺柱、螺钉、螺母、垫圈等,它们的种类很多,如图3-1所示。螺栓用于被连接件允许钻成通孔的情况;双头螺柱用于被连接件零件之一较厚或不允许钻成通孔的情况,螺钉则用于上述两种情况,而且常用在不经常拆卸和受力较小的连接中,螺钉按用途又可分为连接螺钉和紧定螺钉。螺纹紧固件的结构、形式、尺寸和技术要求都可以根据标记从国家标准中查得。由于均为标准件,使用时可按有关标准选用。

图3-1　常用的螺纹紧固件

2)常用螺纹紧固件连接的应用

采用螺纹紧固件连接的主要形式有:螺栓连接、双头螺柱连接和螺钉连接等。

(1)螺栓连接。

如图3-2a)所示,螺栓连接由螺栓、螺母、垫圈等组成,用于连接两个不太厚的并能钻成通孔的零件。在被连接件上开通孔,插入螺栓后在螺栓的另一端拧上螺母。采用普通螺栓的螺杆与孔之间有间隙,通孔的加工要求较低,结构简单,装拆方便,成本低,应用较广。采用铰制孔用螺栓时,孔与螺杆常采用过渡配合,这种连接能精确固定被连接件的相对位置,适用于承受横向载荷,但孔的加工精度要求较高。

(2)双头螺柱连接。

如图3-2b)所示,用于被连接件之一较厚、不宜用螺栓连接、又需经常拆卸的场合。在厚零件上做出螺纹孔,薄零件上做光孔,装配时,一端旋入被连接件,另一端配以螺母。拆装时,只需拆螺母,而不需将双头螺柱从被连接件中拧出。可避免较厚被连接件上的螺纹孔损坏。

(3)螺钉连接。

螺钉连接按用途可分为连接螺钉连接和紧定螺钉连接两种,螺钉一般用在不经常拆卸且受力不大的地方。通常在较厚的零件上制出螺孔,另一零件上加工出通孔。连接时,将螺钉穿过通孔旋入螺孔拧紧。螺钉的螺纹终止线应在螺孔顶面以上;螺钉头部的一字槽在端视图中画45°方向。对于不穿通的螺孔,可以不画出钻孔深度,仅按螺纹深度画出,如图3-2c)所示。

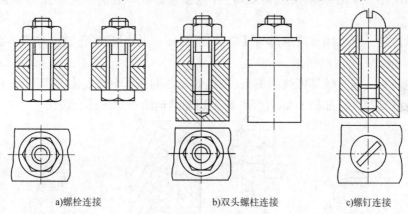

a)螺栓连接　　　b)双头螺柱连接　　　c)螺钉连接

图3-2　螺纹紧固件连接图

紧定螺钉连接,即利用螺钉的末端顶住另一被连接件的表面或顶入另一被连接件的凹坑中,以固定两零件的相对位置,可传递不大的横向力或转矩。如图3-3所示。

2. 螺纹连接的预紧与防松

1)螺纹连接的预紧

螺纹连接在装配时一般都必须要拧紧,即螺纹连接件在承受工作载荷之前需要受到预紧力的作用,防止连接在工作时松动。螺纹预紧的目的是增强螺纹连接的刚度、保证连接的可靠性和紧密性,防止受载后被连接件之间出现缝隙或发生相对位移。通常,拧紧力矩T(N·mm)和螺

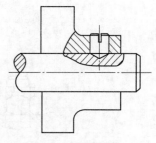

图3-3　紧定螺钉连接

栓轴向预紧力 F_0 之间的关系为：
$$T \approx 0.2 F_0 d \quad (\text{N} \cdot \text{mm}) \tag{3-1}$$
式中：d——螺纹大径(mm)。

工作中必须要控制预紧力，预紧力过大会导致螺纹连接件的损坏，预紧力过小又会使连接件易于松动，工作不可靠。常用的控制预紧力的方法有感觉法和力矩法。感觉法最经济简单，用于普通的螺纹连接，是凭借操作者在拧紧时的感觉和经验，误差可达 ±40%；力矩法是用测力矩扳手或定力矩扳手来控制预紧力。此方法应用广泛。一般认为误差有 ±25%。若表面有涂层，支承面、螺纹表面质量较好，力矩扳手示值准确，则误差可显著减少，适用于重要连接。

2）螺纹连接的防松

连接用的三角形螺纹都具有自锁性，在静载荷和工作温度变化不大时不会自动松脱，但在冲击、振动或变载荷作用下，螺纹中的摩擦阻力瞬时减少或消失，预紧力可能在某一瞬间消失，连接就有可能松脱；其次在高温或温度变化较大时，由于温度变形差异等原因，也可能导致连接的松脱。一旦连接松脱，轻者会影响机器的正常运转，重者会造成重大事故。因此，为了保证连接可靠，必须采取有效的防松措施。

常用的防松措施有多种，其防松原理都是通过防止螺纹副的相对转动来达到防松的目的。如图 3-4 所示。

①摩擦防松。采用弹簧垫圈、双螺母、弹性锁紧螺母等方法增大摩擦力。如图 3-4a)、b)、c)所示。

②机械防松。可采用开槽螺母与开口销、圆螺母与止动垫圈、止动垫片或串金属丝等方法。如图 3-4d)、e)、f)、g)所示。

③其他防松。通过破坏螺纹副关系，限制螺母相对螺栓转动。如利用冲头在螺栓末端与螺母旋合缝处打冲。如图 3-4h)所示；或采用黏结剂涂于螺纹旋合表面。

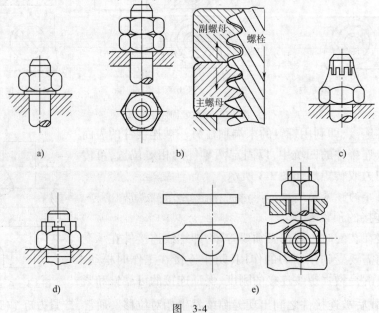

图 3-4

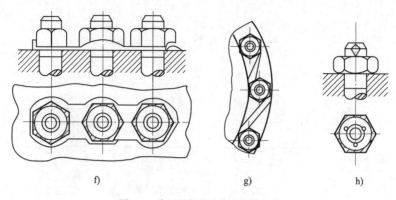

图 3-4　常用的螺纹连接防松措施图

(二) 键

键是用来连接轴上零件并对它们起周向固定作用,以达到传递扭矩的一种机械零件。键是标准件,一般用 45 号钢制成,有的键还能实现轴上零件的轴向固定或轴向移动导向。键连接(图 3-5)根据工作特点可分为松键连接和紧键连接。松键连接工作时靠键的两侧面传递转矩,装配时不需打紧,键的上表面与轮毂键槽底面之间留有间隙,因而定心良好,装拆方便,常用的松键连接有平键连接、半圆键连接及花键连接;紧键连接是在键的上表面具有一定的斜度,装配时,需将键打入轴与轴上零件的键槽内连接成一个整体,从而传递转矩。紧键连接能够轴向固定零件,并能承受单方向轴向力,但定心较差,常用的紧键连接有楔键连接和切向键连接。

图 3-5　键连接

1. 平键

按用途分,平键可分为普通平键、导向平键和滑键三种。其中普通平键应用最为广泛,用于静连接;导向键和滑键用于动连接。

1) 普通平键连接

普通平键连接的结构如图 3-6 所示,按端部形状不同,普通平键可分为圆头(A 型)、方头(B 型)和单圆头(C 型)。A 型用于键槽铣刀或立铣刀加工的轴槽,键在轴中轴向固定较好,但键的头部侧面与轮毂的键槽并不接触,所以键的圆头部分不能传递转矩;B 型用于盘铣刀加工的轴槽,轴槽的应力集中较小,C 型多用于轴的端部。以 A 型应用最广,适用于高速、高精度和承受变载冲击的场合,但不能实现轴上零件的轴向定位。

2) 导向平键连接

导向平键的结构如图 3-7 所示。导向平键是用螺钉固定在轴上,工作时键对轴上的移动零件起导向作用,键与键槽是间隙配合,轴上零件能在轴上移动。导向平键的端部为圆头(A 型)和方头(B 型)两种。为了拆卸方便,在键的中部有一起键螺孔,以便拧入螺钉使键退出键槽。其他特点与普通平键相同。导向平键常用于零件在轴上经常有相对移动且移动量不大的场合,如变速箱中的滑移齿轮等。

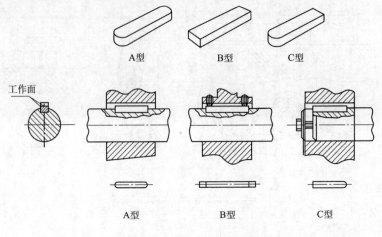

图 3-6 普通平键连接的结构和类型

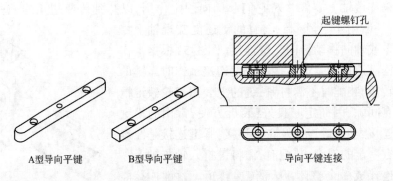

图 3-7 导向平键连接

3）滑键连接

如图 3-8 所示，滑键连接是将滑键固定在轴上零件的轮毂内，工作时轮毂带着键一起沿轴上的键槽滑动，这样可以避免采用过长的导向平键。滑键连接用于轴上零件的轴向移动量较大的场合，如汽车变速箱内的换挡齿轮与轴的连接就常采用滑键连接。

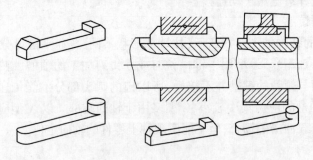

图 3-8 滑键连接

2. 半圆键连接

半圆键连接如图 3-9 所示，半圆键的两个侧面为两个相互平行的半圆形，工作面是两侧面。键在轴槽中能绕其中心摆动，以适应轮毂上键槽的斜度，装拆方便，但轴上的键槽较深，对轴的强度削弱较大，一般用于轻载，适用于锥形端部的连接。

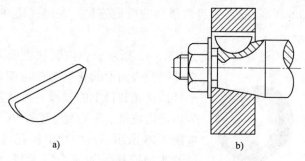

图3-9 半圆键连接

3. 楔键连接

根据结构不同,楔键连接可分为普通楔键和钩头楔键两种,如图3-10所示。楔键的上表面和轮毂键槽底面均有1:100的斜度,两侧互相平行,键的两侧面为非工作面,与键槽留有间隙,工作时,靠接触面之间的摩擦力来传递转矩。

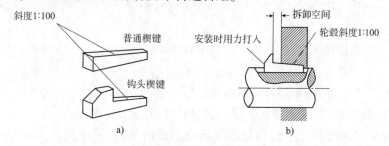

图3-10 楔键连接

由于楔键在装配时被打入轴和轮毂之间的键槽内,所以造成轮毂与轴的偏心与偏斜。另外,当受到冲击、变载荷作用时,容易造成连接的松动,因此,楔键连接通常用于精度要求不高、转速较低的场合。钩头楔键的钩头主要是便于拆卸,使用时需加防护罩。

4. 切向键连接

如图3-11所示,切向键是由两个斜度为1:100的单边楔键组成。装配后将二者楔紧在轴和轮毂之间,其上、下两面是工作面,其中一个工作面通过轴心线使工作面上的压力沿轴的切线方向作用,可传递很大的转矩,当需要传递双向转矩时,应采用两对互成120°分布的切向键。切向键用于载荷很大,对中要求不严的场合。由于键槽对轴削弱较大,常用于直径大于100mm的轴上。如大型带轮及飞轮,矿用大型绞车的卷筒及齿轮等与轴的连接,低速、重载、定心精度要求不高的场合。

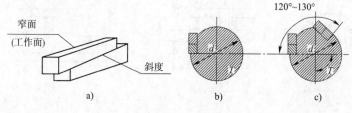

图3-11 切向键连接

5. 花键连接

花键连接又称多槽键连接,特点是键和键槽的数量较多,轴和键制成一体,主要用来承受较大载荷和定心精度较高,或需要经常滑移的重要连接。花键连接在汽车机械中得到广泛的应用。

花键连接是由一对内外花键组成,如图 3-12 所示。在内圆柱表面上的花键为内花键,在外圆柱表面上的花键为外花键。显然,花键连接是平键连接在数目上的发展。按其齿形不同,花键又分为矩形齿花键、渐开线齿花键和三角形齿花键三种,如图 3-13 所示。其中矩形齿花键连接是应用最为广泛的花键连接。如航空发动机、汽车、燃气轮机、机床、工程机械、拖拉机、农业机械及一般机械传动装置等。

a)外花键　　b)内花键

图 3-12　花键

a)矩形齿花键　　b)渐开线齿花键　　c)三角形齿花键

图 3-13　花键齿形

键齿侧面是工作面,依靠齿侧面的相互挤压来传递转矩。由于结构形式和制造工艺的不同,与平键连接比较,花键连接在强度、工艺和使用方面有下列特点:

因为在轴上与毂孔上直接而均匀地制出较多的齿与槽,故连接受力较为均匀;因槽较浅,齿根处应力集中较小,轴与毂的强度削弱较少;齿数较多,总接触面积较大,因而可承受较大的载荷;轴上零件与轴的对中性好,这对高速及精密机器很重要;导向性好,这对动连接很重要;可用磨削的方法提高加工精度及连接质量。花键连接的局限在于制造工艺较复杂,有时需要专门设备,成本较高。

(三)销

销是标准件,销的材料一般采用 Q235、35 钢和 45 钢。销的种类有很多,以下按用途和结构不同进行分类。

1)按用途分类

根据用途不同,销可分为以下三种类型,如图 3-14 所示。

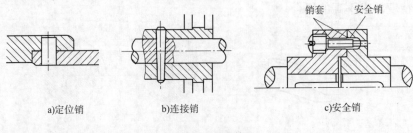

a)定位销　　b)连接销　　c)安全销

图 3-14　销连接

(1)定位销。

用来固定零件之间的相对位置。通常不承受载荷或承受很小的载荷,根据经验从标准中选取类型和尺寸即可,但同一接合面上的定位销数目不得少于两个,否则起不到定位的作用。

(2)连接销。

起连接作用,以传递横向力或转矩。承受剪切和挤压等载荷的作用,一般先根据使用和结构要求选择其类型和尺寸,然后校核其强度。

(3)安全销。

作为安全过载切断零件,是安全装置中的重要元件,其尺寸需按过载时被剪断的条件决定。

2)按结构分类

根据结构不同,可分为圆柱销、圆锥销和开口销等,其中圆柱销和圆锥销是销的两种基本类型,且均已标准化,如图3-15所示。

(1)圆柱销。

如图3-15a)所示。圆柱销主要用于定位,也可用于连接,只能传递不大的载荷,利用少量过盈固定在销孔中,对销孔的尺寸、形状,表面粗糙度等要求较高,销孔在装配前须铰削。通常被连接件的两孔应同时钻铰,孔壁的粗糙度不大于 $R_a0.6\mu m$。装配时,在销上涂上润滑油,用铜棒将销打入孔中。经过多次装拆后,连接的紧固性及精度会降低,故只宜用于不常拆卸处。

(2)圆锥销。

如图3-15b)所示,圆锥销有1:50的锥度,其小端直径为标准值。圆锥销主要用于定位,也可固定零件,传递动力。装拆比圆柱销方便,多次装拆对连接的紧固性及定位精度影响较小,因此应用广泛。在受横向力时,可以自锁,安装方便,定位精度比圆柱销高,可多次装拆,不影响定位精度,应用较广。

(3)开口销。

如图3-15c)所示,开口销是一种防松零件,常用来防止螺母松动或固定其他零件,与六角开槽螺母配合使用,把开口销穿过螺母的凹槽和螺栓的销孔,最后将开口销的长、短两尾扳开,从而固定螺母和螺栓的相对位置,使螺母不能转动而起到防松的作用。

a)圆柱销　　　　　　b)圆锥销　　　　　　c)开口销

图3-15　常用销

(4)异型销。

销还有许多特殊形式,如图3-16所示。图3-16a)是大端具有外螺纹的圆锥销,便于装拆,可用于盲孔;图3-16b)是小端带外螺纹的圆锥销,可用螺母锁紧,适用于有冲击的场合;图3-16c)是带槽的圆柱销,称为槽销,用弹簧钢滚压或模锻而成,销上有三条压制的纵向沟槽,槽销压入销孔后,它的凹槽即产生收缩变形,借助材料的弹性而固定在销孔中,销孔无须铰光可多次装拆,适用于承受振动和变载荷的连接;图3-16d)是开尾圆锥销,销尾可分开,能防止松脱,多用于振动冲击场合;图3-16e)是弹性圆柱销,用弹簧钢带卷制而成,具有弹性,用于冲击振动场合。

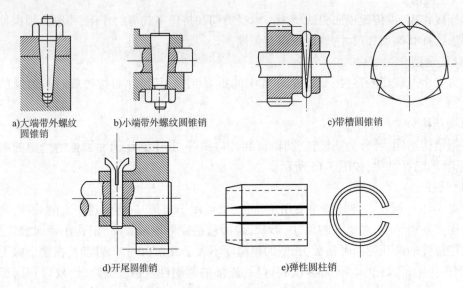

图 3-16　异型销

二、轴

轴是组成机器的重要零件之一,轴的主要功用是支承旋转零件,并传递运动和动力。机器上所安装的旋转零件,例如带轮、齿轮、联轴器和离合器等都必须用轴来支承,才能正常工作。

(一)轴的类型与材料选用

1. 轴的分类

(1) 按承受载荷不同,可分为:

①心轴:用来支承转动零件,只承受弯矩而不传递转矩。

例:自行车的前轮轴(固定心轴)、铁路机车轮轴(旋转心轴),如图3-17所示。

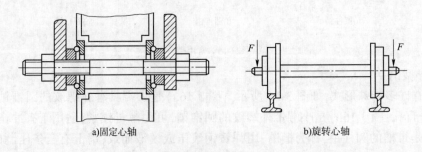

图 3-17　心轴

②传动轴:主要用于传递转矩而不承受弯矩,或所承受的弯矩很小的轴。

例:汽车中连接变速箱与后桥之间的轴,如图3-18所示。

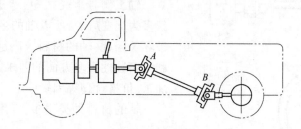

图3-18 传动轴

③转轴:机器中最常见的轴,通常简称为轴,工作时既承受弯矩又承受转矩。

例:减速器中的轴,如图3-19所示。

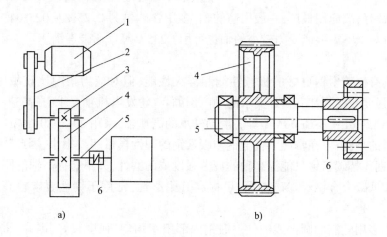

图3-19 转轴

1-电动机;2-皮带;3、4-齿轮;5-轴;6-联轴器

(2)按轴线形状分类。根据轴线的形状的不同,轴又可分为直轴(图3-20)、曲轴(图3-21)和挠性钢丝轴(图3-22)。

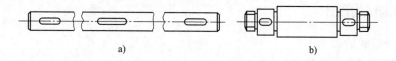

图3-20 直轴

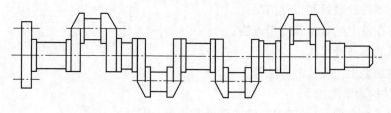

图3-21 曲轴

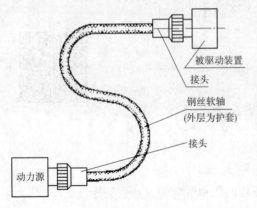

图 3-22 挠性钢丝轴

2. 轴的常用材料

轴工作时承受扭矩、弯矩或弯扭组合作用，且多为交变应力，所以轴的主要失效形式是疲劳破坏。因此，轴的材料应满足强度、刚度、耐磨性和耐腐蚀性等多方面的要求，此外还应考虑易于加工、价格合理等因素。

轴的材料种类很多，常用材料为碳素钢和合金钢。

1）碳素钢

碳素钢比合金钢价格低廉，对应力集中的敏感性低，可通过正火或调质处理改善其综合性能，加工工艺性好，故应用最广，一般用途的轴，多用含碳量为 0.25% ~0.5% 的中碳钢。尤其是 45 号钢，对于不重要或受力较小的轴也可用 Q235A 等普通碳素钢。

2）合金钢

合金钢具有比碳素钢更好的机械性能和淬火性能，但对应力集中比较敏感，且价格较贵，多用于对强度和耐磨性有特殊要求的轴。例如：汽轮发电机轴要求，在高速、高温重载下工作，采用 27Cr2Mo1V、38CrMoAlA 等。滑动轴承的高速轴，采用 20Cr、20CrMnTi 等。

值得注意的是：由于在常温下合金钢与碳素钢的弹性模量相差很小，因此当其他条件相同时，用合金钢代替碳素钢只能提高轴的疲劳强度或耐磨性，并不能提高轴的刚度。

低碳钢和低碳合金钢经渗碳淬火，可提高其耐磨性，常用于韧性要求较高或转速较高的轴。

轴的毛坯多用轧制的圆钢或锻件。锻钢内部组织均匀，强度较好，因此，重要的大尺寸的轴，常用锻造毛坯。

3）球墨铸铁

球墨铸铁吸振性和耐磨性好，对应力集中敏感低，价格低廉，一般使用铸造制成外形复杂的轴。例如：内燃机中的曲轴。

(二) 轴的结构设计

1. 影响轴结构的因素

1) 影响轴的结构主要因素

(1) 载荷的性质、大小、方向及分布情况；

(2) 轴上零件的数目和布置情况；

(3) 零件在轴上的定位及固定方法；

(4) 轴承的类型及尺寸；

(5) 轴的加工工艺及装配方法等。

2) 轴的结构因素考虑

(1) 轴的受力合理，以利于提高轴的强度和刚度；

(2) 安装在轴上的零件，要能牢固而可靠地相对固定（轴向、周向固定）；

(3)轴上结构应便于加工、便于装拆和调整,并尽量减少应力集中。

2. 轴的结构设计

轴的结构设计就是要定出轴的合理外形和各部分的结构尺寸。

机械中常用的轴大多为直轴,最简单是光轴,但在实际使用中,轴上总需安装零件,所以轴常做成阶梯形,即轴被加工成几段,相邻段的直径不同,中间轴段的直径比两端轴段的直径大。

1)轴颈、轴头和轴身

轴的典型结构,如图3-23所示。轴和轴承配合的部分称为轴颈,其直径应符合轴承内径标准;轴上安装轮毂的部分称为轴头,其直径应与相配零件的轮毂内径一致,并采用标准直径。

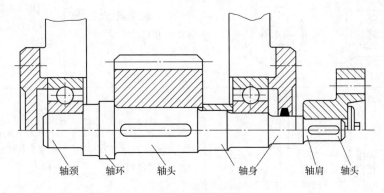

图 3-23 轴的结构

2)轴上零件的轴向定位及固定

目的是保证零件在轴上有确定的轴向位置,防止零件做轴向移动,并能承受轴向力。

轴上零件的轴向定位和固定方式常用的有轴肩、轴环、锁紧挡圈、套筒、圆螺母和止动垫圈、弹性挡圈、轴端挡圈及圆锥面等。各种轴向定位和固定方式其特点和应用,见表3-2所示。

轴上零件的轴向固定方法及应用 表3-2

轴向固定方法及结构简图	特点和应用	设计注意要点
轴肩与轴环	简单可靠,不需附加零件能承受较大的轴向力;广泛应用于各种轴上零件固定;该方法会使轴径增大,阶梯处形成应力集中,且阶梯过多将不利于加工	为保证零件与定位面靠紧,轴上过渡圆角半径 r 应小于零件圆角半径 R 或倒角 C,即 $r<C<a$, $r<R<a$。一般取定位高度 $a=(0.07\sim0.1)d$,轴环宽度 $b=1.4a$

续上表

轴向固定方法及结构简图	特点和应用	设计注意要点
套筒	简单可靠,简化了轴的结构且不削弱轴的强度;常用于轴上两个近距离零件间的相对固定	套筒内径与轴的配合较松,套筒结构、尺寸可视需要灵活设计
轴端挡圈	工作可靠,能承受较大轴向力,应用广泛	只用于轴端;常与轴端挡圈联合使用,实现零件的双向固定
锥面	拆装方便,且可兼做周向固定;宜用于高速、冲击及对中性要求高的场合	只用于轴端;常与轴端挡圈联合使用,实现零件的双向固定
圆螺母	固定可靠,可承受较大轴向力,能实现轴上零件的间隙调整;常用于轴上两零件间距较大处,亦可用于轴端	为减小对轴强度的削弱,常用细牙螺纹;为防松,须加止动垫圈或使用双螺母
弹性挡圈	结构紧凑、简单,装拆方便,但受力较小,且轴上切槽将引起应力集中;常用于轴承的固定	轴上车槽尺寸见 GB/T 894—2017
紧定螺钉与锁紧挡圈	结构简单,但受力较小,且不适于高速场合	

3) 周向定位和固定

周向固定的作用和目的,是为了保证零件传递扭矩和防止零件与轴产生相对的转动。常用的方法有键连接、花键连接和过盈配合等。当传递转矩很小时,可采用紧定螺钉或销,同时实现轴向和周向固定。

4) 轴的结构工艺性

轴的结构应具有良好的加工和装配工艺性能。设计时可从以下几方面考虑:

(1) 形状应简单,以便于加工,轴的台阶尽量少,台阶越多,加工工艺越复杂,成本也越高。

(2) 磨削轴径和定位轴肩时,应留有砂轮越程槽,如图 3-24 所示。轴上切制螺纹时,应留有退刀槽,如图 3-25 所示。轴上沿长度方向开有几个键槽时,应将它们安排在同一母线上,且槽宽尽可能统一。

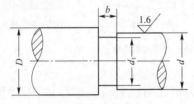
图 3-24 砂轮越程槽

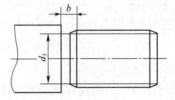
图 3-25 螺纹退刀槽

(3) 轴的结构设计应满足轴上零件装拆方便的要求,一般设计成两头细,中间粗。同一轴上所有圆角半径和倒角的大小尽可能一致,以减少加工时刀具的数目。

(4) 滚动轴承轴向固定的轴肩高度应低于轴承内圈高度,以便于滚动轴承的拆卸。

5) 提高轴的强度的措施

(1) 改善轴的受载情况。

为了减小轴所承受的弯矩,传动件应尽量靠近轴承,并尽可能不采用悬臂的支撑形式,力求缩短支撑跨距及悬臂长度。如图 3-26 所示。

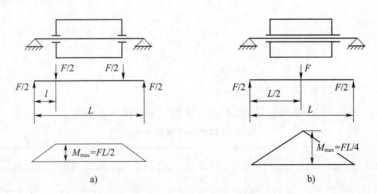
图 3-26 轴上零件的合理设计

(2) 减少应力集中的措施。

为了减少直径突变处的应力集中,提高轴的疲劳强度,应适当增大轴肩处的圆角半径。减小轴肩应力集中的措施,如图 3-27 所示,减小过盈配合处应力集中的措施,如图 3-28 所示。

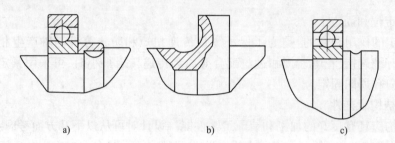

图 3-27 减小轴肩应力集中的措施

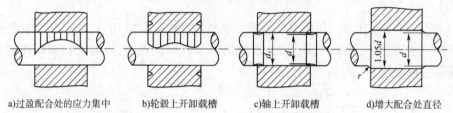

a)过盈配合处的应力集中　　b)轮毂上开卸载槽　　c)轴上开卸载槽　　d)增大配合处直径

图 3-28 减小过盈配合处应力集中的措施

3. 轴的直径和长度的确定

一般在进行轴的结构设计前先按纯扭转受力情况对轴的直径进行估算,计算出的轴径一般作为轴最细处的直径。然后按轴上零件及工艺要求进行轴的结构设计,最后进行轴的强度校核计算。

1)轴的基本直径估算

轴的计算和校核可以省略,只留描述性文字即可。

由模块一力学分析可知,轴在转矩 T 的作用下,产生剪应力 τ。对于圆截面的实心轴,其抗扭强度条件为:

$$\tau = \frac{T}{W_p} = \frac{9.55 \times 10^6 \frac{P}{n}}{0.2d^3} \leqslant [\tau] \quad (\text{MPa}) \tag{3-2}$$

设计公式为:

$$d \geqslant \sqrt[3]{\frac{5 \times 9.55 \times 10^6 P}{[\tau] n}} = C \sqrt[3]{\frac{P}{n}} \quad (\text{mm}) \tag{3-3}$$

式中:$[\tau]$——许用扭转剪应力(N/mm^2);

C——由轴的材料和承载情况确定的常数,可按表 3-3 确定。

常用材料的 $[\tau]$ 值和 C 值　　　表 3-3

轴的材料	Q235A,20钢	35钢	45钢	40Cr,35SiMn
$[\tau]$(MPa)	12~20	20~30	30~40	40~52
C	135~160	118~135	107~118	98~107

由上式求出的直径值,需圆整成标准直径。如轴上有一个键槽,可将值增大 3%~5%,如有两个键槽可增大 7%~10%。

2)确定轴的各段直径和长度

轴的各段直径和长度应满足以下要求:

（1）与标准件配合的轴径的直径采用相应的标准值，例如：滚动轴承、联轴器、密封装置，应满足装配尺寸要求。

（2）与一般零件配合的轴头直径，应与相配合零件的毂孔直径一致，并取标准尺寸；轴头长度应比相应零件的轮毂宽度小 1~2mm。

3）按弯扭组合强度校核

轴的结构拟定以后，外载荷和轴支点位置便可确定。此时，可用弯扭组合强度校核。对于钢制轴，由第三强度理论可得：

$$\sigma_e = \frac{M_e}{W} = \frac{\sqrt{M^2 + (\alpha T)^2}}{0.1d^3} \leqslant [\sigma_{-1}]_b \tag{3-4}$$

式中：σ_e——相当应力（MPa）；

M_e——当量弯矩（N·mm）；

α——根据转矩性质而定的折合系数，转矩不变时，$\alpha = 0.3$，转矩为脉动循环变化时，$\alpha = 0.6$，转矩为对称循环变化时，$\alpha = 1$；

$[\sigma_{-1}]_b$——对称循环状态下的许用应力，碳素钢$[\sigma_{-1}]_b = 45~65$MPa，合金钢$[\sigma_{-1}]_b = 75~90$MPa，铸铁$[\sigma_{-1}]_b = 30~40$MPa。

三、轴承

轴承在各种机器设备中广泛应用，其功用是支承轴及轴上零件，保持轴的旋转精度和减少轴与支承间的摩擦和磨损。

轴承按照工作时摩擦性质不同，可分为滑动轴承和滚动轴承，如图 3-29 和图 3-30 所示。滑动轴承适用于高速、高精度、重载和有较大冲击的场合，也应用于不重要的低速机器中，如汽车发动机曲轴轴瓦（大瓦）、连杆瓦（小瓦）就是典型的滑动轴承。滚动轴承具有摩擦阻力小，易起动，适用范围广，轴向尺寸小，润滑和维修方便，应用广泛，如汽车轮芯轴承、汽车变速器中使用的轴承就是典型的滚动轴承。

图 3-29 某滑动轴承实物图

图 3-30 某滚动轴承实物图

（一）滑动轴承

1. 滑动轴承的类型和特点

1）按承受载荷分类

滑动轴承按其承受载荷的方向分为：

(1) 向心滑动轴承,只承受径向载荷,如图3-31a)所示。
(2) 推力滑动轴承,只承受轴向载荷,如图3-31b)所示。
(3) 向心推力滑动轴承,同时承受径向与轴向载荷,如图3-31c)所示。

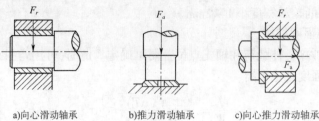

a) 向心滑动轴承　　b) 推力滑动轴承　　c) 向心推力滑动轴承

图3-31　滑动轴承类型

2) 按润滑和摩擦分类

滑动轴承按润滑和摩擦状态不同,又可分为:

(1) 液体摩擦滑动轴承(完全液体润滑轴承)。

液体摩擦轴承的原理是在轴颈与轴瓦的摩擦面间有充足的润滑油,润滑油的厚度较大,将轴颈和轴瓦表面完全隔开。因而摩擦系数很小。这种轴承效率高,寿命长,适用于高速、高精度和重载等场合。

(2) 非液体摩擦滑动轴承(不完全液体润滑轴承)。

非液体摩擦轴承依靠吸附于轴和轴承孔表面的极薄油膜,但不能完全将两摩擦表面隔开,有一部分表面直接接触。因而摩擦系数大。如果润滑油完全流失,将会出现干摩擦、剧烈摩擦、磨损,甚至发生胶合破坏。多用在低速且带有冲击的机械中和要求不高的场合。

2. 滑动轴承的结构

1) 向心滑动轴承

向心滑动轴承按其结构可分为整体式和剖分式两种。

(1) 整体式滑动轴承。

整体式滑动轴承结构如图3-32a)所示,由轴承座和轴承衬套组成,轴承座上部有油孔,整体衬套内有油沟,分别用以加油和引油,进行润滑。如连杆小头处的轴套。这种轴承结构简单,价格低廉,但轴的装拆不方便,轴颈只能从端部装入。磨损后轴承的径向间隙无法调整,只能更换轴套。常用于低速、轻载或间歇工作的机械中。

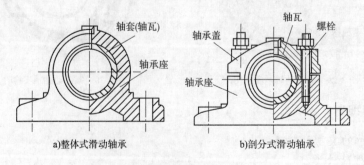

a) 整体式滑动轴承　　b) 剖分式滑动轴承

图3-32　向心滑动轴承分类

(2)剖分式滑动轴承。

剖分式滑动轴承结构如图3-32b)所示,由轴承座、轴承盖、对开式轴瓦、双头螺柱和垫片组成。轴承盖和轴承座的剖分面常作成阶梯形,以便定位和防止工作时错动。此处放有垫片,以便磨损后调整轴承的径向间隙。故装拆和维修方便,应用广泛。如汽车发动机中曲轴及连杆大头处的轴承,都是就采用剖分式滑动轴承。

2)推力滑动轴承

按推力滑动轴承轴颈结构不同可分为三种形式,如图3-33所示。

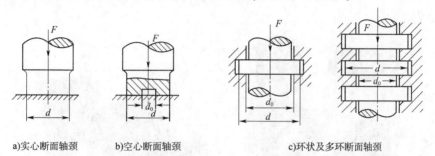

a)实心断面轴颈　　b)空心断面轴颈　　c)环状及多环断面轴颈

图3-33　推力滑动轴承轴颈

(1)实心断面轴颈。轴颈端面的中部压强比边缘大,润滑油不易进入,润滑条件差。

(2)空心断面轴颈。轴颈端面的中空部分能存油,压强也比较均匀,承载能力不大。

(3)环状及多环断面轴颈。压强较均匀,能承受较大载荷,但各环承载不等,环数不能太多。

3. 轴承材料与轴瓦结构

1)轴承的材料

根据轴承的工作情况,要求轴瓦材料具备下述性能:①摩擦系数小;②导热性好,热膨胀系数小;③耐磨、耐蚀、抗胶合能力强;④要有足够的机械强度和可塑性。

常用轴瓦的材料有以下几种:

(1)铸铁。主要有普通灰铸铁、耐磨灰铸铁和球墨铸铁。适于轻载、低速,不受冲击的场合。

(2)轴承合金(又称巴氏合金或白合金)。由锡(Sn)、铅(Pb)、锑(Sb)、铜(Cu)等组成。它以锡或铅作为基体(软),其中含有锑锡(Sb-Sn)或铜锡(Cu-Sn)的硬晶粒。硬晶粒起耐磨作用,软基体则增加材料的塑性。巴氏合金的机械强度较低,通常将它贴附在软钢、铸铁或青铜的轴瓦上使用。

(3)铜合金。铜合金具有较高的强度、较好的减摩性和耐磨性,是最常用的材料。

锡青铜——减摩、耐磨性最好,应用较广,强度比轴承合金高,适于重载、中速传动。

铅青铜——抗胶合能力强,适于高速、重载。

铝青铜——强度及硬度较高,抗胶合性差,适于低速、重载传动。

(4)多孔质金属材料。它是一种粉末冶金材料,其特点是组织疏松多孔,轴承在工作前经润滑油浸泡,使孔隙中大量吸收润滑油,故又称含油轴承,具有自润滑的性能。

(5)非金属材料。非金属材料中应用最广的是各种塑料,如酚醛树脂、聚酰胺(尼龙)、聚四氟乙烯等。塑料的优点是耐磨、耐腐蚀、摩擦因数小,具有自润滑性能;缺点是导热性差,易变形,承载能力差。

2) 轴瓦的结构

轴瓦有整体式和对开式两种结构。整体式轴瓦通常称为轴套,如图 3-34a) 所示。对开式轴瓦由上、下两半瓦组成,如图 3-34b) 所示。一般上瓦为非承载区,下瓦为承载区。润滑油应由非承载区进入。故上瓦顶部开有进油孔。在轴瓦内表面,以进油口为对称位置,沿轴向、周向或斜向开有油沟,油经油沟分布到各个轴颈。油沟离轴瓦两端面应有段距离,不能开通,以减少端部泄油。为了使轴承衬与轴瓦结合牢固,可在轴瓦内表面开设一些沟槽,如图 3-35 所示。轴瓦可以由一种材料制成,也可以在轴瓦内表面浇铸一层金属衬。即轴承衬,如图 3-36 所示。

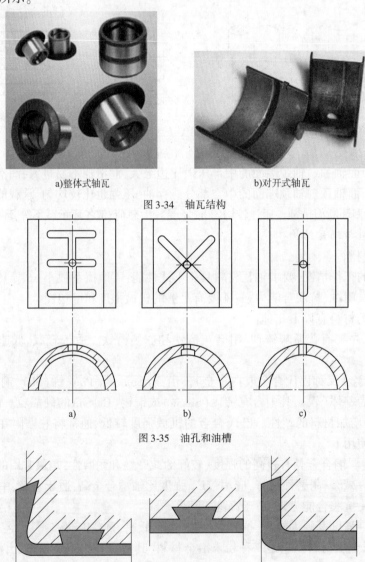

a)整体式轴瓦　　　　　b)对开式轴瓦

图 3-34　轴瓦结构

图 3-35　油孔和油槽

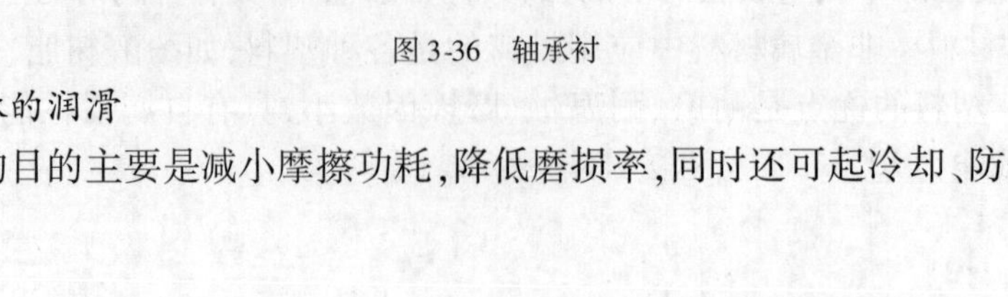

图 3-36　轴承衬

4. 滑动轴承的润滑

轴承润滑的目的主要是减小摩擦功耗,降低磨损率,同时还可起冷却、防尘、防锈以及吸振等作用。

常用的润滑材料是润滑油和润滑脂。

1)润滑剂及其选择

(1)润滑油。

润滑油的主要物理及化学性能指标是:黏度、黏度指数、油性、闪点、凝点、酸值、残碳量等。对于动压润滑轴承,黏度是最重要的指标,也是选择轴承用油的主要依据。

选择轴承用润滑油的黏度时,应考虑轴承压力、滑动速度、摩擦表面状况、润滑方式等条件。

(2)润滑脂。

轴颈速度小于 $1\sim 2m/s$ 的滑动轴承可以采用脂润滑。润滑脂是用矿物油与各种稠化剂混合制成。它的稠度大,不易流失,承载力也较大,但物理和化学性质不如润滑油稳定,摩擦功耗大,不宜在温度变化大或高速下使用。润滑脂的主要物理性能指标是稠度(锥入度)和滴点。

2)润滑方法

常用的润滑方法有油润滑和脂润滑两大类。

(1)油润滑。

用油壶注油或提起针阀通过油杯注油,只能达到间歇润滑的作用。油润滑有间歇供油和连续供油两类。间歇供油由操作人员用油壶或油枪注油,供油是间歇性的,供油量不均匀,且容易疏忽。这种润滑方法只适于低速、不重要的轴承或间歇工作的轴承。对于重要的轴承,必须采用连续供油润滑。连续供油方法主要有:

①滴油润滑。如图 3-37 所示为针阀式注油油杯。当手柄卧倒时,针阀受弹簧推压向下而堵住底部油孔。手柄转 90°变为直立状态时针阀上提,下端油孔敞开,润滑油流进轴承,调节油孔开口大小可以调节流量。针阀式注油油杯也可用于连续润滑。

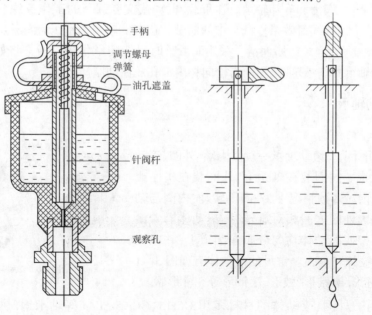

图 3-37 针阀油杯

②芯捻或线纱润滑。用毛线或棉线做成芯捻或用线纱做成线团浸在油槽内,利用毛细管作用把油引到滑动表面上。如图3-38a)所示,这两种方法不易调节供油量。

③油环润滑。轴颈上套有轴环,如图3-38b)所示,油环下垂浸到油池里,轴颈回转时把油带到轴颈上去。这种装置只能用于水平而连续运转的轴颈,供油量与轴的转速、油环的截面形状和尺寸、润滑油黏度等有关。适用的转速范围为$(60 \sim 100)$r/min$< n <(1500 \sim 2000)$r/min。速度过低,油环不能把油带起;速度过高,环上的油会被甩掉。

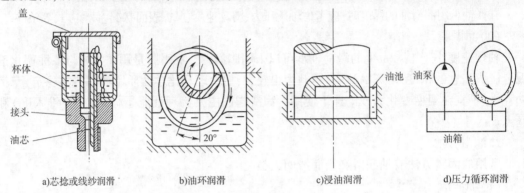

a)芯捻或线纱润滑　　b)油环润滑　　c)浸油润滑　　d)压力循环润滑

图3-38　润滑方式

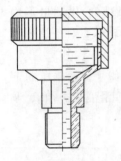

图3-39　黄油杯

④飞溅润滑。以齿轮减速器为例,利用浸入油中的齿轮转动时,由润滑油飞溅成的油沫沿箱壁和油沟流入轴承。

⑤浸油润滑。部分轴承直接浸在油中以润滑轴承,如图3-38c)所示。

⑥压力循环润滑。如图3-38d)所示,压力润滑是用压力油泵把润滑油通过油管在压力下输入摩擦表面。这种方法,可以供应充足的油量来润滑和冷却轴承。在重载、振动或交变载荷的工作条件下,能取得良好的润滑效果。汽车中的曲轴和连杆的轴承都是压力润滑。

(2)脂润滑。采用润滑脂时只能间歇供应。通常将如图3-39所示的黄油杯装于轴承的非承压区,用油脂枪向杯内油孔压注油脂。

(二)滚动轴承

1.滚动轴承的结构

如图3-40所示。滚动轴承一般由内圈、外圈、滚动体和保持架组成。内圈装在轴颈上,外圈装在机座或零件的轴承孔内。多数情况下,外圈不转动,内圈与轴一起转动。当内外圈之间相对旋转时,滚动体沿着滚道滚动。保持架使滚动体均匀分布在滚道上,并减少滚动体之间的碰撞和磨损。常见的滚动体有如图3-41所示球形、圆柱形、圆锥形、鼓形、滚针形等5种形状。

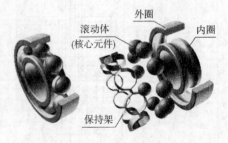

图3-40　滚动轴承

滚动轴承内、外圈、滚动体的材料多用GCr15、GCr15-SiMn等轴承钢,热处理后硬度:60~65HRC,保持架多用低碳钢、铜合金或塑料、聚四氟乙烯等。

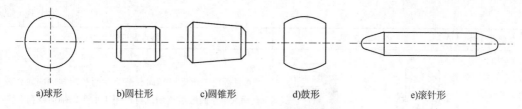

a)球形　　b)圆柱形　　c)圆锥形　　d)鼓形　　e)滚针形

图 3-41　滚动体形状

滚动轴承中外圈与滚动体接触处的法线与垂直于轴线的平面之间的夹角 α 称为滚动轴承的公称接触角,如图 3-42 所示。它是滚动轴承的一个重要参数。

2. 滚动轴承的类型和特点

滚动轴承具有摩擦阻力小、启动灵敏、效率高、旋转精度高、润滑简便和装拆方便等优点,被广泛应用于各种机器和机构中。滚动轴承为标准零部件,由轴承厂批量生产,使用者可以根据需要直接选用。

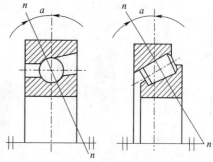

图 3-42　滚动轴承公称接触角

按滚动体的形状,滚动轴承分为球轴承与滚子轴承。相同条件下,球轴承制造方便,价格低,运转时摩擦损耗少,但承载能力和抗冲击能力不如滚子轴承。

按滚动轴承所能承受的主要负荷方向或公称接触角 α,又可分为向心轴承(主要承受径向载荷)、推力轴承(承受轴向载荷)、向心推力轴承(能同时承受径向载荷和轴向载荷)。α 越大,轴承承受轴向载荷的能力越大。

按滚动体的列数,滚动轴承分为单列、双列和多列。

常用滚动轴承的类型、特性见表 3-4。

表 3-4　常用滚动轴承的类型、特性及应用

类型及代号	结 构 简 图	特点及应用
调心球轴承 1		主要承受径向载荷,能自动调心。可以自动补偿由于轴的挠曲和壳体变形等产生的同轴度误差。适用于支承座孔不能保证严格同轴度的部件中
调心滚子轴承 2		主要用于承受径向载荷及一定的双向轴向载荷载荷,但不能承受纯轴向载荷,调心性能良好,能补偿同轴度误差。特别适用于重载或振动载荷下工作

续上表

类型及代号	结构简图	特点及应用
圆锥滚子轴承 3	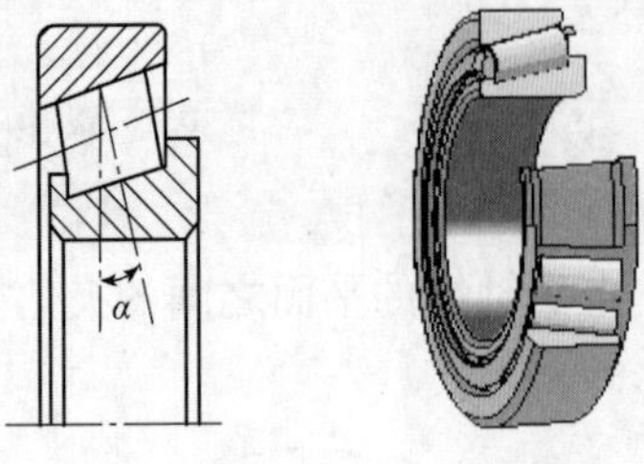	主要适用于承受以径向载荷为主的径向与轴向联合载荷，而大锥角圆锥滚子轴承可以用于承受以轴向载荷为主的径、轴向联合载荷。此种轴承为分离型轴承，其内圈和外圈可以分别安装。此类轴承多用于汽车后桥轮毂、大型机床主轴、大功率减速器等机械中
推力球轴承 5	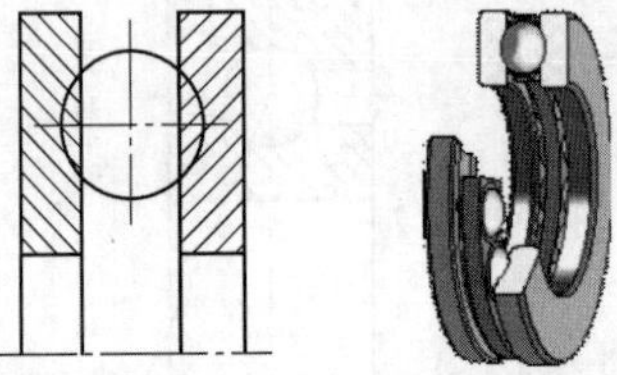	只能承受单向的轴向载荷，极限转速低。此类轴承常用于立式钻床、立式水泵、车床顶针座、机床主轴、汽车离合器、蜗杆减速器、千斤顶、起重机和天车吊钩等机械中
深沟球轴承 6	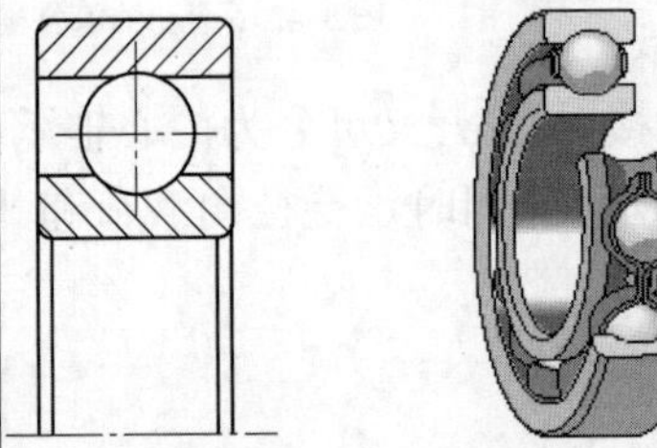	主要用以承受径向载荷，也可承受一定的轴向载荷。结构简单，使用方便，极限转速高。此类轴承广泛应用于汽车、拖拉机、机床、电机、水泵、农业机械、纺织机械等
角接触球轴承 7	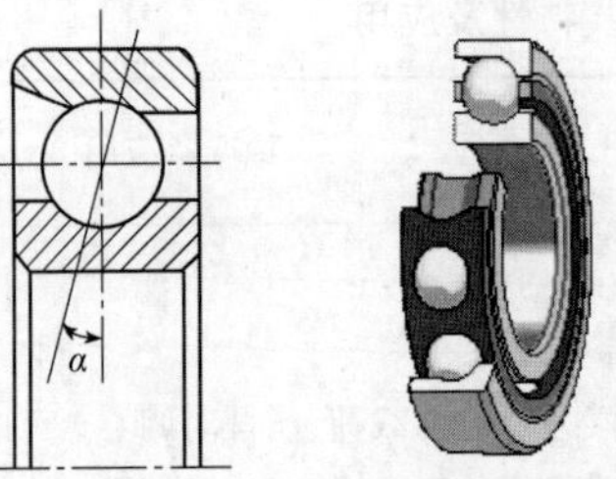	可以同时承受径向载荷和轴向载荷，也可以承受纯轴向载荷，其承受轴向载荷的能力由接触角的大小决定，并随接触角α增大而增大。极限转速较高，适用于支承间距不大，刚性好的双支承轴上，如机床主轴，尤其是内燃机、蜗杆减速器、电钻离心机和增压器等
滚针轴承 NA	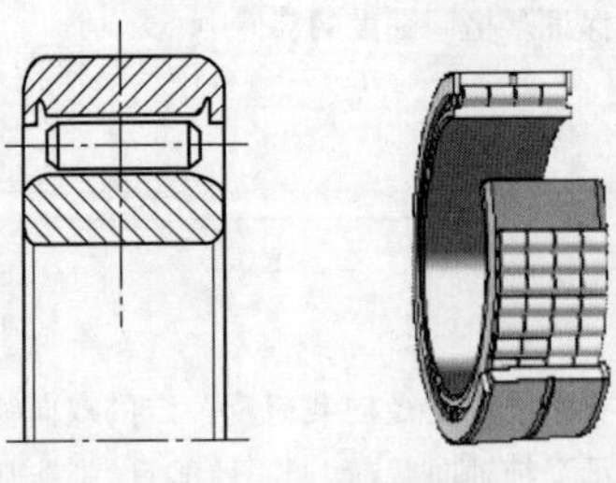	仅能承受径向载荷，径向结构紧凑，特别适用于径向安装尺寸受限制的支承结构。常用于万向节轴、液压泵、机床齿轮箱、汽车及拖拉机变速箱等机械部件上

3. 滚动轴承的代号

滚动轴承的类型和尺寸繁多，为了便于生产、设计和选用，GB/T 272—93 规定了滚动轴承的代号。代号打印在轴承的端面上，以便于识别。

滚动轴承的代号由前置代号、基本代号和后置代号三部分组成。见表3-5。

滚动轴承代号的构成　　　　　　　　　　　　　　　表3-5

前置代号 (字母)	基 本 代 号					后置代号 (字母+数字)					
	(数字、字母)	(数字)									
	五	四	三	二	一						
轴承分部件代号	类型代号	尺寸系列代号		内径代号		密封与防尘代号	保持架及材料代号	特殊轴承材料代号	公差等级代号	游隙代号	多轴承配置代号	其他代号
		宽度系列代号	直径系列代号									

1) 基本代号

多数轴承只标注基本代号。基本代号由轴承类型代号、尺寸代号及内径代号构成。一般最多为五位。

(1) 类型代号。

用基本代号右起第五位数字表示(尺寸系列代号如有省略,则为第4位)。见表3-6。

轴承的类型代号表　　　　　　　　　　　　　　　　表3-6

代号	轴 承 类 型	代号	轴 承 类 型
0	双列角接触球轴承	6	深沟球轴承
1	调心球轴承	7	角接触球轴承
2	调心滚子轴承	8	推力圆柱滚子轴承
3	圆锥滚子轴承	N	圆柱滚子轴承
4	双列深沟球轴承	NA	滚针轴承
5	推力球轴承		

(2) 尺寸系列代号。

表示轴承在结构、内径相同的条件下具有不同的外径和宽度。包括宽度系列代号和直径系列代号,宽度系列在前,直径系列在后。宽度系列表示轴承的内径、外径相同,宽度不同的系列,常用代号有0(窄)、1(正常)、2(宽)、3(特宽)、4(特宽)、5(特宽)、6(特宽)等;直径系列表示同一内径不同的外径系列。常用代号有0(特轻)、2(轻)、3(中)、4(重)等。

(3) 轴承的内径代号。

表示轴承公称内径的大小,用数字表示。用基本代号右起一、二位数字表示。见表3-7。

滚动轴承的内径代号　　　　　　　　　　　　　　　表3-7

轴承公称内径(mm)		内 径 代 号	示　　例
10到17	10	00	深沟球轴承6200 $d=10$mm
	12	01	
	15	02	
	17	03	
20到480 (22、28、32除外)		公称内径除以5的商数,商数为个位数,需在商数左边加"0",如08	调心滚子轴承23208 $d=40$mm

2）前置代号

表示轴承的分部件，用字母表示。例如：

L——可分离轴承的可分离内圈或外圈如 LN207；

K——轴承的滚动体与保持架组件 K81107；

R——不带可分离内圈或外圈的轴承，如 RNU207；

NU——表示内圈无挡边的圆柱滚子轴承；

WS、*GS*——分别为推力圆柱滚子轴承的轴圈和座圈，如 WS81107、GS81107。

3）后置代号

反映轴承的结构、公差、游隙及材料的特殊要求等，置于基本代号后边，共 8 组代号。

（1）内部结构代号——反映同一类轴承的不同内部结构。

例：C、AC、B 分别代表角接触球轴承的接触角 $\alpha = 15°$、$\alpha = 25°$、$\alpha = 40°$。

（2）轴承的公差等级。

轴承的公差等级共分为六个精度等级，其代号顺序为/P0、/P6、/P6x、/P5、/P4 和/P2，其中/P0 为普通级，标注时可省略。其余各级精度依次提高。

（3）轴承游隙。

轴承游隙是指滚动轴承内部，内、外圈与滚动体之间留有的相对位移量。同一类型的轴承可以有不同大的游隙，共分为六个组，其代号分别用/C1、/C2、/C0、/C3、/C4、/C5、C1、C2 表示，其中/C0 为常用的基本游隙，标注时可省略。

其他代号见标准 GB/T272-93，或厂家的说明。

例：说明轴承代号 6208/P6 的含义。

6——类型代号，深沟球轴承；

2——尺寸系列代号，其中宽度系列为 0，省略不标；

08——内径代号，$d = 40$mm；

/P6——公差等级为 6 级。

4. 滚动轴承的选用

选用滚动轴承时，应根据轴承的具体工作条件，合理地选择轴承的类型和型号。

1）载荷的大小、方向和性质

当工作载荷大或有冲击时，应选用线接触的滚子轴承。承受纯轴向载荷时选用推力轴承；主要承受径向载荷时应选用深沟球轴承；同时承受径向和轴向载荷时应选择角接触轴承；当轴向载荷比径向载荷大很多时，常用推力轴承和深沟球轴承的组合结构。注意：推力轴承不能承受径向载荷，圆柱滚子轴承不能承受轴向载荷。

2）轴承的转速

滚动轴承在一定的载荷和润滑条件下允许的最高转速，称为极限转速。高速或旋转精度较高时，应选用球轴承；低速时应选用滚子轴承。

3）调心性能

跨距较大或难以保证两轴承孔的同轴度的轴及多支点轴，使用调心轴承。但调心轴承需成对使用，否则将失去调心作用。

4）装调性能

圆锥滚子轴承和圆柱滚子轴承的内外圈可分离，便于装拆。

5）经济性

一般球轴承的价格低于滚子轴承。精度越高价格越高。同精度的轴承，深沟球轴承价格最低。在满足使用要求的情况下尽量选择价格低廉的轴承。

5. 滚动轴承的失效形式

滚动轴承的失效形式主要有三种：疲劳点蚀、塑性变形和磨损。

1）疲劳点蚀

如图 3-43 所示，轴承转动时，承受径向载荷 F_r，外圈固定。当内圈随轴转动时，滚动体滚动，内、外圈与滚动体的接触点不断发生变化，其表面接触应力随着位置的不同做脉动循环变化。滚动体在上面位置时不受载荷，滚到下面位置受载荷最大，两侧所受载荷逐渐减小。所以轴承元件受到脉动循环的接触应力。这种周期性变化的应力，促使疲劳裂纹的产生，并逐渐扩展到表面，从而形成疲劳点蚀，使轴承旋转精度下降，产生噪声、冲击和振动，最后导致不能正常工作。

疲劳点蚀是安装润滑和维护良好情况下的滚动轴承正常的失效形式。是轴承寿命计算的依据。

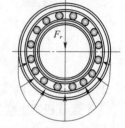

图 3-43 滚动轴承的受力情况

2）塑性变形

当滚动轴承转速很低或只做间歇摆动时，一般不会产生疲劳点蚀。但若承受很大的静载荷或冲击载荷时，轴承各元件接触处的局部应力可能超过材料的屈服极限，从而产生永久变形。过大的永久变形会使轴承在运转中产生剧烈的振动和噪声，致使滚动轴承不能正常工作。

此外，由于使用维护和保养不当或密封、润滑不良等因素，也能导致轴承早期磨损、胶合、内外圈和保持架破损等不正常失效。

6. 滚动轴承的组合结构设计

正确选用轴承类型和型号之后，为了保证轴与轴上旋转零件正常运行，还应解决轴承组合的结构问题，其中包括：轴承组合的轴向固定，轴承与相关零件的配合，间隙调整、装拆、润滑等一系列问题。

1）轴系上的轴向固定

正常的滚动轴承支承应使轴能正常传递载荷而不发生轴向窜动及轴受热膨胀后卡死等现象。常用的滚动轴承支承结构形式有两种：

（1）两端单向固定。

如图 3-44 所示，轴的两个轴承分别限制一个方向的轴向移动，这种固定方式称为两端单向固定。考虑到轴受热伸长，对于深沟球轴承可在轴承盖与外圈端面之间，留出热补偿间隙 $c = 0.2 \sim 0.3$ mm。间隙量的大小可用一组垫片来调整。这种支承结构简单，安装调整方便，它适用于工作温度变化不大的短轴。

（2）一端双向固定，一端游动。

如图 3-45 所示，一端支承的轴承，内、外圈双向固定，另一端支承的轴承可以轴向游动。

双向固定端的轴承可承受双向轴向载荷,游动端的轴承端面与轴承盖之间留有较大的间隙。以适应轴的伸缩量,这种支承结构适用于轴的温度变化大和跨距较大的场合。

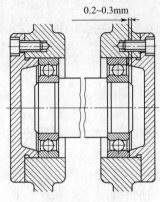

图 3-44　两端单向固定

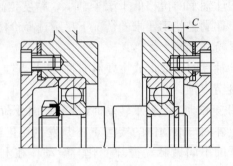

图 3-45　一端双向固定,一端游动

2）轴向位置的调整

为了保证机器正常工作,轴上某些零件通过调整位置以达到工作所要求的准确位置。例如蜗杆传动中要求能调整蜗轮轴的轴向位置,来保证正确啮合。在圆锥齿轮传动中要求两齿轮的节锥顶重合于一点,要求两齿轮都能进行轴向调整。其调整是利用轴承盖与套杯之间的垫片组,调整轴承的轴向游隙。利用套杯与箱孔端面之间的垫片组,调整轴的轴向位置。

3）滚动轴承与轴和座孔的配合

滚动轴承的套圈与轴和座孔之间应选择适当的配合,以保证轴的旋转精度和轴承的周向固定。由于滚动轴承是标准件,为了便于互换和适应大量生产,选择配合时应以轴承为基准件,即轴承内圈与轴颈的配合采用基孔制,轴承外圈与座孔的配合采用基轴制。

为了防止轴颈与内圈在旋转时有相对运动,轴承内圈与轴颈一般选用 m5、m6、n6、p6、r6、js5 等较紧的配合。轴承外圈与座孔一般选用 J7、K7、M7、H7 等较松的配合。配合选择取决于载荷大小、方向和性质;轴承类型、尺寸和精度;轴承游隙以及其他因素。具体选用可参考机械手册。

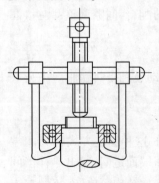

图 3-46　用顶拔器拆卸

4）滚动轴承的拆装

轴承的内圈与轴颈配合较紧,对于小尺寸的轴承,一般可用压力直接将轴承的内圈压入轴颈。对于尺寸较大的轴承,可先将轴承放在温度为 80～100℃ 的热油中加热,使内孔胀大,然后用压力机装在轴颈上。拆卸轴承时应使用专用工具。如图 3-46 所示,为便于拆卸,设计时轴肩高度不能大于内圈高度。

5）滚动轴承的润滑与密封

要延长轴承的使用寿命和保持旋转精度,在使用中应及时对轴承进行维护,采用合理的润滑和密封,并经常检查润滑和密封状况。

(1) 滚动轴承的润滑。

滚动轴承的润滑主要是为了降低摩擦阻力和减轻磨损,还有缓冲吸振、冷却、防锈和密封等作用。当轴承转速较低时,可采用润滑脂润滑,其优点是便于维护和密封,不易流失,能承受较大载荷。缺点是摩擦较大,散热效果差。润滑脂的填充量一般不超过轴承内空隙的 1/2~1/3,以免润滑脂太多导致摩擦发热,影响轴承正常工作。通常用于转速不高及不便于加油的场合。当轴承的转速过高时,采用润滑油润滑。一般轴承承受载荷较大、温度较高、转速较低时,使用黏度较大的润滑油;相反使用黏度较小的润滑油。润滑方式有油浴或飞溅润滑。而油浴润滑时,油面高度不应超过最下方滚动体的中心。其工作原理与滑动轴承的润滑方式一致。

(2)滚动轴承的密封。

密封的目的,一是为了防止外界灰尘和水分等的侵入而加速轴承的磨损与锈蚀,二是防止内部润滑剂的漏出而污染设备和增加润滑剂的消耗。

常用的密封装置按工作原理的不同,分接触式、非接触式密封两大类。

接触式密封是在轴承端盖内放置毡圈或皮碗等弹性材料与传动轴直接接触而起到密封作用,包括毡圈密封和皮碗密封,如图 3-47 所示。由于密封件直接与轴接触,工作时摩擦、磨损严重,只适用于低速场合。非接触密封是利用狭小间隙来起到密封作用,包括间隙式密封和迷宫式密封,如图 3-48 所示。

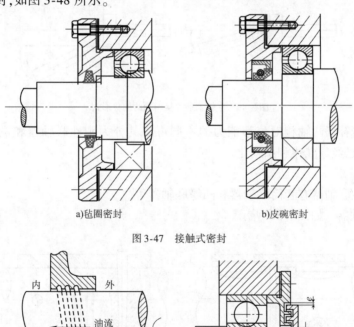

a)毡圈密封　　b)皮碗密封

图 3-47　接触式密封

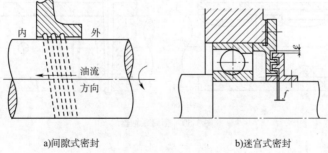

a)间隙式密封　　b)迷宫式密封

图 3-48　非接触式密封

四、联轴器、离合器和制动器

联轴器、离合器和制动器是机器的重要组成部分,在汽车中有广泛应用。联轴器和离合器通常用来连接两轴并在其间传递运动和转矩。有时也可以作为一种安全装置用来防止被连接件承受过大的载荷，起到过载保护的作用。在工作过程中，使两轴始终处于连接状态的称联轴器，可使两轴随时分离或接合的称离合器。制动器是利用摩擦力矩来降低机器转速或使其停止运动的装置。用联轴器连接轴时，只有在机器停止运转，经过拆卸后才能使两轴分离。而离合器连接的两轴可在机器工作中方便地实现分离与接合。

（一）联轴器

联轴器所连接的两轴，由于制造及安装误差、承载后变形、温度变化和轴承磨损等原因，不能保证严格对中，使两轴线之间出现相对位移或偏斜，如图 3-49 所示。如果联轴器对各种位移没有补偿能力，工作中将会产生附加动载荷，使工作情况恶化，因此，要求联轴器具有补偿一定范围内相对偏移量的能力。

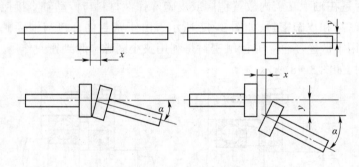

图 3-49　联轴器所连接两轴的偏移形式

根据联轴器补偿两轴相对位移能力的不同可将其分为刚性联轴器和挠性联轴器两大类，多数联轴器已经标准化和系列化。

1. 刚性联轴器

常用的刚性联轴器有套筒联轴器和凸缘联轴器等。

1) 套筒联轴器　如图 3-50 所示。

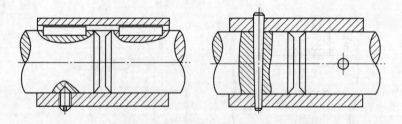

图 3-50　套筒联轴器

2) 凸缘联轴器

如图 3-51 所示，凸缘联轴器由两个带凸缘的半联轴器和一组螺栓组成。这种联轴器有两种对中方式：一种是通过分别具有凸槽和凹槽的两个半联轴器的相互嵌合来对中，半联轴器采用普通螺栓连接；另一种是通过铰制孔用螺栓与孔的紧配合对中，当尺寸相同时后者传递的转矩较大，且装拆时轴不必做轴向移动。

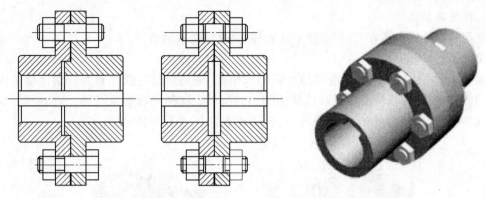

图 3-51　刚性凸缘联轴器

2. 无弹性元件联轴器

常用的无弹性元件联轴器有：十字滑块联轴器（如图 3-52、图 3-53 所示）、万向联轴器（如图 3-54 所示）和齿式联轴器（如图 3-55、图 3-56 所示）等。

1）十字滑块联轴器

图 3-52　十字滑块联轴器　　　　　　图 3-53　十字滑块联轴器分解图

2）万向联轴器

 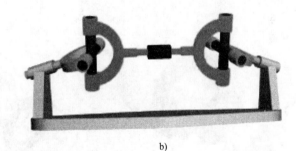

a)　　　　　　　　　　　　　　　　b)

图 3-54　万向联轴器

3）齿式联轴器

图 3-55　齿式联轴器　　　　　　图 3-56　齿式联轴器分解图

3. 弹性联轴器

常用的弹性联轴器有:弹性套柱销联轴器、弹性柱销联轴器等。

1) 弹性套柱销联轴器

如图 3-57、图 3-58 所示构造与凸缘联轴器相似,只是用套有弹性套的柱销代替了连接螺纹,利用弹性套的弹性变形来补偿两轴的相对位移。这种联轴器重量轻、结构简单,但弹性套易磨损、寿命较短,用于冲击载荷小、启动频繁的中、小功率传动中。

图 3-57　弹性套柱销联轴器　　　　图 3-58　弹性套柱销联轴器分解图

2) 弹性柱销联轴器

弹性柱销联轴器的构造也与凸缘联轴器相似,如图 3-59、图 3-60 所示,弹性柱销将两个半联轴器连接起来。为防止柱销脱落,柱销两端采用了挡板。柱销多采用尼龙或酚醛布棒等弹性材料制造。这种联轴器制造容易。不用润滑。拆装方便,载荷传递能力大,结构简单,寿命及缓冲吸振能力强。适用于安装底座刚性好,轴向窜动较大,正反转或启动频繁、转速较高的场合。

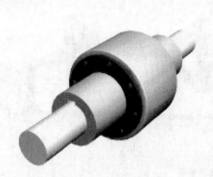

图 3-59　弹性柱销联轴器　　　　图 3-60　弹性柱销联轴器分解图

(二) 离合器

1. 离合器的功用

离合器是机器在运转过程中主、从动部分在同一轴线上传递动力或运动时,具有结合或分离功能的装置。离合器是机械传动系统重要的传动装置。

在汽车(手动挡)传动系中,离合器直接与发动机相连,在汽车起步、换挡和制动前必须切断发动机与驱动轮之间的传递路线。为此,在发动机与变速器之间设有离合器。

离合器应使机器不论在停车或运转中都能随时接合或分离,而且迅速可靠。

2. 离合器的分类

离合器的种类很多,常用的有牙嵌式离合器、摩擦式离合器和电磁式离合器,此外还有自动离合器、超越离合器等。

1) 牙嵌式离合器

牙嵌式离合器主要由两个半离合器组成。如图 3-61、图 3-62 所示。啮合与传递转矩是靠两相互啮合的牙来实现的。牙齿可布置在周向,也可布置在轴向。结合时有较大的冲击,影响齿轮寿命。

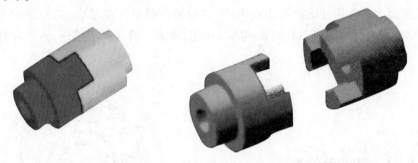

图 3-61 牙嵌式离合器　　　　图 3-62 牙嵌式离合器分解图

牙嵌式离合器的特点是结构简单、尺寸紧凑、工作可靠、承载能力大、传动准确,但在运转时接合有冲击,容易打坏牙,所以一般离合操作只在低速或静止状况下进行。

2) 摩擦离合器

如图 3-63 ~ 图 3-66 所示。摩擦式离合器是靠接合元件间产生的摩擦力来传递转矩的。接合元件所受的正压力 F 调整确定后,接合元件之间的最大摩擦力随之确定,离合器的承载能力转矩 T_{max} 也随之确定。离合器正常工作时所传递的转矩 T 应小于或等于 T_{max}。当过载时,接合元件间产生打滑,保护传动系统中的零件不致损坏。打滑时,接合元件磨损严重,摩擦消耗的功转变为热量使离合器温度升高,较高的温升和较大的磨损将影响到离合器的正常工作。

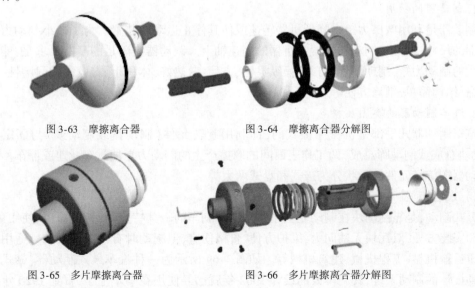

图 3-63 摩擦离合器　　　　图 3-64 摩擦离合器分解图

图 3-65 多片摩擦离合器　　　　图 3-66 多片摩擦离合器分解图

3）特殊功用离合器

特殊功用离合器常用的有安全离合器、定向离合器等。

如图 3-67 所示为一种摩擦式安全离合器，无操纵结构，用弹簧力将摩擦片压紧。过载时，摩擦片打滑，起到安全保护作用。

定向离合器只能传递单向转矩，反向时能自动分离。图 3-68 所示为摩擦式定向离合器，它主要是由星轮 1、外圈 2、弹簧顶杆 4 和滚柱 3 组成。弹簧的作用是将滚柱压向星轮的楔形槽内，使滚柱与星轮、外圈相接触。假设离合器以图示转向转动，当外圈的转速大于内圈时，由于摩擦力的作用使滚柱滑出楔形槽，这时离合器呈分离状态；当外圈转速小于内圈时，或外圈反转时，由于摩擦力和弹簧的共同作用，使滚柱滑入楔形槽内，这时离合器呈闭合状态。

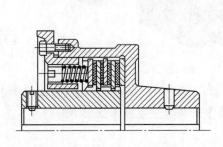

图 3-67　摩擦式安全离合器

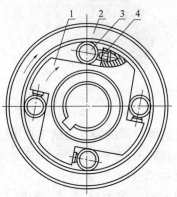

图 3-68　滚柱式超越离合器
1-星轮；2-外圈；3-滚柱；4-弹簧顶杆

因此这种离合器也称为超越离合器。

（三）制动器

1. 制动器的功用

制动器是利用摩擦力矩来降低机器转速或使其停止运动的装置。为了减小制动力矩和制动器的尺寸，通常将制动器配置在机器的高速轴上。制动器应满足的基本要求是：能产生足够大的制动力矩，制动平稳、可靠，操纵灵活、方便，散热好，体积小，有较高的耐磨性、足够的寿命，结构简单、维修方便等。

2. 汽车制动器的类型及特点

汽车制动器几乎都是机械摩擦式的，即利用旋转元件（制动盘或制动鼓）与固定元件（制动块总成或制动蹄总成）两工作表面间的摩擦产生的制动力矩使汽车减速或停车。摩擦式制动器按旋转元件的形状分为鼓式和盘式两大类。

1）鼓式制动器

鼓式制动，是靠制动块在制动轮上压紧来实现刹车的。其特点是：构造简单、使用可靠、制造和安装方便，双瓦块无轴向力、维护方便、价格便宜，但制动时有冲击和振动。适用于各种起重运输机械、工程机械、建筑机械等。如图 3-69 所示为一种汽车鼓式制动器，鼓式制动是早期设计的制动系统，其刹车鼓的设计 1902 年就已经使用在马车上了，直到 1920 年左右才开始在汽车工业广泛应用。现在鼓式制动器的主流是内张式,它的制动块(刹车蹄)位于制动轮内侧,在刹车的时候制动块向外张开,摩擦制动轮的内侧,达到刹车的目的。

2)盘式制动器

盘式制动器又称为碟式制动器,顾名思义是取其形状而得名。盘式制动器已广泛应用于轿车,现在大部分轿车用于全部车轮。少数轿车只用作前轮制动器,与后轮的鼓式制动器配合,以使汽车有较高的制动时的方向稳定性。它由液压控制,主要零部件有制动盘、分泵、制动钳、油管等。制动盘用合金钢制造并固定在车轮上,随车轮转动。如图3-70所示,为一种用于汽车上的定钳盘式制动器。

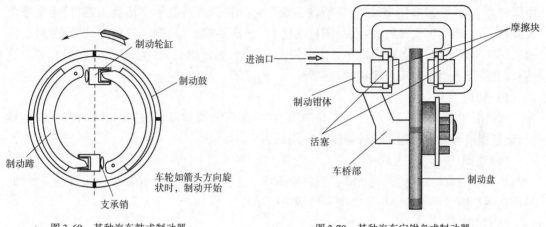

图3-69　某种汽车鼓式制动器　　　　图3-70　某种汽车定钳盘式制动器

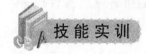

汽车通用及常用零部件的认识

(一)实训目的

(1)初步了解《汽车机械基础》课程所研究的各种常用及通用零部件的结构、类型、特点及应用。

(2)了解各种标准零件的结构形式及相关的国家标准。

(3)增强对各种零部件的结构及机器的感性认识。

(二)实训方法

学生通过教师的介绍、自身的观察去认识机器常用的基本零件,从而增强对机械零件的感性认识。

(三)实训内容

1.标准连接零件的认识

标准连接零件一般是由专业企业按国标成批生产,供应市场的零件。这类零件的结构形式和尺寸都已标准化,设计时可根据有关标准选用。通过实训,学生们要能区分螺栓与螺钉;能了解各种标准化零件的结构特点、使用情况。

(1)螺栓

一般是与螺母配合使用,其连接结构简单,装拆方便,种类较多,应用最广泛。常用螺栓类型有:六角头螺栓、六角头带孔螺栓、方头螺栓、六角头铰制孔用螺栓、地脚螺栓及双头螺栓等。

(2)螺钉

螺钉连接不用螺母,其结构与螺栓类似,但头部形状较多,以适应不同的装配要求。常用螺钉类型有:开槽圆柱头螺钉、开槽盘头螺钉、开槽沉头螺钉、十字槽盘头螺钉、十字槽沉头螺钉、十字槽半沉头螺钉、内六角圆柱头螺钉、开槽平端紧定螺钉、开槽凹端紧定螺钉、开槽长圆柱端紧定螺钉、各种内六角紧定螺钉、各类方头紧定螺钉、各类十字自攻螺钉、各类开槽自攻螺钉、各类十字头自攻锁紧螺钉等。

(3)螺母

螺母形式很多,按形状可分为六角螺母、四方螺母及圆螺母;按连接用途可分为普通螺母,锁紧螺母等。六角螺母及普通螺母应用最为广泛。

(4)垫圈

垫圈种类有平垫圈、弹簧垫圈及锁紧垫圈等。平垫圈主要用于保护被连接件的支承面,弹簧垫圈及锁紧垫圈主要用于摩擦和机械防松场合。

(5)挡圈

常用于轴端零件固定之用。常见挡圈类型有:螺钉、螺栓紧固轴端挡圈;孔用弹性挡圈;轴用弹性挡圈;孔用、轴用钢丝挡圈;轴肩挡圈等。

2.轴系零、部件的认识

(1)轴承

轴承是现代机器中广泛应用的部件之一。轴承根据摩擦性质不同分为滚动轴承和滑动轴承两大类。滚动轴承已标准化,选用、润滑、维护都很方便,因此在一般机器应用较广。实训中,主要了解各类轴承的结构、特征及应用。

(2)轴

轴是组成机器的主要零件之一。一切做回转运动的传动零件(如齿轮、蜗轮等),都必须安装在轴上才能进行运动及动力的传递。轴的主要功用是支承回转零件及传递运动和动力。轴的知识、内容都比较丰富,要通过理论学习及实践知识的积累(多看、多观察)逐步掌握。

3.联轴器、离合器和制动器的认识

联轴器、离合器和制动器是机器的重要组成部分,在汽车中有广泛应用。联轴器和离合器通常用来连接两轴并在其间传递运动和转矩,制动器是利用摩擦力矩来降低机器转速或使其停止运动的装置。通过实训,主要了解这三类零部件的结构、特征及应用。

模块小结

通过本模块知识脉络图(图3-71),自行对所学知识进行梳理总结。

模块三　汽车通用零部件

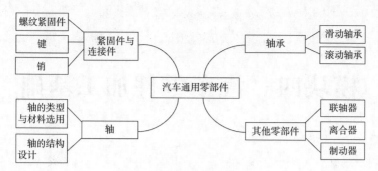

图 3-71　知识脉络图

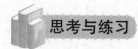

简答题

1. 说明螺纹连接的基本类型及应用特点。
2. 螺纹连接为什么要预紧？如何控制预紧力？
3. 螺纹连接为什么要防松？常用的防松方法有哪些？
4. 说明键连接的作用及类型。
5. 花键与平键比较有哪些优、缺点？矩形花键与渐开线花键各有哪些特点？
6. 普通平键连接主要尺寸参数有哪些？这些参数如何选择确定？
7. 销有哪些类型，有何特点？各适用于什么场合？
8. 轴按功用与所受载荷的不同分哪几种？常见的轴大多属于哪一种？
9. 轴的结构设计应从哪几个方面考虑？
10. 在齿轮减速器中，为什么低速轴的直径要比高速轴的直径大得多？
11. 自行车的前轴、后轴各属于什么轴？
12. 滚动轴承的主要类型有哪些？各有什么特点？
13. 滚动轴承失效的主要形式有哪些？
14. 滑动轴承有哪几种类型？各适合于什么场合？
15. 指出图 3-72 中的错误。(为使图面清楚，要求在错误结构的位置上注明数字，然后在图外按照顺序写出简要的文字说明)

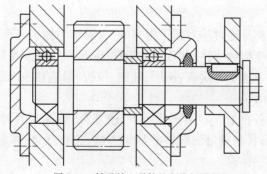

图 3-72　轴及轴上零件的定位与固定

16. 试说明联轴器和离合器在轴连接中起到什么作用？有何区别？

模块四　汽车零件加工基础

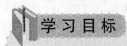

☞ **知识目标**

1. 了解:金属压力加工、焊接加工、金属切削加工的基础知识;
2. 熟悉:金属压力加工、焊接加工、金属切削加工的工艺特点;
3. 掌握:金属压力加工的基本原理,锻造、冲压、焊接、气割的基本工序;结构的焊接工艺;金属切削加工的工艺特点及其应用。

☞ **能力目标**

1. 应知:金属压力加工方法、焊接加工工艺特点、基本原理;自由锻造、模锻、冲压的基本工序;焊接的类型、特点,焊接应力与变形产生的原因,预防和减少焊接应力与变形的措施;金属切削加工的基础知识;
2. 应会:金属压力加工、手工电弧焊、气焊与气割、金属切削加工的工艺特点及其应用;分析常用金属材料的焊接性能、焊接变形与防止措施;分析零件加工的正确方法。

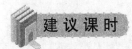

8 课时。

一、金属压力加工

汽车上有许多零件都是通过压力加工得来的,金属压力加工是在外力的作用下,使金属坯料产生塑性变形来改变形状、尺寸和改善力学性能,从而获得满足要求的零件或毛坯的加工方法。常见的金属压力加工方法有:挤压、轧制、拉拔、锻造和冲压等,如图 4-1 所示。

1. 金属压力加工方法

锻造是指在加压设备及工(模)具的作用下,使坯料、铸锭产生局部或全部的塑性变形,以获得一定几何尺寸、形状和质量的锻件的加工方法,它包括自由锻、模锻和胎模锻等加工方法。

冲压是指使坯料经分离或成形而得到制件的加工方法。

挤压是指坯料在封闭模腔内在三向不均匀压应力作用下,使之横截面积减少、长度增加，从模具的孔口或缝隙中挤出，成为所需制品的加工方法。

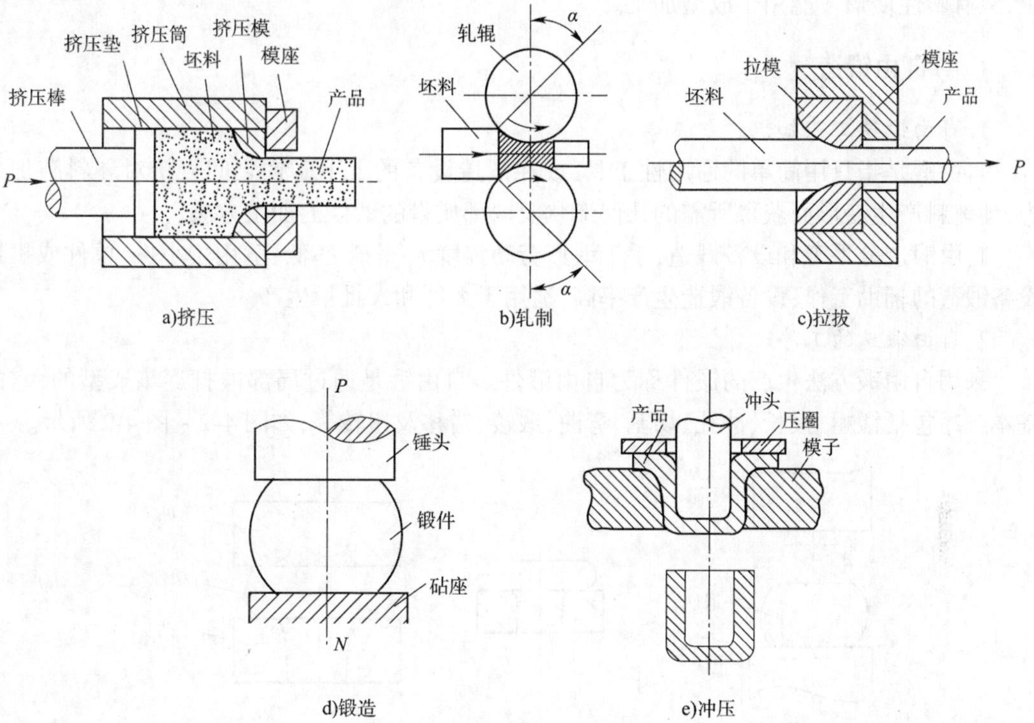

图 4-1 金属压力加工示意图

轧制是指坯料在旋转轧辊的压力作用下，产生连续塑性变形，获得要求的截面形状并改变其性能的加工方法。

拉拔是指坯料在牵引力作用下通过模孔拉出，使之产生塑性变形而得到截面缩小、长度增加的工件的加工方法。

金属压力加工在机械制造、汽车、拖拉机、仪表、造船、冶金及国防等工业中应用广泛，常用于制造主轴、连杆、曲轴、齿轮、高压法兰、容器、汽车外壳和电机硅钢片等。以汽车按质量计算，汽车上 80% 的零件都是利用压力加工制造的。

2. 金属压力加工的工艺特点

(1) 改善了金属内部结构组织，提高了金属材料的力学性能。金属通过压力加工后，使金属材料内部的晶粒变得细小，并使内部缺陷压合。

(2) 节省材料。压力加工提高了金属材料的力学性能，因此，相对地缩小了同等载荷下的截面尺寸，减轻了零件的质量。另外，精密压力加工可使尺寸精度及表面质量接近成品零件，能实现少加工或无切削加工。

(3) 具有较高的生产效率。

(4) 压力加工设备复杂，难以获得形状复杂的制件。

(5) 制件的尺寸精度、形状精度和表面质量不够高。

3. 金属压力加工的基本原理

金属压力加工是利用金属材料变形的原理来进行的，其变形的过程包括弹性变形和塑性变形两个阶段。弹性变形在外力去除后能够恢复原状,因此,弹性变形不能用于成型加工,只有塑性变形才能用于成型加工。

(一)自由锻造

1. 自由锻造工艺知识

自由锻是指只用简单的通用性工具,或在锻造设备的上下砧铁之间直接对坯料施加外力,使坯料产生变形而获得所需的几何形状及内部质量的锻件的加工方法。

自由锻造分手工和设备锻造,手工锻造劳动强度大、生产率低,适用于小件、单件或机器设备锻造的辅助工作;设备锻造生产率高,适用于大件和大批量生产。

2. 自由锻造的工序

采用自由锻方法生产的锻件称为自由锻件。自由锻是通过局部锻打逐步成型的,它的基本工序包括镦粗、拔长、冲孔、切割、弯曲、锻接、错移及扭转等,如图4-2～图4-9所示。

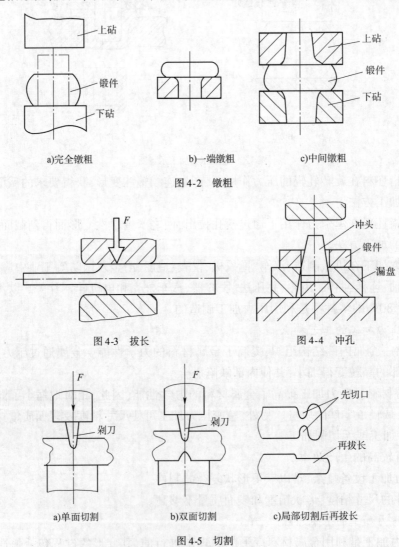

a)完全镦粗　　　b)一端镦粗　　　c)中间镦粗

图4-2　镦粗

图4-3　拔长　　　图4-4　冲孔

a)单面切割　　　b)双面切割　　　c)局部切割后再拔长

图4-5　切割

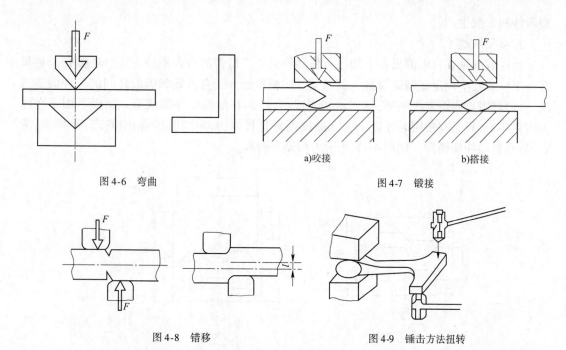

图 4-6 弯曲 　　　　图 4-7 锻接　a)咬接　b)搭接

图 4-8 错移 　　　　图 4-9 锤击方法扭转

自由锻是历史最悠久的一种锻造方法,具有工艺灵活,所用设备及工具通用性大,成本低等特点。自由锻由于是逐步成型的,所需变形力较小,所以,它是生产大锻件(300t 以上)的唯一方法。但这种方法生产率较低,锻件精度低,劳动强度大,故多用于形状较简单、精度要求不高的锻件单件、小批量生产。

(二)模型锻造

1. 模型锻造概述

模型锻造是指利用模具使坯料变形而获得锻件的锻造办法。用模锻方法生产的锻件称为模锻件,由于坯料在锻模内整体锻打成型,因此,所需的变形力较大。

1) 模锻分类

按所用设备不同,模锻可分为锤上模锻、曲柄压力机上模锻、摩擦压力机上模锻等。

锤上模锻如图 4-10 所示,锻模由上锻模和下锻模两部分组成,分别安装在锤头和模垫上,工作时上锻模随锤头一起上下运动。上模向下扣合时,对模膛中的坯料进行冲击,使之充满整个模膛,从而得到所需锻件。

2) 模锻的特点

模锻与自由锻相比有很多优点,如模锻生产率高,有时可比自由锻高几十倍;锻件尺寸比较精确;切削加上余量小,故可节省金属材料,减少切削加工工时;能锻制形状比较复杂的锻件。但模锻受到设备吨位的限制,模锻件质量一般都在 150kg 以下,且制造锻模的成本较高,因此,模锻主要用于形状比较复杂、精度要求较高的小

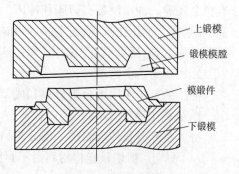

图 4-10 锤上模锻

型锻件的大批生产。

2. 胎模锻造

胎模锻造是在自由锻设备上使用可移动模具生产锻件的一种锻造方法。胎模是一种只有一个模膛且不固定在锻造设备上的锻模。胎模锻是介于自由锻和模锻之间的一种锻造方法，一般都用自由锻方法制坯，使坯料初步成型，然后在胎模中终锻成型。胎模不固定在锤头或砧座上，只是在使用时才放上去。胎模的种类较多，常用的胎模有扣模、套模、摔模、弯曲模、合模和冲切模等。如图4-11所示为扣模与套模。

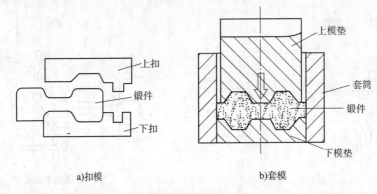

图4-11 胎模锻造

胎模锻与自由锻相比，生产率高，锻件精度高，节约金属材料，锻件成本低。与模锻相比，不需模锻设备，模具制造简便，工艺灵活，但胎模锻的劳动强度大，模具寿命短。因此，胎模锻一般仅适用于中小型锻件的小批生产。

(三) 冲压

冲压是指使板料经成型或分离而得到制件的加工方法。因其通常都是在冷态下进行的，又称为冷冲压。

1. 冲压成形概述

冲压主要是对薄板（其厚度一般不超过8mm）进行冷变形，所以一般冲压件的质量都较轻，冲压的板坯必须具有良好的塑性，常用的冲压材料有低碳钢、塑性好的合金钢以及铜、铝有色金属等。冲压设备有剪床和冲床。冲压操作简便，易于实现机械化和自动化，生产效率高，成本低。冲压在汽车、航空、电器和仪表等工业中应用广泛。但是由于冲模制造复杂，冲模制造成本高，所以只有大批生产时，这种方法的优越性才显得更为突出。

2. 冲压的基本工序

冲压的基本工序可分为分离和成型两大类。

1) 分离工序

分离工序是指使坯料的一部分与另一部分相互分离的工序，如剪切、落料和冲孔等。

(1) 剪切。剪切是指将材料沿不封闭的曲线分离的一种冲压方法。剪切通常都是在剪板机上进行的。

(2) 冲裁。冲裁是指利用冲模将板料以封闭轮廓与坯料分离的冲压方法。落料和冲孔，都属于冲裁。二者的目的不同：落料是被冲下的部分为成品，周边是废料；冲孔是被冲下的部分为废料,而周边形成的孔是成品。板料的冲裁过程如图 4-12 所示。

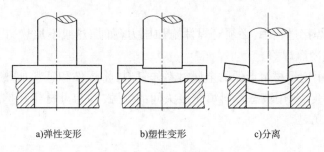

图 4-12　板料的冲裁过程

2)成型工序

成型工序是指使板料的一部分相对于另一部分产生位移而不破裂的工序,如弯曲、拉深等。如图 4-13、图 4-14 所示。

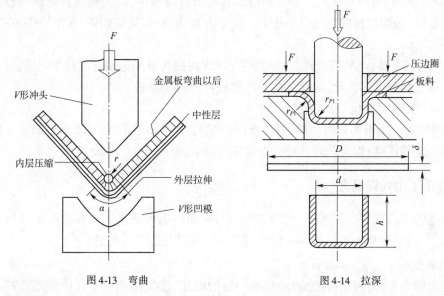

图 4-13　弯曲　　　　　图 4-14　拉深

(四)轧制

轧制是指在外力作用下进行轧压坯料的加工方法,它主要是生产型材、板材和管料的加工方法。广泛应用于钢材和有色金属生产,如轧制各种圆钢、螺纹钢、钢板、铜板、铜管和钢管等。

轧制一般分热轧和冷轧。热轧是将坯料加热至一定温度状态下进行碾压热坯料,使之产生塑性变形。而冷轧是直接以一定压力进行碾压坯料,使之产生塑性变形。

二、焊接加工基础

焊接是指通过加热或加压,并用(或不用)填充材料,使工件达到不可拆卸连接的加工方法。

1. 焊接的类型

焊接的类型有熔焊、压焊和钎焊 3 种。

(1)熔焊。将待焊处的母材金属熔化以形成焊缝的焊接加工方法,典型有气焊、电弧焊等。

(2)压焊。在焊接过程中,必须对焊件施加压力(如加热或不加热)以完成焊接的加工方法,典型有点焊、冷压焊等。

(3)钎焊。采用比母材熔点低的金属材料作钎料,将焊件和钎料加热到高于钎料熔点,远低于母材熔化温度,利用液态钎料填充接头间的缝隙,并与母材相互扩散而冷却,达到实现连接焊件的加工方法。

2. 焊接的特点

(1)可以制造双金属结构。

(2)可减轻结构质量,节省金属材料。与铆接相比可节省15%~20%的金属材料,结构自重也有减轻。

(3)能化大为小,以小拼大。对于制造形状复杂的结构件,可先把材料分解成较小的部分,然后用逐步装配焊接的方法以小拼大。对于大型结构(如轮船船体、客车箱体的制造)都是以小拼大。

(4)结构强度高,产品质量好,在多数情况下焊接接头都能达到与母材等强度,甚至接头强度超过母材的强度。因此,焊接结构的产品质量比铆接要好。

(5)易于实现机械化与自动化。

(6)焊接是一个不均匀的加热过程,所以,焊后会产生焊接应力与变形。如果在焊接过程中采取一定的措施,即可消除或减轻焊接应力与变形。

(一)手工电弧焊简介

手工电弧焊是采用手工操作,利用焊条与工件间的电弧热来熔化焊条和工件的一种熔化焊的加工方法,简称为手工电焊。目前,在生产中应用最多、最普遍。

1. 焊接电弧

焊接电弧是在焊条与焊件之间施加有一定的电压,使气体介质中产生强烈而持久的放电现象。焊接电弧有接触引弧和非接触引弧两种方式,焊条电弧焊采用接触引弧时,其焊接过程如图4-15所示。

将装在焊钳上的焊条,擦划或敲击焊件,由于焊条末端与焊件瞬时接触而造成短路,产生很大的短路电流,接触点金属温度迅速升高。接着迅速提起焊条2~4mm的距离,在两极间电场力作用下,被加热的阴极表面就有电子高速飞出并撞击气体介质,使气体介质电离成正离子和电子。此时正离子奔向阴极,电子奔向阳极。在焊条端部与焊件间形成了电弧。焊接电弧由阴极区、阳极区和弧柱区3部分组成,如图4-16所示。

阴极区是发射电子的地方。发射电子需消耗一定能量,所以阴极区产生的热量不多,占电弧总热量的36%左右,温度在2400K左右。阳极区是接收电子的地方,由于高速电子撞击阳极表面而产生较多的能量,占电弧总热量的43%左右,温度在2600K左右。弧柱区是指阴极与阳极之间的离子化气体空间区域,弧柱区产生的热量仅占电弧总热量的21%左右,弧柱中心温度最高,在6000~8000K的范围内。

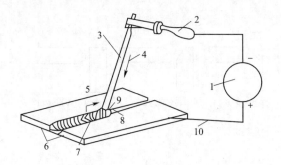
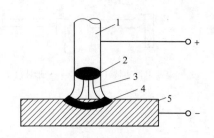

图 4-15　焊接过程　　　　　　　　　图 4-16　焊接过程
1-电焊机;2-焊钳;3-焊条;4-焊条进给方向;5-运条方向;6-工件;　　1-焊条;2-阴极区;3-弧柱区;4-阳极
7-焊缝;8-熔池;9-电弧;10-搭铁线　　　　　　　　　　　　　　　区;5-焊件

2. 手工电弧焊的设备

手工电弧焊的主要设备是弧焊电源设备,通常称为电焊机。按焊接电流不同可分为弧焊变压器(交流电焊机)和弧焊整流器(直流电焊机)两类。

3. 焊接工艺

1) 焊缝的空间位置

按焊缝在空间位置的不同,可分为平焊、横焊、立焊和仰焊 4 种,如图 4-17 所示。其中,平焊操作容易、劳动条件好、生产率高、质量易于保证。因此,一般都应把焊缝放在平焊位置进行施焊。横焊、立焊、仰焊的焊接较为困难,应尽量避免。若无法避免时,可选用小直径的焊条,较小的电流,调整好焊条与焊件的夹角、弧长后再进行焊接。

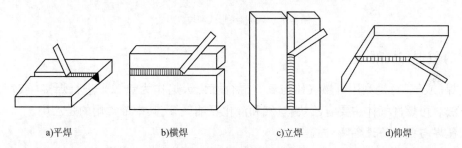

a)平焊　　　　　　b)横焊　　　　　　c)立焊　　　　　　d)仰焊

图 4-17　焊缝的空间位置

2) 焊接接头基本形式和坡口基本形式

由于结构形状、工件厚度及对质量要求的不同,其接头的基本形式有:对接接头、角接接头、T 形接头和搭接接头等。基本的坡口形式有:I 形坡口(不开坡口)、单边 V 形坡口、V 形坡口、双边 V 形坡口、U 形坡口和双 U 形坡口等。焊接接头形式和坡口形式,如图 4-18 所示。

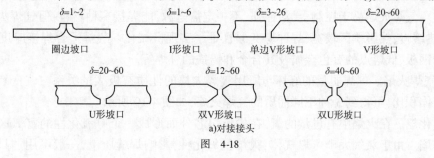

a)对接接头

图 4-18

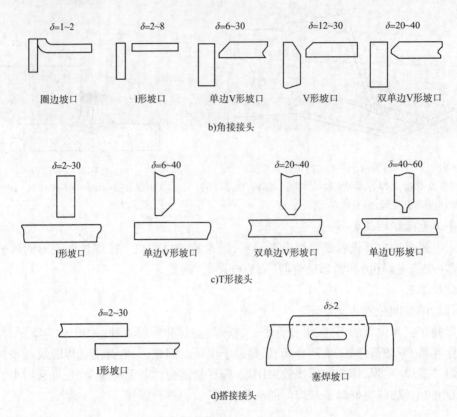

图 4-18 焊接接头形式和坡口形式

(二)气焊与气割

气焊(或气割)是利用可燃气体与氧气混合燃烧火焰作为热源来进行焊接(或切割)的一种方法。可燃性气体主要有乙炔、氢气和液化石油气等,其中最常用的是乙炔。

1. 气焊与气割的设备

气焊与气割设备基本相同,不同之处是焊接时采用焊炬(又叫焊枪),而气割时采用割炬(又叫割枪)。二者的主要设备包括:氧气瓶、氧气减压器、乙炔气瓶、乙炔减压器、回火防止器、焊炬、割炬和胶管等。

2. 气焊

气焊是利用氧气和可燃气体(乙炔)混合燃烧所产生的热量将焊件和焊丝局部熔化而进行焊接的。气焊火焰易于控制,灵活性强,不一定需电源,能焊接多种材料;但气焊火焰温度较低,加热缓慢,热影响区较宽,焊件易变形且难于实现机械化。气焊适合焊接厚度在 3mm 以下的薄钢板、低熔点的有色金属及其合金和铸铁的补焊等。

(1)气焊火焰。气焊质量的好坏与所用气焊火焰的性质有极大的关系。改变氧气和乙炔气体的体积比,可得到 3 种不同性质的气焊火焰,如图 4-19 所示。

①氧化焰。在火焰中有过量的氧,在尖形焰芯外面形成一个有氧化性的富氧区的火焰称为氧化焰。由于氧气大于可燃气体,火焰呈氧化性,影响焊缝质量,一般不用。只适用于

焊接黄铜、镀锌铁皮等。

②中性焰。在一次燃烧区内既无过量氧又无游离碳的火焰称为中性焰。氧气与乙炔充分燃烧,适合于焊接低中碳钢、低合金钢、紫铜、铝及其合金等。

③碳化焰。火焰中含有游离碳,具有较强的还原作用,也有一定渗碳作用的火焰称为碳化焰。由于氧气少于可燃气体,熔化金属时有渗碳作用,适合于焊接高碳钢、高速钢、铸铁及硬质合金等。

(2)气焊基本操作方法。气焊前,先调节好氧气压力和乙炔气压力,装好焊炬。点火时,先打开氧气阀门,再打开乙炔的气阀门,随后点燃火焰,再调节成所需要的火焰,掌握焊嘴倾角和焊丝速度。灭火时,应先关乙炔气阀门,再关氧气阀门,否则,会引起乙炔回火事故发生,焊嘴倾角和焊丝的位置,如图4-20所示。

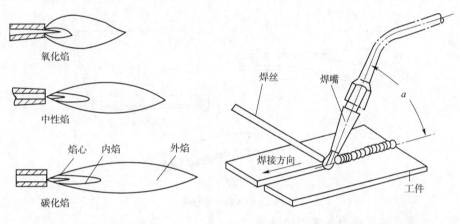

图4-19 氧-乙炔火焰类型　　　　图4-20 焊嘴倾角和焊丝的位置

(3)焊接速度。焊接速度与焊件的熔点及厚度有关,焊件熔点高、厚度大时焊接速度应慢一些。但在保证焊接质量的前提下应尽量提高焊速,以提高生产率。

3.气割

气割是利用氧-乙炔火焰的热量,将金属预热到燃点,然后再释放出高压氧气流使金属氧化燃烧,产生大量反应热,并将氧化物熔渣从切口吹掉,形成割缝的过程,如图4-21所示。氧-乙炔火焰气割常用于纯铁、低碳钢、低合金结构钢的下料和切割铸钢件的浇冒口等。

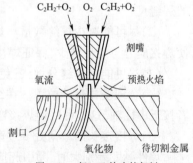

图4-21 氧-乙炔火焰气割

(三)焊接变形与防止措施

1.焊接应力与变形产生的原因

焊接是一种局部加热的工艺过程。焊接后残存于焊件中的内应力称为焊接应力。焊接后残存在焊件上的变形称为焊接变形,焊接变形的主要原因是由于焊接应力超过焊件的屈服强度时产生的。

焊接应力和焊接变形的大小,一方面取决于材料的线膨胀系数、弹性模量、屈服强度、热导率、比热容和密度等,另一方面还取决于工件的形状、尺寸和焊接工艺。

焊接应力是形成各种焊接裂缝，影响结构的强度、刚度、受压时的稳定性、尺寸的准确性和稳定性、加工精度及耐腐蚀性等。因此，在焊接过程中，应尽可能减少焊接应力与变形，以保证焊接结构有较高的质量。

2. 焊接变形的基本形式

常见的焊接变形可归纳为收缩变形、角变形、扭曲变形、波浪变形和弯曲变形5种形式，如图4-22所示。

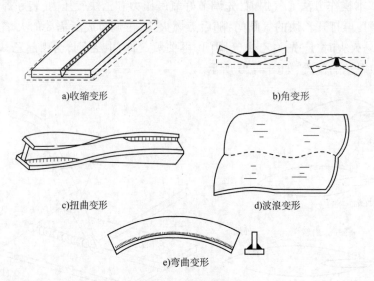

图4-22　5种焊接变形

3. 预防和减少焊接应力与变形的措施

预防和消除焊接应力与变形要从设计方面和工艺方面采取措施。

1）设计方面的措施

（1）选用合理的焊缝尺寸和形状。在保证结构有足够承载能力的前提下，应采用尽量小的焊缝尺寸。

（2）尽可能减少焊缝数量。焊接结构应尽量选用型材、冲压件和铸件等，简化焊接工艺，使焊接应力与变形减少，保证焊接质量。

（3）尽可能使焊缝分散，避免集中。

（4）合理安排焊缝位置。在结构上允许时，应尽可能使焊缝对称于焊件截面的中性轴或者接近中性轴，这样可以使焊接弯曲变形消除或减小到最低程度。

（5）焊接接头的厚薄处要逐渐过渡。

焊件厚度差别大时，易引起应力集中或产生其他焊接缺陷，如图4-23所示。

2）工艺方面的措施

（1）焊前预热，焊后缓冷。可以减少焊缝区和焊件其他部分的温差，降低焊缝区的速度，使焊件能较均匀地冷却下来，从而减少应力和变形的产生。此方法工艺复杂，增加了焊接成本，只适用于焊接性较差的材料。

（2）采用合理的焊接顺序和方向。在选择焊接顺序和方向时，应尽量使焊缝能比较自由的收缩。

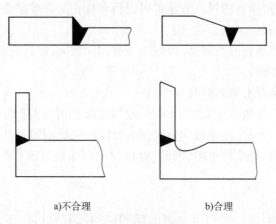

a)不合理　　　　　　　　　b)合理

图 4-23　焊接接头过渡

(3)反变形法。焊前先将焊件向焊接变形相反的方向进行变形,待焊接变形产生时,焊件各部分又回复到了正常的位置。从而达到了消除变形的目的,如图 4-24 所示。

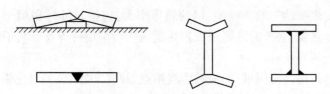

图 4-24　反变形法

(4)采用刚性固定法。利用夹具或其他一些工具与方法,将焊件强制固定在正常的位置上,以减小焊接变形。

(5)焊后及时消除应力。常用的方法有:整体高温回火、局部高温回火、机械拉伸焊接结构及对焊件进行振动等,这些方法都能不同程度地降低焊接内应力。

3)矫正变形的方法

(1)机械矫正法。在冷态或热态下利用外力使焊件产生变形的部位,再产生相反的塑性变形以抵消原来变形,使焊件恢复正常。通常采用压力机、千斤顶、专用矫正机和锤子等对焊件变形部位施加一定的力。

(2)火焰矫正法。利用火焰局部加热,使受热区的金属在冷却后收缩,达到矫正变形的目的。

(四)常用金属材料的焊接性能

焊接性是材料在限定的施工条件下焊接成规定设计要求的构件,并满足预定服役要求的能力。不同的金属材料有不同的焊接性,汽车上常用金属材料焊接性能也是有一定的区别的。

1.非合金钢及低合金钢

1)低碳钢的焊接

低碳钢碳的质量分数较小、塑性好,一般没有淬硬与冷裂倾向,所以低碳钢的焊接性良好。一般不需预热,采用所有的焊接方法都可以得到优良的焊接接头。

2)中、高碳钢的焊接

这两类碳钢中碳的质量分数较高,淬硬与冷裂倾向较大,焊接性较差,因此,焊前都必须预热,焊后都要进行热处理。

2. 低合金钢和中高合金钢的焊接

当低合金钢屈服点等级在400MPa以下、碳当量较小时,焊接性良好;当屈服点等级在400MPa以上、碳当量较大时,淬硬倾向较大,焊接性较差,焊前需预热,焊后还要热处理。中高合金钢的碳当量较大,焊接性更差,因此,焊接时必须采取措施(通常是焊前预热,焊后热处理)。

3. 铸铁的焊接

铸铁的焊接性较差,焊接时焊缝金属的碳和硅等元素烧损较多,易产生白口组织及裂纹,因此焊接时必须采用严格的措施。一般采用焊前预热、焊后缓冷以及通过调整焊缝化学成分等方法,来防止白口组织及裂纹的产生。

4. 铜及铜合金的焊接

铜及铜合金的焊接性一般都较差,铜的热导率大,焊接时母材和填充金属难以熔合,因此必须采用大功率热源,必要时还要采取预热措施。可采用钎焊及等离子焊等进行焊接。

5. 铝及铝合金的焊接

铝及铝合金的焊接较为困难,铝极易生成熔点很高(2025℃)的氧化铝薄膜,其密度比纯铝大1.4倍,且易吸收水分,焊接时易形成气孔、夹渣等缺陷,应采用大功率的热源。

(五)结构的焊接工艺

1. 焊接方法的选择

焊接时,优先选择低碳钢和低合金钢,能简化焊接工艺,价格低,焊接性能好。重要结构按焊件要求选择焊接方法。

2. 合理布置焊缝的位置

合理的布置焊缝的位置时应考虑以下几点:

(1)焊缝布置应尽量避免仰焊缝,减少立焊缝,而应多采用平焊缝。

(2)焊缝位置要便于施焊。

(3)焊缝位置应保证焊接工件的装配能顺利进行。

(4)焊缝应尽量避开最大应力处或应力集中处。

(5)焊缝应尽量远离切削加工面。

三、金属切削加工

金属切削加工是指在金属材料常温状态下,使用切削刀具从工件上切除多余的金属材料层,以获得几何形状、尺寸精度和表面质量等都符合要求的零件或半成品的加工方法。金属切削加工一般分为机械加工和钳工加工两种,其主要形式有:车削、钻削、刨削、铣削、磨削、齿轮加工及锉削、錾削、锯割等。习惯上常说的切削加工主要是指机械加工。

(一)金属切削加工的基础知识

1. 切削运动

机械零件的形状主要由外圆面、内圆面、平面和成形面4种典型表面组成。要完成工件表面的切削加工,则刀具与工件之间一定要有相对运动,这种相对运动就是切削运动。它直接形成工件的表面轮廓,切削运动包括主运动和进给运动,如图4-25所示。

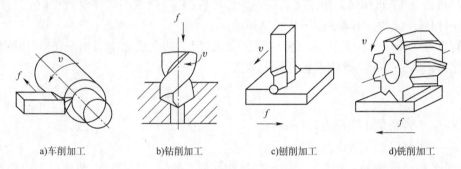

a)车削加工　　b)钻削加工　　c)刨削加工　　d)铣削加工

图4-25　主运动和进给运动
v-主运动;f-进给运动

1)主运动

主运动是由机床或人力提供的主要运动,它使刀具的前刀面与工件接触,并使刀具与工件之间产生相对运动。主运动是直接切除切屑所需要的基本运动,用v表示。在切削过程中形成机床的切削速度,消耗的功率最大。各种切削加工方法中一般只有一个主运动,主运动可以是旋转运动,也可是直线运动。

2)进给运动

进给运动使刀具与工件之间产生附加的相对运动,用f表示。加上主运动,即可不断地或连续地切削,并获得具有所需几何特性的已加工表面。进给运动的速度一般都小于主运动的速度,因此,消耗的功率也较少。进给运动有直线、圆周及曲线进给之分,直线进给又分为纵向、横向和斜向3种。

2. 切削要素

1)切削加工表面

在切削过程中,刀具切削使工件上形成了3个表面,如图4-26所示。

(1)待加工表面。工件上有待切除的表面。

(2)已加工表面。工件上经刀具切削后形成的表面。

(3)过渡加工表面。工件上由切削刃形成的表面。

2)切削用量

切削用量包括切削速度v、进给量f和背吃刀量α_p。要完成切削加工,三者缺一不可,又称为切削用量三要素。

(1)切削速度v。切削速度是指刀具切削刃上选定点

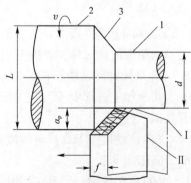

图4-26　车削外圆时形成的切削要素
1-已加工表面;2-待加工表面;3-过渡加工表面;Ⅰ-刀具位置1;Ⅱ-刀具位置2

相对于工件主运动的线速度,单位为 m/s。

当主运动为旋转运动时,切削速度是指圆周运动的线速度,即

$$v = \frac{\pi D n}{60 \times 1000} \qquad (4-1)$$

式中:D——待加工表面或刀具的最大直径(mm);
n——工件或刀具的转速(r/min)。

(2)进给量 f。进给量是指主运动在一个循环内(转一周或一次往返行程时),刀具沿着进给方向相对于工件的移动距离(又叫位移量)。

(3)背吃刀量 α_p。背吃刀量也称切削深度,是指工件上已加工表面与待加工表面之间的垂直距离,单位为 mm,背吃刀量计算公式为:

$$\alpha_p = \frac{D - d}{2} \qquad (4-2)$$

式中:D——工件待加工表面直径(mm);
d——工件已加工表面直径(mm)。

切削速度 v、进给量 f 和背吃刀量 α_p 与工件的加工质量、刀具磨损、机床动力消耗及生产率等密切相关,因此,应合理选择切削用量。

3. 刀具材料与几何形状

在切削加工过程中,刀具是切削加工中的重要工具,也是切削加工中影响生产率、加工质量和成本的重要因素。刀具由切削部分和刀体两部分组成,如图 4-27a)所示。

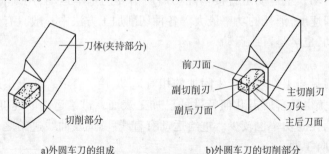

a)外圆车刀的组成　　　　b)外圆车刀的切削部分

图 4-27　外圆车刀的几何形状

切削部分是直接参加工件的切削工作,刀体是保证刀具能正确可靠的夹持在机床上。刀具切削性能的好坏主要决定于切削部分的材料和几何形状。

1)刀具材料应具备的基本性能

切削加工过程中,刀具的切削部分受到高温、高压和强烈摩擦、冲击作用,刀具材料必须具备以下性能:

(1)高硬度。刀具材料硬度必须大于被切削工件材料的硬度,常温下一般硬度要求在 60~65HRC 以上。

(2)高热硬性。刀具在高温下保持其高硬度的能力。

(3)高耐磨性。刀具工作时保持高耐磨的能力。

(4)足够的强度和韧性。刀具材料在承受冲击和振动时不被破坏的能力。

(5)较好的化学稳定性。刀具在切削过程中不发生黏结磨损及高温下的扩散磨损的

能力。

除上述基本性能外,刀具材料还应该具备良好的工艺性和经济性,如切削加工性、热处理性、价格低廉等。

2)常用刀具材料的种类及选用

常用的刀具材料有碳素工具钢、合金工具钢、高速钢、硬质合金及陶瓷等。

(1)碳素工具钢。淬火硬度高(59~64HRC),价格低廉,但热硬性差,允许切削速度较低,主要用于手工用刀具及低速简单刀具,如手工用铰刀、丝锥和板牙等。

(2)合金工具钢。合金工具钢比碳素工具钢有较高的热硬性和韧性。热硬性温度为300~350℃,允许的切削速度比碳素工具钢高10%~14%,淬透性较好,热处理变形小,多用于制造形状比较复杂的低速刀具,如铰刀、拉刀等。

(3)高速钢。高速钢的硬度较高,韧性好,易于加工和成型,热硬性温度为550~650℃。主要用于切削速度不高的精加工刀具和各种形状复杂的刀具,如铰刀、宽刃精刨刀、铣刀、钻头和齿轮刀具等。

(4)硬质合金。硬质合金与高速钢比较,具有很高的硬度,热硬性温度为800~1000℃,允许切削速度约为高速钢的4~10倍,但其韧性较差,怕振动和冲击,成型难,主要用于高速切削、要求耐磨性很高、形状简单的刀具,如车刀、铣刀等。一般情况下将硬质合金制成刀片形状,采用铜或银钎焊的方式与刀体焊接在一起,也可用机械夹紧的方式与刀体连接。

(5)陶瓷。陶瓷与硬质合金相比,硬度、耐磨性、热硬性和切削速度更高,价格较便宜,但脆性大,抗弯强度低,易崩刀。多用于切削有色金属,也用于切削淬火钢、工具钢等高硬度材料,通常制成刀片,用机械夹紧的方式与刀体连接。

在机械制造中应用最广泛的是高速钢和硬质合金。

3)刀具的几何形状

要保证工件的加工质量,提高生产效率,降低切削加工费用,刀具切削部分必须具有适宜的几何形状。刀具的种类繁多,不同的刀具有不同的几何形状。其中,车刀是最具有代表性,它是最简单、最常用的切削刀具,其他刀具都可看作是这种车刀的演变和组合。

车刀切削部分的组成。车刀切削部分由3个刀面、两个切削刃和一个刀尖组成,如图4-27b)所示。

(1)前刀面。刀具上切屑流出时所经过的表面。

(2)主后刀面。刀具上与过渡表面相对应的刀面。

(3)副后刀面。刀具上与已加工表面相对应的刀面,并倾斜一定的角度以免擦伤已加工表面。

(4)主切削刃。前刀面与后刀面之间的交线,担任主要切削任务。

(5)副切削刃。前刀面与副后刀面之间的交线,担任少量切削任务。

(6)刀尖。主、副切削刃的连接处相当少的一部分切削刃,一般都呈圆弧或直线段,以保证刀尖强度和耐磨性。

(二)金属切削加工的工艺特点

汽车上绝大部分零部件是通过金属切削加工形成的,金属材料是经过切削机床与刀具加工成工件的。切削机床简称为机床,它是机械、汽车制造的主要加工设备。

1. 切削机床的分类

机床的分类。机床是用刀具对工件进行切削加工中的主要设备,最常用的机床有车床、铣床、钻床、刨床和磨床等。机床按其基本结构和工作原理分为:车床,钻床、镗床、刨插床、铣床、拉床、插床、滚齿机床、螺纹加工机床、锯床和其他机床等;按机床加工精度分为:普通机床、精密机床、高精密机床等;按自动化程度分为:手动、半自动和自动机床等。

2. 金属切削加工的工艺特点及其应用

1)车削

工件旋转做主运动,车刀做进给运动的切削加工方法称为车削。车削加工主要在车床上进行。

(1)车床。

车床主要用于加工各种回转体表面。

一般占机床总数的40%左右。车床的种类很多,有卧式车床、立式车床和自动车床等,其中卧式车床通用性强,特别适用于中、小型轴类及盘套类零件的加工。卧式车床的外形结构,如图4-28所示。车床的加工范围很广,利用车床可以完成各种回转表面和端面的加工,如图4-29所示。

(2)车削的工艺特点。

①适用性广,除一般轴类、盘套类工件的回转表面可以加工外,形状不规则的零件,只要能在车床上装夹,其回转表面也可以进行加工。可切削钢、铸铁、有色金属和非金属。

②车削加工精度可达IT6,表面粗糙度$R_a = 0.8 \sim 0.2 \mu m$。

③易于保证加工工件的位置精度和形状精度。

④生产率高,切削过程平稳,一般无冲击、振动。

⑤刀具简单,制造、刃磨和安装比较方便。

2)钻削

钻削一般是指刀具做旋转主运动和进给运动的切削加工方法。按使用的刀具不同可分为钻孔、扩孔和铰孔。

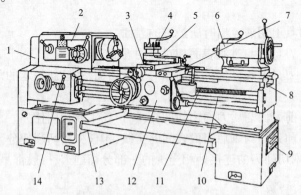

图4-28 卧式车床外形结构

1-挂轮架;2-主轴箱;3-中滑板;4-刀架;5-小滑板;6-尾座;7-床鞍;8-床身;9-右床腿;10-光杠;11-丝杠;12-溜板箱;13-左床腿;14-进给箱

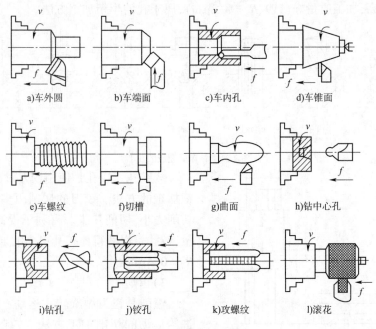

图 4-29 车床的加工范围

(1) 钻床。

常用的钻床有台式钻床、立式钻床和摇臂钻床等,如图 4-30 所示。

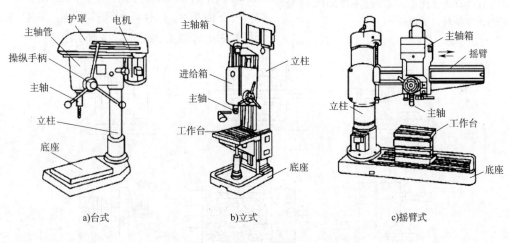

图 4-30 钻床

(2) 钻床的加工。

在钻床能完成的加工有钻孔、扩孔、铰孔、锪锥孔、锪沉孔、锪平面和攻螺纹等,如图 4-31 所示。

①钻孔。钻孔是用钻头在实体材料上加工孔的方法。钻头的种类很多,常用的是麻花钻,钻孔加工的精度低,表面质量差,生产率低。因此,钻孔主要用于加工要求不高的螺钉孔、油孔、攻丝底孔和作为高精度孔的预加工。

②扩孔。扩孔是用麻花钻或扩孔钻将工件上已有的孔径扩大的加工方法。扩孔与钻孔

相比,生产率高,加工质量好(IT9、$R_a = 3.2\mu m$),属于孔的半精加工方法。

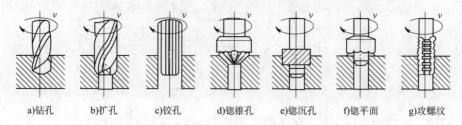

图 4-31　钻床能完成的加工

a)钻孔　b)扩孔　c)铰孔　d)锪锥孔　e)锪沉孔　f)锪平面　g)攻螺纹

③铰孔。铰孔是使用铰刀对已有的孔进行精加工的方法。铰刀的切削刃多,铰削余量与切削力小,切削热少。有利于提高孔的加工质量,铰孔可以获得比扩孔更高的加工质量(IT7、$R_a = 0.4\mu m$)。

3)镗削

镗削是镗刀做旋转主运动,工件或镗刀做进给运动的切削加工方法。镗削通常在镗床上进行,为卧式镗床外形和组成结构,如图 4-32 所示。卧式镗床主要由后立柱 1、尾座 2、工作台 3、主轴 4、前立柱 5、主轴箱 6、床身 7、下滑板 8、上滑板 9 部件组成。在镗床上可以完成的加工,如图 4-33 所示。

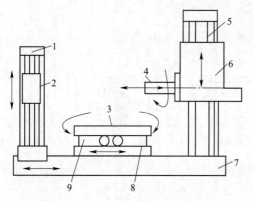

图 4-32　卧式镗床外形结构和组成

1-后立柱;2-尾座;3-工作台;4-主轴;5-前立柱;6-主轴箱;7-床身;8-下滑板;9-上滑板

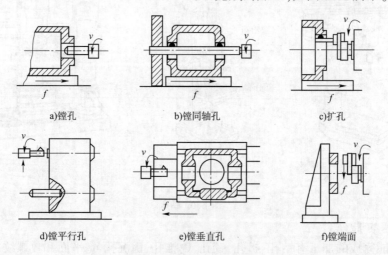

a)镗孔　b)镗同轴孔　c)扩孔

d)镗平行孔　e)镗垂直孔　f)镗端面

图 4-33　镗床上能完成的加工

镗削的工艺特点是加工范围广,只对镗刀做简单的调整就可以加工各种尺寸的孔。对于直径较大的孔、内成型面、孔内环形凹槽,镗孔是唯一的方法。同时,镗刀可以方便地选择切削角度,适应各种切削用量。但由于镗刀在工件孔内工作,受孔结构限制,故生产率低。

镗削适用于单件小批量地加工尺寸较大的孔及内成型面,尤其适于有较高位置精度的孔及孔系的加工。镗削既可作为精加工方法,也可作为粗加工工序。

4) 刨削和插削

刨削和插削的共同特点是刀具做主运动,并做直线往复运动,进给运动则是工件的间歇运动。刨床和插床都是平面加工机床,刨床主要用来加工外表面,插床主要用来加工内表面。刨床的种类有牛头刨床、液压刨床和龙门刨床等,刨床是用刨刀来加工的机床,刨削加工的范围,如图 4-34 所示。牛头刨床应用较普遍,如图 4-35 所示。刨削加工切削速度低,刀具有冲击,其加工精度不高(IT9 ~ IT8、$R_a = 1.6 \mu m$),生产效率低。

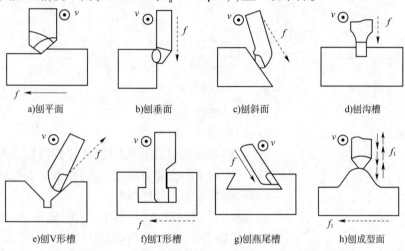

图 4-34 刨削加工的范围

5) 铣削

铣削的主运动是铣刀的旋转运动,进给运动是工件的移动运动。铣床是用铣刀加工的机床,铣床的外形结构,如图 4-36 所示。铣削主要用于加工平面、沟槽、成型面及切断等,如图 4-37 所示。加工质量一般可达 IT7、$R_a = 1.6 \mu m$。

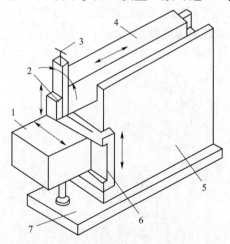

图 4-35 牛头刨床的外形结构
1-头工作台;2-刀架;3-手柄;4-滑枕;5-床身;6-横梁;7-底座

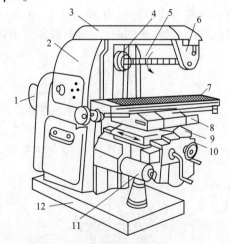

图 4-36 铣床的外形结构
1-主电机;2-床身;3-横梁;4-主轴;5-铣刀心轴;6-支架;7-工作台;8-回转台;9-床鞍;10-升降台;11-调速电机;12-底座

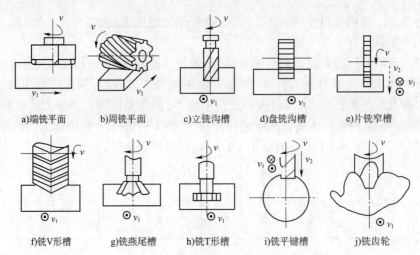

a)端铣平面　　b)周铣平面　　c)立铣沟槽　　d)盘铣沟槽　　e)片铣窄槽

f)铣V形槽　　g)铣燕尾槽　　h)铣T形槽　　i)铣平键槽　　j)铣齿轮

图4-37　铣削的加工范围

6）磨削

用砂轮或其他磨具切削工件的方法称为磨削。它是零件精密加工的主要方法之一，可以加工其他机床不能加工或很难加工的高硬度材料。

磨床是用砂轮进行磨削加工的机床，磨床的种类很多，常用的有外圆磨床、内圆磨床、平面磨床、无心磨床、工具磨床和曲轴磨床等。半自动外圆磨床的外形结构如图4-38所示。

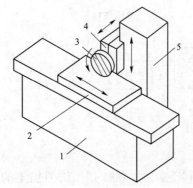

图4-38　半自动外圆磨床的外形结构
1-床身；2-工作台；3-砂轮；4-砂轮架；5-立柱

磨床可用来磨削各种内（外）圆柱面、内（外）圆锥面、平面和成型表面等，常见磨床能完成的加工，如图4-39所示。

磨削一般用于工件的半精加工和精加工，零件的磨削加工表面质量可达 IT5～IT6、$R_a = 0.2～1.6\mu m$。磨削既可以加工铸铁、碳钢及合金钢等一般材料，也可加工高硬度的淬火钢、硬质合金钢等难加工的金属材料。

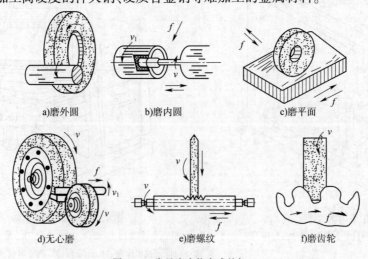

a)磨外圆　　b)磨内圆　　c)磨平面

d)无心磨　　e)磨螺纹　　f)磨齿轮

图4-39　常见磨床能完成的加工

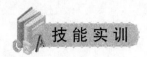

手工电弧焊接

(一)实训内容

(1)合理安排焊缝位置。
(2)采用合理的焊接顺序和方向。
(3)焊接工艺参数的选择。
(4)用焊条直径为 3.2mm,焊接 4~5mm 厚度的焊件。
(5)采用平焊、横焊、立焊和仰焊。

(二)实训目的

(1)熟悉手工电弧焊接的设备、工具。
(2)了解手工电弧焊接的工艺流程。
(3)掌握手工电弧焊接的方法。
(4)学会手工电弧焊接的起弧、运条和走条。

(三)实训器材

交流电弧焊机、220V 交流电源、面罩、皮手套、皮服罩、焊钳、电缆线、渣镐、焊台和 ϕ3.2H08 焊条若干。

(四)操作步骤及工作要点

(1)接通交流电弧焊机电源连接线,注意交流电弧焊机次级电压连接(有 60V 与 70V 两种),焊薄件 10mm 以下用 60V 连接。所以,连接板应接入 60V 一端,焊钳电缆线与连接板相接,搭铁线应接在搭铁的极桩上,搭铁线电缆另一端接在焊台上。
(2)焊件摆放在焊台上,合理安排焊缝位置,并采用合理的焊接顺序和方向。
(3)接通交流电弧焊机电源,即合上电源开关。
(4)右手拿住焊钳,左手将一根 ϕ3.2H08 的电焊条放在面罩上,并留出夹持的裸露金属端。右手将焊钳张开,并将电焊条夹入合适的钳口中。
(5)引弧(可在搭铁处、焊台或工件上引弧),即将焊钳夹持的电焊条在焊件焊缝处滑擦,形成短时的短接而引出电弧(注意左手应用面罩罩住脸部,眼睛从防护玻璃上观察)。
(6)点焊。为防止焊件焊后变形,先应在焊件各处点焊。
(7)焊接。采用水平焊接,掌握好偏角,并缓慢运条(焊钳带动电焊条一起往焊件方向缓慢移动,始终保持焊条与焊件 2~3mm),匀速走条(有走之字形、圆弧形、8 字形等,根据焊缝宽度、深度自行确定)。
(8)清渣检查。用渣镐敲击各焊缝处,将焊渣敲出,并检查焊缝处的焊接质量,或再继续焊接。

(9) 焊接注意几点：

①为防止焊件焊接变形，应采用断续分开焊接。

②注意保护好双眼和皮肤以防被电弧烫伤。

③注意防护好衣服，防止被焊渣烧坏。

④注意人身安全。

模块小结

通过本模块知识脉络图（图4-40），自行对所学知识进行梳理总结。

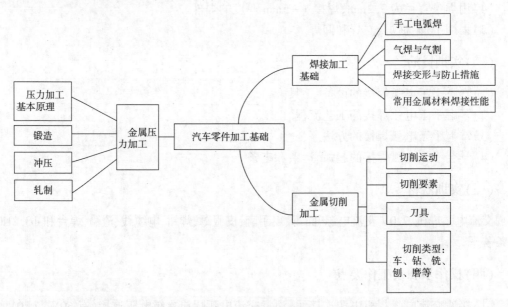

图4-40　知识脉络图

思考与练习

（一）填空题

1. 焊接电弧由_____、_____、_____三个区域组成。

2. 电焊机分为_____和_____两大类。

3. 气焊火焰分为_____、_____和_____。

4. 焊接变形的基本形式有_____、_____、_____、_____和_____。

5. 预防和减少焊接应力与变形的措施包括_____的措施和_____的措施。

6. 外圆表面车削分为_____车、_____车、_____车和_____车。

7. 根据切削材料和切削条件的不同，常见的切削种类有_____、_____和_____3种。

8. 镗削加工时主运动为_____,进给运动为_____。
9. 刨床和插床都是_____加工机床,但刨床主要用来加工_____、而插床主要用来加工_____。
10. 外圆磨削时主运动为_____,进给运动分别为_____、_____和_____。

(二) 选择题
1. 下列焊接方法中属于熔焊的有( )。
   A. 焊条电弧焊   B. 电阻焊
   C. 激光焊   D. 高频电阻焊
2. 焊接一般结构件时用( ),焊接重要结构件时用( ),当焊缝处有铁锈、油脂等时用( ),要求焊缝抗裂性能高时用( )。
   A. 酸性焊条   B. 碱性焊条
3. 气焊低碳钢时应选用( ),气焊黄铜时应选用( ),气焊铸铁时应选用( )。
   A. 中性焰   B. 氧化焰   C. 碳化焰
4. 下列金属中焊接性好的有( ),焊接性差的有( )。
   A. 低碳钢   B. 铸铁
   C. 高合金钢   D. 紫铜
5. 下列减少和预防焊接应力与变形的措施中,哪些是工艺措施( )。
   A. 焊前预热   B. 减少焊缝数量
   C. 反变形法   D. 刚性固定法
6. 刀具的前角是在( )内测量的前面与基面的夹角。
   A. 正交平面   B. 主切削平面   C. 基面
7. 在切削运动中,主运动的速度是( )。
   A. 最大的   B. 最小的
   C. 不是最大,也不是最小的
8. 切削塑性材料时易形成( ),切削脆性材料时易形成( )。
   A. 崩碎切屑   B. 带状切屑   C. 节状切屑
9. 在切削分力中,( )是最大的。
   A. 进给力 F_f B. 主切削力 F_c C. 背向力 F_p

(三) 判断题
1. 在焊接的4种空间位置中,横焊是最容易操作的。   (   )
2. 所有的金属都能进行氧-乙炔火焰切割。   (   )
3. 细晶粒组织的可锻性优于粗晶粒组织。   (   )
4. 非合金钢中碳的质量分数愈低,可锻性就愈差。   (   )
5. 因锻造之前进行了加热,所以任何材料均可进行锻造。   (   )
6. 冲压件材料应具有良好塑性。   (   )
7. 弯曲模的角度必须与冲压弯曲件的弯曲角度相同。   (   )
8. 在切削过程中,进给运动的速度一般远小于主运动速度。   (   )
9. 与高速钢相比,硬质合金突出的优点是硬度高和热硬性好。   (   )

10. 减小刀具后角可减少刀具后面与已加工表面的摩擦。（　　）

(四) 简答题

1. 焊条的焊芯与药皮各起什么作用?
2. 预防和减少焊接应力与变形的措施有哪些?
3. 自由锻零件结构工艺性有哪些基本要求?
4. 粗车、半精车、精车的目的是什么?
5. 常用哪些方法实现孔的加工? 各有何加工特点?
6. 在车床上进行孔加工时,为什么工件的外圆和端面必须在同一次装夹中完成?
7. 镗孔可以在哪些机床上进行? 其工艺特点是什么?
8. 磨床的成型运动特点是什么? 磨削与铣削有什么相似之处?
9. 卧式车床主要由哪几部分组成? 各有何功用?
10. 分析牛头刨床和插床在结构及工艺范围方面的主要区别。

模块五　汽车常用机构

学习目标

☞ 知识目标

1. 掌握绘制机构运动简图所需要的一些基本概念、符号、绘图步骤等；
2. 掌握平面连杆机构中一些基本概念、基本理论，掌握平面四杆机构的类型、运动特性及这些运动特性在实际中的应用常识；
3. 掌握凸轮机构的组成、基本概念、分类方法、类型和凸轮机构的运动特性；
4. 掌握螺旋机构和棘轮机构的组成、分类方法、运动特性等。

☞ 能力目标

1. 能够识读和绘制一些简单机构的运动简图；
2. 能够判断平面四杆机构的类型及其运动特性，能够识别应用在汽车中的典型平面四杆机构；
3. 能够识别凸轮机构的组成部分、凸轮机构的类型，能够识别应用在汽车中的典型凸轮机构；
4. 能够识别螺旋机构和棘轮机构的各组成部分，能够识别应用在汽车的典型螺旋机构及棘轮机构。

建议课时

10 课时。

一、机构的组成及运动简图

绪论中已指出，机械是机器与机构的总称。机器是由机构和零件组成的；机构是机器的基本组成部分，包含若干个零件，零件是机械制造的最小单元。

从运动角度来分析，可以把机器看成是由若干个构件组成的。"构件"是机器运动的最小单元。构件可能是单个的零件，也可能是若干个零件的刚性组合体。图 5-1 所示的发动机连杆就是由连杆体 1、连杆螺

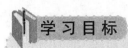

图 5-1　连杆
1-连杆体；2-连杆螺栓；3-连杆盖

栓 2、连杆盖 3 等零件组成的一个构件。

机构是由若干个构件组成的,但是若干个构件并不一定组成机构,机构有确定的运动。只有构件的组合必须满足一定的条件才能成为机构。

所有构件都只能在相互平行的平面上运动的机构,称为平面机构。平面机构应用最为广泛。

(一)运动副及其分类

1. 运动副的概念

为使构件组成具有确定运动的机构,它们之间必须以某种方式连接起来。但这种连接不应使它们只成为一个运动的单元体,而应保证机构之间仍能产生某些相对运动。这种由两构件直接接触组成的可动连接称为运动副。显然,它限制了两构件之间的某些相对运动,而又允许有一些相对运动。图 5-2 所示为一些常见的运动副。

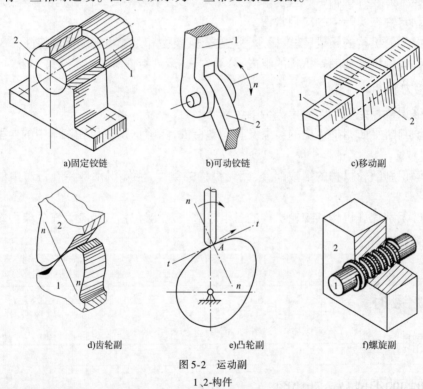

图 5-2 运动副
1、2-构件

a)固定铰链 b)可动铰链 c)移动副
d)齿轮副 e)凸轮副 f)螺旋副

2. 运动副的分类

运动副反映了两构件间的接触状况。接触的形式不外乎是点、线或者面。根据构件间的接触形式对构件运动的限制作用,一般将运动副分为低副和高副两类。

1)低副

两构件间的接触形式为面接触的运动副称为低副。根据相对运动形式的不同,又可把低副分为转动副和移动副。

(1)转动副。组成运动副的两构件只能绕某一轴线做相对转动,这样的运动副称为转动副。又称为铰链,如图 5-2a)、图 5-2b)所示。在图 5-2a)的两构件中,构件 2 是机架,又称为固定铰链。图 5-2b)的两构件均为可动构件,则称为可动铰链。

(2)移动副。组成运动副的两构件只能做相对直线运动,这样的运动副称为移动副,如图 5-2c)所示。

低副为面接触,在受载的情况下,单位面积上的压力较小,故不易磨损,使用寿命较长。

2)高副

两构件间的接触为点接触或者线接触的运动副称为高副。如图 5-2d)所示的齿轮副和图 5-2e)所示的凸轮副均为高副。它们的相对运动是绕接触点(或线)的转动和沿切线的移动,而沿公法线方向的运动受到限制。

两构件间的运动副采用高副,即两构件间采用点接触或线接触时,由于单位面积上承受的压力较大,故高副易磨损,使用寿命较短。

此外,常用运动副还有螺旋副,如图 5-2f)所示。它属于空间运动。

(二)机构中构件的分类和组成

组成机构的构件,根据运动副性质可分为三类。

(1)机架:机构中固定于参考系的构件称为机架。它用来支撑机构中可动构件(机构中相对于机架运动的构件),并以它作为参考坐标系,来研究其他可动构件的运动。

(2)主动件(原动件):机构中具有驱动力、驱动力矩或运动规律已知的构件称为主动件或原动件。它是机构中输入运动或动力的构件,故又称为输入构件。

(3)从动件:机构中除了主动件和机架外,随着主动件的运动而运动的其余构件皆称为从动件。

由此可知,机构可由机架、主动件及所有的从动系统组成。同一机构,在不同情况下,主、从动件可能有所不同。

为了便于分析、研究已有机构或重新设计机构,需要首先做出能表明机构运动特征的机构运动简图。

(三)机构运动简图

1. 机构运动简图(表 5-1)及其应用

机构运动简图及常用符号(摘自 GB 4460—1994)   表 5-1

名 称		简 图 符 号
构件	杆轴构件	
	固定构件	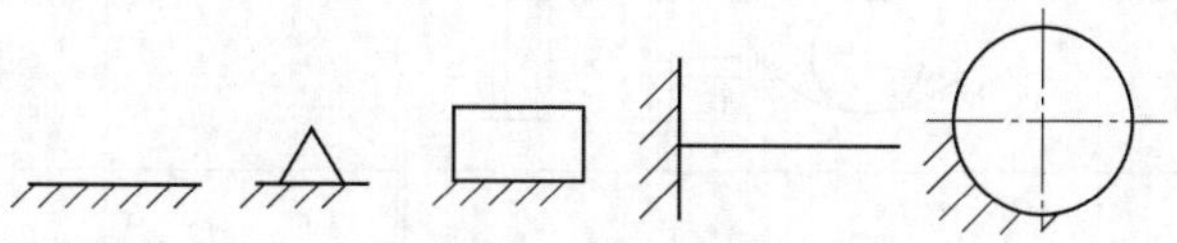
	同一构件	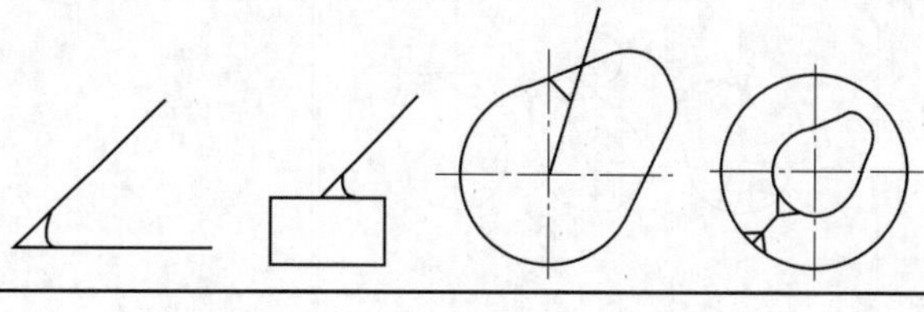

续上表

名称			简图符号
构件	二副元素		
	三副元素		
平面低副	转动副	两构件均可以运动	
		一构件固定、一构件运动	
	移动副	两构件均可以运动	
		一构件固定、一构件运动	

名称	简图符号	名称	简图符号
齿轮副外啮合		螺旋副	
		零件与轴的固定连接	
平面高副	齿轮副内啮合		链传动
	凸轮副		带传动

续上表

名称	简图符号	名称	简图符号
齿轮齿条传动	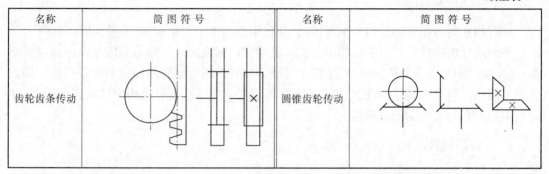	圆锥齿轮传动	

在实际运动的机械中,构件的结构和形状是比较复杂的。原因在于,构件的形状和结构不仅与机构的运动有关,而且与受力状况、制造工艺及装配等多种因素密切相关。

由于机构的运动仅与构件数目、运动副的类型、运动副的数目和它们的相对位置有关。我们可以保留这些因素,而略去构件断面尺寸、运动副的具体结构等无关因素,将实际机构简化为示意图来对运动特征进行分析。用规定的构件和运动副符号来表示机构的简化示意图称为机构简图,或称为机构示意图。

用长度比例尺画出的机构简图,则称为机构运动简图。

2. 平面机构运动简图的绘制

机构运动简图是工程上一种常用图形。它用简单的线代表构件,相应的符号(表5-1)代表各种运动副,用以表示实际机器中各机构的组成和运动关系,使机器的工作原理表达一目了然,如图5-3所示。但必须强调的是,机构运动简图表达的运动特性与原机构的运动特性完全相同。

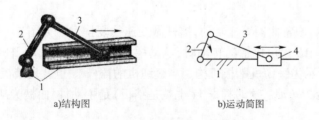

a) 结构图　　　　b) 运动简图

图 5-3　曲柄滑块机构运动简图

1～4-构件

在绘制机构运动简图时,应排除构件的复杂外形和具体结构,采用规定的代表符号(见表5-1)。再根据运动副之间的相对位置尺寸,按比例绘出。

综上所述,机构运动简图的绘图步骤如下:

(1) 分析机构的结构和运动情况。
(2) 确定构件、运动副的类型和数目。
(3) 选择视图平面。
(4) 选定适当的比例尺。
(5) 绘制机构运动简图。

此外,在主动件上常标注箭头,表示其运动规律为已知。

二、平面连杆机构

所有构件间的相对运动均为平面运动,且只用低副连接的机构,称为平面连杆机构。

平面连杆机构被广泛用于机器中的工作机构和控制机构。其根本原因是由于低副接触面积大、单位面积上承受的压强小,磨损小,使用寿命长,同时也容易加工和保证精度。但是低副的两构件间存在间隙,可能产生一定的运动误差。在平面连杆机构中具有四个构件(包含机架)连杆机构,称为四杆机构。

(一)铰链四杆机构

1. 铰链四杆机构的组成

构件间用四个转动副相连的平面四杆机构,简称为铰链四杆机构,如图 5-4 所示。其中固定不动的杆 4 称为机架;以转动副与机架相连的杆 1 和杆 3 称为连架杆;不与机架相连的杆 2 称为连杆。用转动副与机架相连并能绕该转动副旋转整圈的连架杆称为曲柄;用转动副与机架相连但不能绕该转动副旋转整圈的连架杆称为摇杆。

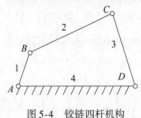

图 5-4 铰链四杆机构

2. 铰链四杆机构的基本类型

按两连架杆是否是曲柄,铰链四杆机构分为三种基本形式:曲柄摇杆机构、双曲柄机构、双摇杆机构。

1)曲柄摇杆机构

在铰链四杆机构中的两连架杆,如果一个为曲柄,另一个为摇杆,那么该机构就称为曲柄摇杆机构。取曲柄 AB 为主动件,当曲柄 AB 做连续等速整周转动时,从动摇杆 CD 将在一定角度内做往复摆动。由此可见,曲柄摇杆机构能将主动件的整周回转运动转换成从动件的往复摆动。

如图 5-4 所示,通常曲柄等速转动,摇杆做变速往复摆动。如图 5-5 所示为汽车前窗刮雨器。当主动曲柄 AB 由电机带动转动时,从动摇杆 CD 做往复摆动,杆的延长部分实现刮雨动作。图 5-6 所示为缝纫机踏板机构。当缝纫机的摇杆 1(也就是踏板)做往复摆动时,通过连杆 2 带动曲柄 3 转动。这时摇杆 1(也就是踏板)是主动件,曲柄为从动件。

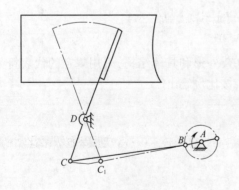

图 5-5 汽车刮雨器

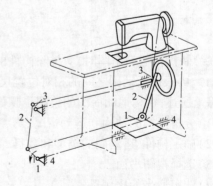

图 5-6 缝纫机踏板机构
1-摇杆;2-连杆;3-曲柄;4-机架

2) 双曲柄机构

具有两个曲柄的铰链四杆机构,称为双曲柄机构。

图 5-7 所示为一惯性筛机构。其中杆 AB 和杆 CD 均能做整圈旋转,因而是双曲柄机构。其运动特点是:当主动曲柄 AB 等速转动一周时,从动曲柄 CD 以变速转动一周,使筛子 EF 回程时速度较快,以实现惯性筛选的作用。

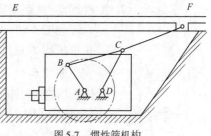

图 5-7 惯性筛机构

在双曲柄机构中,若主动曲柄为等速转动,从动曲柄一般为变速转动。只有当连杆与机架的长度相等,两个曲柄长度相等且转向相同时,两个曲柄的角速度才会相等(图 5-8),这样的双曲柄机构称为正平行四边形机构。图 5-9 所示为摄影车的升降机构,它利用平行四边形机构的连杆始终做平动的特点,使与连杆固结在一起的座椅始终保持在水平位置,其升降高度的变化也是通过采用两套平行四边形机构来实现的。

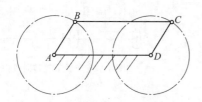

图 5-8 正平行四边形机构

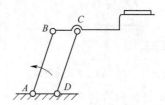

图 5-9 摄影车的升降机构

如图 5-10 所示;若连杆与机架长度相等,两个曲柄长度相等,但转向相反的双曲柄机构,则称为逆平行四边形机构。这两种机构,前者两曲柄的方位时刻相同,实现同向等角速度转动。后者两曲柄转动方向相反,且等角速度不等。图 5-11 所示的车门启闭机构是逆平行四边形机构的应用实例。左车门和曲柄 AB 联成一个整体;右车门和曲柄 CD 联成一个整体。由气缸(图中未画出)推动曲柄 AB 转动。在左边车门打开的同时,通过连杆 BC 使曲柄 CD 朝相反方向转动,从而保证左、右车门同时开启或关闭。

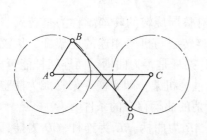

图 5-10 逆平行四边形机构

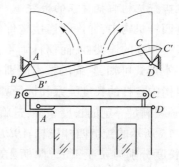

图 5-11 车门启闭机构

3) 双摇杆机构

在铰链四杆机构中,若两连架杆均为摇杆,则此四杆机构称为双摇杆机构。在双摇杆机构中,两杆均可作为主动件。主动摇杆往复摆动时,通过连杆带动从动摇杆往复摆动。

双摇杆机构在机械工程上应用也不少,如图 5-12 所示为汽车离合器操纵机构,当驾驶员踩下踏板时,主动摇杆 AB 往右摆动,由连杆 BC 带动从动杆 CD 也向右摆动,从而对离合器产生作用。

如图 5-13 所示的港口塔式起重机中,在双摇杆 AB 和 CD 的配合下,起重机能将起吊的重物沿水平方向移动,以省时省功。

如图 5-14 所示为车辆前轮转向机构,它是具有等长摇杆的双摇杆机构,又称转向梯形机构。它能使与转向节(转向节上的转向节臂就是摇杆)固定相连的两前轮转过不同的角度,使车辆转弯时每一瞬间都绕一个转动中心 O 点转动,保证四个车轮与地面之间做纯滚动,从而避免车轮由于滑拖所引起的磨损,增加了车辆转弯的稳定性。

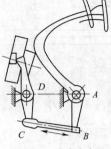

图 5-12 汽车离合器操纵机构

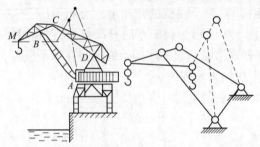

图 5-13 塔式起重机

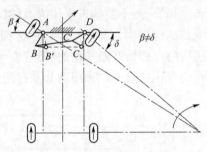

图 5-14 车辆前轮转向机构

3. 铰链四杆机构的特点

铰链四杆机构具有如下特点:

(1)铰链四杆机构是低副机构,构件间的相对运动部分为面接触,故单位面积上的压力较小。并且低副的构造便于润滑,摩擦磨损较小,寿命长,适于传递较大的动力。如动力机械、锻压机械等都可采用。

(2)两构件的接触面为简单几何形状,便于制造,能获得较高精度。

(3)构件间的相互接触是依靠运动副元素的几何形状来保证的,无须另外采取措施。

(4)运动副中存在间隙,难以实现从动件精确的运动规律。

4. 铰链四杆机构曲柄存在的条件

在铰链四杆机构中,允许两连接构件做相对整周旋转的转动副称为整转副。曲柄是以整转副与机架相连的连架杆,而摇杆则不是以整转副与机架相连的连架杆。从铰链四杆机构的 3 种基本形式可知,它们的根本区别在于连架杆是否曲柄。而连架杆能否成为曲柄,则取决于机构中各杆的长度关系和选择哪个构件为机架。即要使连架杆成为能整周转动的曲柄,各杆必须满足一定的长度条件,这就是所谓的曲柄存在的条件。

在图 5-15 所示的铰链四杆机构 ABCD 中,AB 为曲柄,BC 为连杆,CD 为摇杆,AD 为机架,各杆的长度分别为 a、b、c、d。曲柄 AB 在回转一圈的过程中一定可以实现与机架 AD 共直线两次,即直线 B_1AD;也可重叠共线,即直线 AB_2D。

在 $\triangle B_1C_1D$ 中,有:

$$b+c \geq a+d \tag{5-1}$$

在 $\triangle B_2C_2D$ 中,有:

$$(d-a)+c \geq b,\ 即\ d+c \geq a+b \tag{5-2}$$

$$(d-a)+b \geqslant c, \text{即} d+b \geqslant a+c \tag{5-3}$$

将以上三式的任意两式相加,可得

$$a \leqslant b \tag{5-4}$$
$$a \leqslant c \tag{5-5}$$
$$a \leqslant d \tag{5-6}$$

由式(5-4)、式(5-5)、式(5-6)可知,曲柄 AB 必为最短杆,BC、CD、AD 杆中必有一个最长杆。如再结合双曲柄存在的条件可以推知曲柄存在的条件如下:

(1)最长杆和最短杆的长度之和小于或等于其余两杆长度之和;
(2)连架杆和机架中必有一个为最短杆。

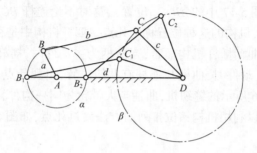

图 5-15 曲柄摇杆机构

根据有曲柄的条件,还可以做出如下的推论:如果铰链四杆机构中,最短杆件与最长杆件长度之和小于或等于其余两杆件的长度之和,则可有以下三种情况:

(1)最短杆为机架时,该机构是双曲柄机构;
(2)最短杆的相邻杆为机架时,该机构是曲柄摇杆机构;
(3)最短杆的对面杆为机架时,该机构是双摇杆机构。

(二)铰链四杆机构的基本特性

1. 急回运动特性

图 5-16 所示的曲柄摇杆机构中,当曲柄 AB 为主动件并做等速回转时,摇杆 CD 为从动件并做往复变速摆动,曲柄 AB 在回转一周的过程中有两次与连杆 BC 共线。这时摇杆 CD 分别处在左、右两个极限位置 C_1D、C_2D。摇杆处在这两个极限位置时所对应的曲柄的两个极限位置所夹的锐角 θ 称为极位夹角。曲柄顺时针从 AB_1 转到 AB_2,转过角度 $\alpha_1 = 180° + \theta$,摇杆从 C_1D 转到 C_2D,所需时间为 t_1,C 点的平均速度为 v_1。曲柄继续顺时针从 AB_2 转到 AB_1,转过角度 $\alpha_2 = 180° - \theta$,摇杆从 C_2D 转到 C_1D,所需时间为 t_2,C 点的平均速度为 v_2。

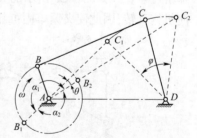

图 5-16 曲柄摇杆急回运动特性

由于 $\alpha_1 > \alpha_2$,所以 $t_1 > t_2, v_1 < v_2$,说明当曲柄等速转动时,摇杆来回摆动的速度不同,返回时速度较大。机构的这种性质,称为机构的急回特性,通常用行程速度变化系数 K 来表示这种特性,即

$$K = \frac{\text{从动件回程平均速度}}{\text{从动件进程平均速度}} = \frac{\overline{C_1C_2}/t_2}{\overline{C_1C_2}/t_1} = \frac{t_1}{t_2} = \frac{\alpha_1}{\alpha_2} = \frac{180° + \theta}{180° - \theta}$$

式中：K——急回特性系数；

θ——极位夹角，摇杆位于两极限位置时，曲柄所夹的锐角。

机构有无急回运动特性，取决于急回特性系数 K。K 值越大，急回特性越显著，也就是从动件回程越快；$K=1$ 时，机构无急回特性。急回特性系数 K 与极位夹角 θ 有关。$\theta=0°$ 时，$K=1$，机构无急回特性，且 θ 越大，急回特性越显著。

2. 死点位置

如图 5-17 所示的曲柄摇杆机构，当摇杆 CD 为主动件，在曲柄与连杆共线的位置出现传动角等于 $0°$ 的状况（如图 5-17 中的 AB_2C_2 位置），这时不论连杆 BC 对曲柄 AB 的作用力有多大，都不能使 AB 转动，机构的这种位置称为死点。四杆机构中是否存在死点，取决于从动件是否与连杆共线。对曲柄摇杆机构而言，当曲柄为主动件时，摇杆与连杆无共线位置，不出现死点；当以摇杆为主动件时，曲柄与连杆有共线位置，出现死点。工程上常借用飞轮使机构渡过死点。如图 5-6 所示的缝纫机，曲柄与大带轮为同一构件，利用大带轮的惯性使机构渡过死点。另外还可以利用机构错位排列的方法渡过死点，如图 5-18 所示的机车车轮联动机构。

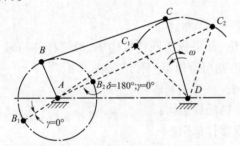

图 5-17 曲柄摇杆机构的死点位置

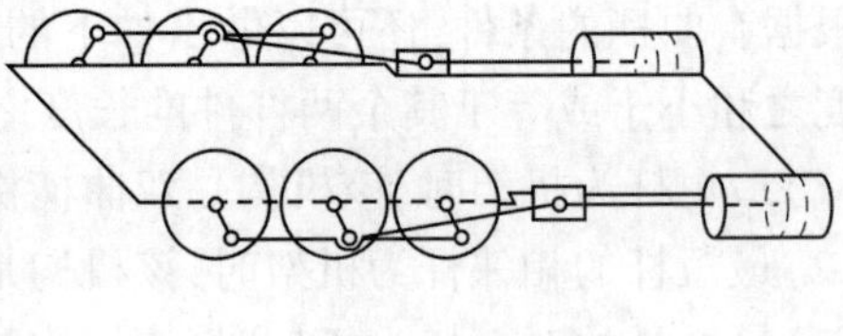

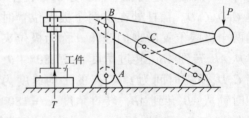

图 5-18 机车车轮联动机构

工程上有时也利用死点来实现一定的工作要求。如图 5-19 所示的飞机起落架，当飞机轮放下时 BC 杆与 CD 杆共线，机构处在死点位置，地面对飞机轮的力不会使 CD 杆转动，使降落可靠。又如图 5-20 所示的夹具，工件夹紧后 BCD 成一条线，即使工件反力很大也不能使机构反转，因此使夹紧牢固可靠。

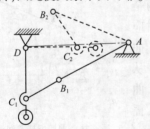

图 5-19 飞机起落架收放机构

图 5-20 利用死点位置夹紧工件

(三) 其他典型四杆机构

在生产实际中，除了上述三种类型的铰链四杆机构，还广泛地采用其他形式的四杆机构,一般是通过改变铰链四杆机构的某些构件的形状、相对长度或选择不同构件作为机架等方式演化而成。

曲柄滑块机构是具有一个曲柄和一个滑块的平面四杆机构,是由曲柄摇杆机构演化而来的,由图 5-3 可知,当摇杆 3 的长度趋向无穷大,原来沿圆弧往复运动的摇杆 3 的外端点变成沿直线的往复运动,也就是摇杆变成了沿导轨往复运动的滑块,曲柄摇杆机构就演化成如图 5-21 所示的曲柄滑块机构。

在图 5-21 的曲柄滑块机构中,若取曲柄 AB 为主动件,并做连续整周回转时,通过连杆 BC 可以带动滑块 C 做往复直线运动,滑块 C 移动的距离 H 等于曲柄长度 r 的两倍,即 $H=2r$。反之,若取滑块 C 为主动件,当滑块做往复直线运动时,通过连杆 BC 可以带动曲柄 AB 做整周回转,但存在从动件曲柄与连杆共线的两个死点位置,需要采取相应的措施。

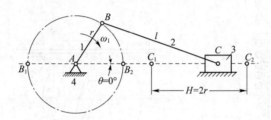

图 5-21　曲柄滑块机构
1-曲柄;2-连杆;3-滑块;4-机架

图 5-22 所示为内燃机中的曲柄滑块机构。活塞(即滑块)的往复直线运动通过连杆转换成曲柄(即曲轴)的连续回转运动。由于滑块为主动件,导致该机构存在两个死点位置(俗称上死点和下死点)。对于单缸工作的内燃机,如手扶拖拉机的柴油机,通常采用附加飞轮,利用飞轮的惯性来使曲轴顺利通过死点位置;对于多缸工作的内燃机,如汽车发动机、船用柴油机和活塞式航空发动机等,通常采用错列各缸的曲柄滑块机构的方式。

当要求滑块的行程 H 很小时,曲柄长度必须很小。此时,出于结构的需要,常将曲柄做成偏心轮,用偏心轮的偏心距 e 来替代曲柄的长度,曲柄滑块机构演化成偏心轮机构(图 5-23)。在偏心轮机构中,滑块的行程等于偏心距的两倍,即 $H=2e$。在偏心轮机构中,只能以偏心轮为主动件。

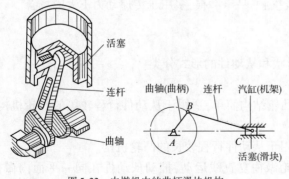

图 5-22　内燃机中的曲柄滑块机构

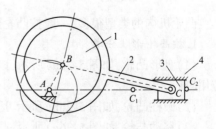

图 5-23　偏心轮机构
1-偏心轮;2-连杆;3-滑块;4-机架

三、凸轮机构

凸轮机构在机械工业中是一种常用机构,例如,汽车发动机的配气机构是通过凸轮机构来控制气门的开闭;柴油机的喷油泵供油、汽油泵的供油、分电器的配电等都要通过凸轮机构来控制。在机械自动化生产中应用更为广泛。

图 5-24 所示为内燃机配气机构。凸轮 1 以等角速度转动,它的轮廓驱使从动件 2(气门)按预期的运动规律开启气门,从而完成汽缸的排气和进气。

图 5-25 所示为自动送料机构。当带有凹槽的凸轮 1 转动时,通过槽中的滚子,驱使从动件 2 做往复移动。凸轮每转动一周,从动件即从储料器中推出一个毛坯,送到加工位置。

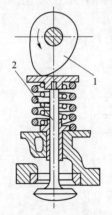

图 5-24　内燃机配气机构
1-凸轮;2-气门

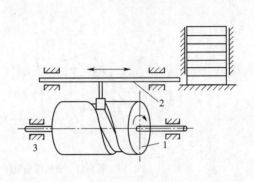

图 5-25　自动送料机构
1-凸轮;2-从动件;3-机架

(一)凸轮机构的组成与特点

凸轮机构由凸轮、从动件和机架三部分组成,凸轮为主动件,做定轴等速转动,从动件随凸轮轮廓的变化而得到不同的运动规律。凸轮机构传动的特点是:

(1)凸轮机构结构紧凑,只需改变凸轮的轮廓形状,就可以改变从动件的运动规律,容易实现复杂的运动规律,且可以实现高速启动,工作可靠、准确等。

(2)凸轮轮廓和从动件是点接触或线接触,易于磨损,多用于传递动力不大的场合。

(二)凸轮机构的分类

凸轮机构的类型很多,一般按凸轮形状和从动件的形式分类。

1.按凸轮形状分类

(1)盘形凸轮,如图 5-26a)所示,该凸轮结构简单,适用于从动件行程较短的凸轮机构,应用较广。

(2)圆柱凸轮,如图 5-26b)所示,适用于从动件行程较长的凸轮机构。

(3)移动凸轮,如图 5-26c)所示,凸轮做往复直线运动,推动从动件在同一平面内做往返运动。

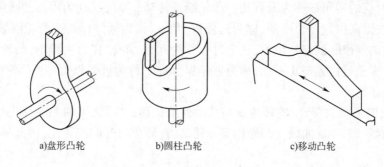

图 5-26　按凸轮形状分类

a)盘形凸轮　　b)圆柱凸轮　　c)移动凸轮

2. 按从动件的形式分类

（1）顶尖式从动件，如图 5-27a)、b)所示，结构简单易于磨损，只适用于作用力不大、速度不高的场合。

（2）滚子式从动件，如图 5-27c)、d)所示，由于滚子与凸轮轮廓之间为滚动摩擦，所以磨损较小，用于传递较大的动力，应用较为广泛。

（3）平底式从动件，如图 5-27e)、f)所示，由于凸轮和从动件之间的作用力始终作用从动件的底平面，所以从动件受力平稳，而且凸轮与平底面间容易形成油膜，润滑较好，用于高速传动。

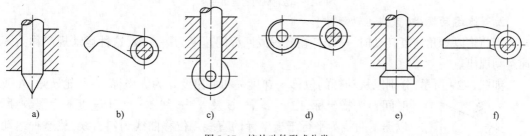

图 5-27　按从动件形式分类

（三）凸轮与从动件的运动关系

凸轮机构中，从动件所获得的运动规律，完全取决于凸轮的轮廓形状，设计和加工凸轮，实际上就是确定凸轮的轮廓形状。

1. 凸轮轮廓曲线与从动件的运动关系

通常主动凸轮等速转动，从动杆做往复移动或摆动。从动杆的运动直接与凸轮轮廓曲线上各点向径的变化有关，而轮廓曲线上各点向径大小随凸轮转角的变化而变化，这种运动关系称为从动杆的运动规律。根据运动方程或运动线图，即可绘制出凸轮的轮廓曲线。

在图 5-28a)所示的尖顶从动杆凸轮机构中，以凸轮轮廓最小半径的 r_0 为半径的圆称为基圆，r_0 称为基圆半径。设计凸轮轮廓曲线时，应首先确定凸轮的基圆。在图示位置，顶尖与凸轮轮廓上的 A 点（基圆与轮廓 AB 的连接点）相接触，此时为从动杆尖顶上升的起始位置。当凸轮以角速度 ω 逆时针方向转动一个角度 φ 时，从动杆被凸轮轮廓推动，以一定的规律，由起始位置 A 到达最高位置 B，这个过程称为从动杆的升程，它所移动的距离 h 称为行程,而与升程对应的转角 φ 称为升程角。凸轮继续转动 φ_s 时,以 O 为中心的圆弧 BC 与顶尖接触,从动杆在最高位置停止不动,称为远停程,角 φ_s 称为远停程角。凸轮继续转动 φ' 时,从动杆以一定的规律回到起始位置,这个过程称为回程,角 φ' 称为回程角,凸轮再继续转动 φ'_s 时,从动杆在最近位置停止不动,称为近停程,角 φ'_s 称为近停程角。当凸轮继续转动时,从动杆重复上述运动。

如图 5-28b)所示,将凸轮的转角 φ 与从动件的位移 s 的关系用曲线表示,此曲线称为从动件的位移曲线,即 $s-\varphi$ 曲线。凸轮作等速转动时,转角与时间成正比,因此横坐标也代表时间 t。

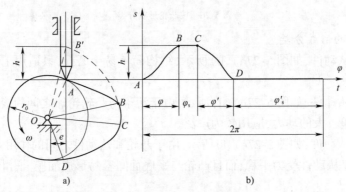

图 5-28 凸轮机构的运动过程

2. 等速运动规律(直线运动规律)

当凸轮以等角速度转动时,从动杆在升程或回程的速度为一常数,这种运动规律称为等速运动规律。

如图 5-29 所示,分别以从动杆的位移 s、速度 v 和加速度 a 为纵坐标,以凸轮转角 φ(或时间 t)为横坐标,作 $s-\varphi$、$v-\varphi$ 及 $\alpha-\varphi$ 线图。由于速度 v 为常数,所以速度曲线为平行于横坐标的直线。位移曲线为斜直线,故这种运动规律又称为直线运动规律。因速度为常数,故加速度为零。然而,在行程开始位置,速度由 0 突变为 v,其加速度为无穷大。同样,在行程终止位置,速度由 v 突变为 0,其加速度也为无穷大。在这两个位置,由加速度产生的惯性力在理论上也突变为无穷大,致使机构发生强烈的冲击,称为刚性冲击;实际上由于材料的弹性变形,加速度和惯性力不会达到无穷大,但也可能引起较大的振动,加速磨损,甚至损坏构件。所以,等速运动规律只能用于低速、轻载和特殊要求的凸轮机构中。某些特殊需要的凸轮机构,如在金属切削的进给机构中,由于需要满足表面粗糙度均匀的要求,也只能采用等速运动规律。

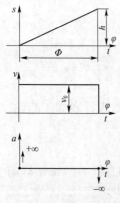

图 5-29 等速运动规律

3. 等加速-等减速运动规律(抛物线运动规律)

这种运动规律是从动杆在一个升程或回程中,前半段做等加速运动,后半段做等减速运动,通常加速度和减速度的绝对值相等。

如图 5-30 所示,这种运动规律的位移曲线由两段光滑相连的抛物线所构成,故这种运动规律又称为抛物线运动规律。由图可见,等加速-等减速运动规律当有远停程和近停程时,在升程和回程的两端及中点,其加速度仍存在突变,但惯性力为有限值,由此而产生的冲击称为柔性冲击。因此,等加速-等减速运动规律只适用于中速、轻载的场合。

4.余弦加速度运动规律(简谐运动规律)

如图 5-31 所示,这种运动规律的加速度是按余弦曲线变化的。加速度曲线是余弦曲线,速度曲线是正弦曲线,而位移曲线是简谐运动曲线,故这种运动规律又称为简谐运动规律(质点在圆周上做等速运动,它在这个圆的直径上的投影所构成的运动为变速运动,称为简谐运动)。由加速度曲线可见,这种运动规律在升程或回程的始点和终点,从动杆停歇时(停程角不为零),该点才有柔性冲击。如果从动杆做无停歇的往复运动(停程角为零),加速度曲线变成连续的余弦曲线,运动中可以消除柔性冲击,在这种情况下,这种运动规律可用于高速的场合。

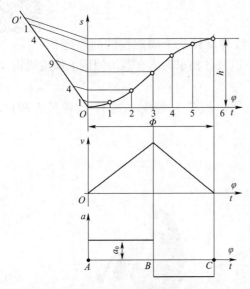

图 5-30　等加速-等减速运动规律

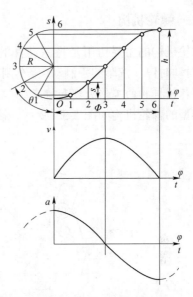

图 5-31　余弦加速度运动规律

(四)凸轮机构常用材料及结构

设计凸轮机构时,除了确定机构的基本尺寸、设计出凸轮轮廓曲线外,还要适当地选择材料,确定结构形式,直至画出凸轮的工作图。

1.凸轮材料的选择

在选择凸轮材料时,主要应考虑凸轮机构所受的冲击载荷和磨损等问题。通常凸轮采用 45 钢或 40Cr 制造,淬硬到 52~58HRC;要求更高时,可用 15 钢或 20Cr 渗碳淬火到 56~62HRC,渗碳深度一般为 0.8~1.5mm;或采用可进行渗氮处理的钢材,氮化处理后,表面硬度达到 60~67HRC,以增强凸轮表面的耐磨性。轻载时可采用优质球墨铸铁或 45 钢调质处理。

2.凸轮结构形式

当凸轮的基圆半径较小时,凸轮与轴可做成一体,如图 5-32 所示的汽车发动机里面的凸轮轴将 16 个凸轮做到同一根轴上,轴和凸轮成为一体,故被称为凸轮轴。

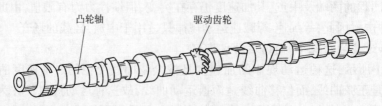

图 5-32 凸轮轴

当凸轮基圆半径与轴的半径相差较大时,应将凸轮与轴分开制造。凸轮与轴可采用键连接、销连接或采用弹簧锥套与螺母连接。

四、棘轮机构和螺旋机构

(一)棘轮机构

棘轮机构的主要功用是将主动件的连续转动转化为周期性的间隙运动,即时动时停。汽车的手制动(停车制动)以及各种单向离合器均使用了棘轮机构。

1. 棘轮机构的工作原理和特点

典型的棘轮机构如图 5-33 所示。该机构由棘轮 3、棘爪 2、摇杆 1、弹簧 5 和止动爪 4 组成。

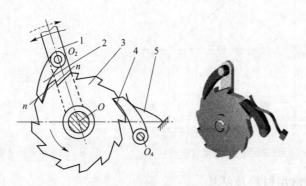

图 5-33 外啮合棘轮机构
1-摇杆;2-棘爪;3-棘轮;4-止动爪;5-弹簧

弹簧 5 用来使止动爪 4 和棘轮 3 保持接触,棘轮 3 与机构的传动轴固接,摇杆 1 空套在传动轴上。当摇杆 1 逆时针摆动时,棘爪 2 便插入棘轮 3 的齿间,推动棘轮 3 转过某一角度。等摇杆 1 顺时针摆动时,止动爪 4 阻止棘轮 3 顺时针转动,同时棘爪 2 在棘轮 3 的齿背上滑过,故棘轮 3 静止不动。这样,当摇杆 1 连续往复摆动时,棘轮 3 便得到单向的间歇转动。

棘轮机构的结构比较简单,棘轮轴的运动(即每次间歇转过的角度)可以在较大的范围内变动,并且可以在工作过程中调节,这是棘轮机构的突出优点。另外,棘轮轴动停时间之比可以选择合适的驱动机构来满足,也是比较灵活的。棘轮机构主要的缺点是工作时有较大的冲击和噪声,而且转动精度也不高。

2. 棘轮机构的类型与应用

棘轮上的齿大多是在棘轮的外缘上,也有做在内缘(图5-34)或端面上的。

棘轮机构一般用于单向间隙运动,图5-33、图5-34所示的棘轮机构都是如此。如果根据工作要求需使一个棘轮得到双向的间隙运动,则可如图5-35a)所示,把棘轮2的齿制成矩形截面,而棘爪1制成可翻转的。如此,当棘爪处在图5-35a)所示的左边时,棘轮可获得逆时针方向单向间隙运动;当把棘爪绕其销轴翻转到右边时,棘轮即可获得顺时针单向间隙运动。如图5-35b)所示的具有回转棘爪的棘轮机构也可以实现双向间隙运动,当棘爪1按图示位置放置时,棘轮可获得逆时针单向间隙运动。当把棘爪提起,并绕其本身轴线旋转180°后再放下时,就是使棘爪的直边与棘轮轮齿的左侧齿廓相接触,从而使棘轮获得顺时针单向间隙运动。

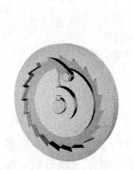

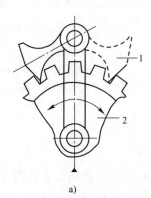

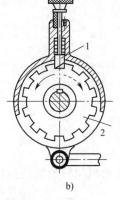

图5-34 轮齿做在内缘上的棘轮

图5-35 可变向外啮合式棘轮机构
1-棘爪;2-棘轮

如果要使摇杆来回摆动时都能使棘轮向同一方向转动,则可采用图5-36所示的双动式棘轮机构。

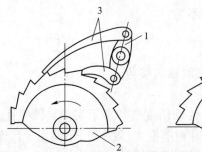

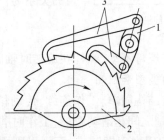

图5-36 双动式棘轮机构
1-摇杆;2-棘轮;3-棘爪

以上的各种棘轮机构,在原动件摇杆摆动角一定的条件下,棘轮每次的转动角是不能改变的。但有时需要随工作的要求而改变棘轮每次转动。为此,除可改变摇杆的摆动角度外;还可如图5-37所示,在棘轮外加装一个棘轮罩4,用以遮盖摇杆摆角范围内棘轮上的一部分齿。这样当摇杆逆时针摆动时,棘爪先在罩上滑动,然后才嵌入棘轮的齿间来推动棘轮转动。被罩遮盖的齿越多,则棘轮每次转动的角度越小。

棘轮的形式很多。图5-38a)所示是一种外接摩擦式棘轮机构,5-38b)所示是一种内接摩擦式棘轮机构。这两种机构是通过棘爪和棘轮之间的摩擦力来传递运动,噪声小,但接触面容易发生滑动,为了增加摩擦,一般将棘轮做成槽型。

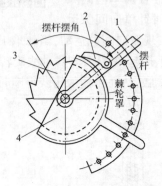

图5-37 可变棘轮转角的棘轮机构
1-摇杆;2-棘爪;3-棘轮;4-棘轮罩

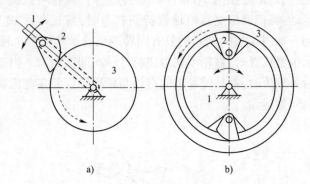

图5-38 摩擦式棘轮机构
1-摇杆;2-棘爪;3-棘轮

(二)螺旋机构

1. 概述

有螺旋副连接的机构称为螺旋机构,用来传递运动和动力。图5-39所示是最基本的螺旋机构,它是由螺杆、螺母和机架组成。螺杆与螺母组成螺旋副,螺杆与机架组成转动副,螺母与机架组成移动副。通常,螺杆为主动件做匀速转动,螺母为从动件做轴向匀速直线运动,螺杆转动一周,螺母的轴向位移 l 为一个螺纹导程。若螺旋副的导程为 s,螺杆的转角为 φ 时,其位移和转角的关系为:

$$l = \frac{s\varphi}{2\pi}$$

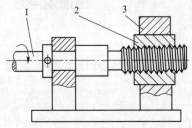

图5-39 螺旋机构
1-螺杆;2-螺母;3-机架

有时也可以使螺母不动,螺杆在旋转时轴向移动。

2. 螺旋机构的类型和应用

螺旋机构具有结构简单、工作连续、传动精度高和易于实现自锁等优点,在工程中应用广泛,但由于螺旋副之间是滑动摩擦,工作时磨损大、效率低,不能用于传递大功率动力。螺旋机构中的螺杆常用中碳钢制成,而螺母则用耐磨性较好的材料(如青铜、耐磨铸铁等)来制造。

1)普通螺旋传动

根据螺旋的作用分为:

(1)传递动力——就是用较小的力转动螺杆(螺母),使螺母(螺杆)产生较大的轴向力或轴向运动,例如螺旋千斤顶(图5-40)等。

(2)传导运动——要求有较高的运动精度,如千分尺(图5-41)等。

(3)调整位置——主要调整零件或部件间相对位置,例如钣金工用成型辊子平行调整丝杠及各类夹具的调整螺旋等。

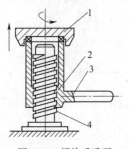
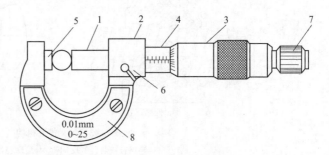

图5-40 螺旋千斤顶
1-托盘;2-螺母;3-手柄;4-螺杆

图5-41 千分尺螺旋机构
1-测微螺杆;2-螺母套筒;3-微分筒;4-固定套筒;5-固定量砧;
6-锁紧装置;7-旋钮;8-弓形架

普通螺旋传动常用矩形螺纹、梯形螺纹和锯齿形螺纹,其中梯形螺纹齿根强度高,磨损后间隙易修复,应用较广。

普通螺旋传动的特点。普通螺旋传动结构简单,易自锁,运转平稳,但摩擦阻力大,磨损大,传动效率低(30%~40%),螺纹有间隙,反向有空行程,定位精度和轴向刚度差。

2)螺旋传动的运动形式

(1)螺母不动,螺杆转动并做直线运动。常用于螺杆位移式台虎钳(图5-42)、千分尺(图5-41)等。

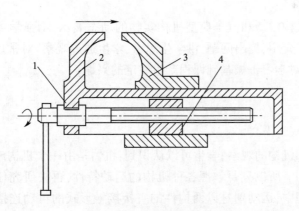

图5-42 台虎钳螺旋机构
1-螺杆;2-活动钳口;3-固定钳口;4-螺母

(2)螺杆不动,螺母回转并做直线运动。用于千斤顶(图5-40)等。

(3)螺杆原位转动,螺母做直线运动。常用于车床的进给机构(图5-39)等。

(4)螺母原位转动,螺杆往复运动。用于游标卡尺的微调装置等。

为了提高螺旋机构的传动效率,在螺杆与螺母的螺纹滚道间装上滚动体(常为滚珠,也有少数用滚子)。如图5-43所示,当螺杆或螺母转动时,滚动体在螺纹滚道内滚动,摩擦状态为滚动摩擦。其摩擦损失比滑动螺旋机构小,传动效率也比滑动螺旋机构高。滚动螺旋机构在数控机床、直流电机、汽车转向和飞机起落架等机构中有着广泛应用。

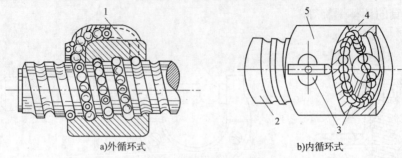

图 5-43 滚动螺旋机构
1-导路;2-螺杆;3-反向器;4-滚珠;5-螺母

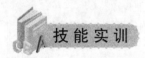

常用机构观察与分析

(一)实训目的

(1)初步了解汽车机械基础课程所研究的各种常用机构的结构、类型、特点及应用实例。
(2)增强学生对机构与机器的感性认识。

(二)实训方法

通过各种常用机构模型和汽车典型机构实物的动态展示,增强学生对机构与机器的感性认识。教师做简单介绍,提出问题,供学生思考,学生通过观察,对常用机构的结构、类型、特点有一定的了解,对学习机械基础课程产生一定的兴趣。

(三)实训内容

1. 对机器的认识

通过实物模型和机构的观察,学生可以认识到:机器是由一个机构或几个机构按照一定运动要求组合而成的。所以只要掌握各种机构的运动特性,再去研究任何机器的特性就不困难了。在机械原理中,运动副是以两构件的直接接触形式的可动连接及运动特征来命名的。如:高副、低副、转动副、移动副等。

2. 平面四杆机构

平面连杆机构中结构最简单,应用最广泛的是四杆机构,四杆机构分成三大类:即铰链四杆机构、单移动副机构、双移动副机构。

(1)铰链四杆机构分为:曲柄摇杆机构、双曲柄机构、双摇杆机构,即根据两连架杆为曲柄或摇杆来确定。

(2)单移动副机构,它是以一个移动副代替铰链四杆机构中的一个转动副演化而成的。

可分为:曲柄滑块机构,曲柄摇块机构、转动导杆机构及摆动导杆机构等。

(3)双移动副机构是带有两个移动副的四杆机构,把它们倒置也可得到:曲柄移动导杆机构、双滑块机构及双转块机构。

3. 凸轮机构

凸轮机构常用于把主动构件的连续运动,转变为从动件严格地按照预定规律的运动。只要适当设计凸轮廓线,便可以使从动件获得任意的运动规律。由于凸轮机构结构简单、紧凑,因此广泛应用于各种机械、仪器及操纵控制装置中。

凸轮机构主要有三部分组成,即:凸轮(它有特定的廓线)、从动件(它由凸轮廓线控制着)及机架。

凸轮机构的类型较多,学生在参观这部分时应了解各种凸轮的特点和结构,找出其中的共同特点。

4. 其他常用机构

其他常用机构常见的有棘轮机构、摩擦式棘轮机构、槽轮机构、不完全齿轮机构、凸轮式间歇运动机构、万向节及非圆齿轮机构等。通过各种机构的动态演示学生应知道各种机构的运动特点及应用范围。

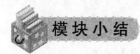

模块小结

通过本模块知识脉络图(图5-44),自行对所学知识进行梳理总结。

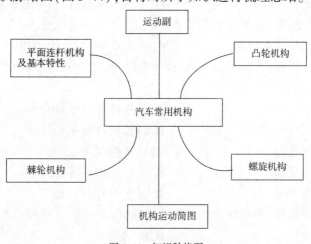

图 5-44 知识脉络图

思考与练习

(一)填空题

1. _____是机构运动的最小单元,_____是机械制造的最小单元。

2. 机构是_____。

3. 运动副是_____。按接触形式的不同分为低副和高副,齿轮副属_____副,齿轮绕着轴线转动属_____副。

4. 铰链四杆机构的三种类型是_____、_____、_____。
5. 铰链四杆机构存在的条件是_____、_____。
6. 在曲柄摇杆机构中,若以曲柄为主动件,则当两摇杆处于两极限位置时,曲柄在两相应位置的夹角叫_____。以摇杆为主动件时,当摇杆处于极限位置时,曲柄与连杆(共线)位置,此位置称为_____位置。
7. 凸轮机构主要由_____、_____、_____三部分组成。
8. 凸轮机构按凸轮的形状分有_____、_____、_____;按从动件的形式分有_____、_____、_____。
9. 从动件常用的运动规律有_____、_____、_____。
10. 棘轮机构是由棘轮、_____、_____、_____等组成。
11. 根据棘轮的运动方向,棘轮机构可分为_____、_____两种。

(二) 选择题
1. 对于铰链四杆机构,当满足杆长之和的条件时,若取(   )为机架,将得到曲柄摇杆机构。
   A. 最短杆   B. 与最短杆相对的构件
   C. 最长杆   D. 与最短杆相邻的构件
2. 对于曲柄摇杆机构,当(   )时,机构处于死点位置。
   A. 曲柄为原动件、曲柄与机架共线   B. 曲柄为原动件、曲柄与连杆共线
   C. 摇杆为原动件、曲柄与机架共线   D. 摇杆为原动件、曲柄与连杆共线
3. 在曲柄摇杆机构中,当取曲柄为原动件时,(   )死点位置。
   A. 有一个   B. 没有   C. 有两个   D. 有三个
4. 对于铰链四杆机构,当满足杆长之和的条件时,若取(   )为机架,将得到双曲柄机构。
   A. 最短杆   B. 与最短杆相对的构件
   C. 最长杆   D. 与最短杆相邻的构件
5. 对于曲柄摇杆机构,当(   )时,机构处于极限位置。
   A. 曲柄与机架共线   B. 曲柄与连杆共线
   C. 摇杆与机架共线   D. 摇杆与连杆共线
6. 对于铰链四杆机构,当从动件的行程速比系数(   )时,机构必有急回特性。
   A. $K > 0$ B. $K > 1$
   C. $K < 1$ D. $K = 1$
7. 对于铰链四杆机构,当满足杆长之和的条件时,若取(   )为机架,将得到双摇杆机构。
   A. 最短杆   B. 与最短杆相对的构件
   C. 最长杆   D. 与最短杆相邻的构件
8. 铰链四杆机构 ABCD 各杆长度分别为 $l_{AB} = 40mm$、$l_{BC} = 90mm$、$l_{CD} = 55mm$、$l_{AD} = 100mm$。若取 AB 为机架,则此铰链四杆机构为(   )。
   A. 双摇杆机构   B. 双曲柄机构   C. 曲柄摇杆机构

9. 凸轮机构会产生刚性冲击时,从动件的规律为( )。
   A.等速运动　　B.等加速等减速运动　　C.简谐运动　　D.变速运动
10. 从动件的推程采用等速运动规律时,在( )会发生刚性冲击。
    A. 推程的起点　　　　　　　　B. 推程的中点
    C. 推程的终点　　　　　　　　D. 推程的起始点和终点
11. 凸轮机构的从动件运动规律与凸轮的( )有关。
    A. 实际廓线　　　　　　　　　B. 轮廓曲线
    C. 表面硬度　　　　　　　　　D. 基圆

(三)判断题
1. 运动副的主要特征是两个构件以点、线面的形式相接触。　　　　　　( )
2. 曲柄为主动件的曲柄摇杆机构一定有急回特性。　　　　　　　　　　( )
3. 极位夹角是从动件两极限位置之间的夹角。　　　　　　　　　　　　( )
4. 凸轮机构采用等加速等减速运动时会引起的冲击为刚性冲击。　　　　( )
5. 棘轮在每一次运动中的转角都相同、不可改变。　　　　　　　　　　( )
6. 棘轮机构结构简单,噪声和冲击小,运动精度高。　　　　　　　　　　( )
7. 滚珠螺旋机构的传动特点与普通螺旋机构相比没有任何改变。　　　　( )

(四)简答题
1. 什么是机构的急回运动特性?急回特性系数 K 表示什么意义?
2. 什么是死点位置?通常采用哪些方法使机构顺利通过死点位置?
3. 根据图 5-45 所注尺寸(单位:mm),判别各铰链四杆机构的类型。

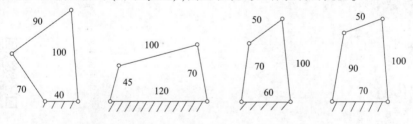

图 5-45

4. 凸轮机构中,从动件常用的端部形式有哪几种?各有什么应用特点?
5. 等速运动从动件的位移曲线是什么形状?等速运动规律有什么工作特点?主要用于什么场合?

模块六　汽车常用机械传动

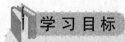

☞ **知识目标**

1. 了解带传动、链传动的特点、类型和应用分析；
2. 掌握渐开线齿轮的几何尺寸计算，圆柱齿轮传动规律，齿轮加工原理和根切现象；
3. 了解轮系的分类和应用，掌握定轴轮系、行星轮系的传动比计算。

☞ **能力目标**

1. 能够正确查找常用传动装置的相关国家标准；
2. 能够根据原动机和工作机的条件，正确选择相应的传动装置；
3. 能够掌握使用、维护汽车常用传动装置的方法。

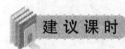

16 课时。

一、带传动

（一）带传动的类型和特点

带传动是应用比较广泛的一种机械传动，一般是由主动带轮 1、从动带轮 2 和张紧在两轮上的挠性传动带 3 所组成。由于带被张紧，使带与带轮接触面间产生正压力。当主动带轮 1 转动时，靠带与带轮接触面间的摩擦力带动从动带轮 2 一起转动，并传递一定的运动和动力，如图 6-1 所示。

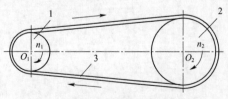

图 6-1　带传动示意图
1-主动带轮；2-从动带轮；3-传动带

1. 带传动的类型

根据工作原理不同，带传动可分为摩擦带传动和啮合带传动两类。

1）摩擦带传动

摩擦带传动是依靠带与带轮之间的摩擦力传递运动的。按带的横截面形状不同可分为四种类型，如图 6-2 所示。

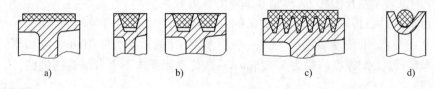

图 6-2 带传动的类型

(1) 平带传动。平带的横截面为扁平矩形[图 6-2a)],内表面与轮缘接触为工作面。常用的平带有普通平带(胶帆布带)、皮革平带和棉布带等,在高速传动中常使用麻织带和丝织带。其中以普通平带应用最广。平带可适用于平行轴交叉传动和交错轴的半交叉传动。

(2) V 带传动。V 带的横截面为梯形,两侧面为工作面[图 6-2b)],用于平行轴开口传动。工作时 V 带与带轮槽两侧面接触,在同样压力 F_Q 的作用下,V 带传动的摩擦力约为平带传动的三倍,故能传递较大的载荷。

(3) 多楔带传动。多楔带是若干 V 带的组合[图 6-2c)],可避免多根 V 带长度不等,传力不均的缺点。

(4) 圆形带传动。横截面为圆形[图 6-2d)],常用皮革或棉绳制成,只用于小功率传动。

2) 啮合带传动

啮合带传动依靠带轮上的齿与带上的齿或孔啮合传递运动。啮合带传动有两种类型,如图 6-3 所示。

(1) 同步带传动。利用带的齿与带轮上的齿相啮合传递运动和动力,带与带轮间为啮合传动没有相对滑动,可保持主、从动轮线速度同步[图 6-3a)]。

(2) 齿孔带传动。带上的孔与轮上的齿相啮合,同样可避免带与带轮之间的相对滑动,使主、从动轮保持同步运动[图 6-3b)]。

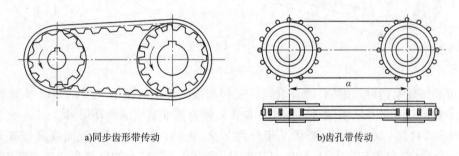

a)同步齿形带传动　　　　b)齿孔带传动

图 6-3 啮合带传动

2. 带传动的特点

摩擦带传动具有以下特点:

(1) 结构简单,适宜用于两轴中心距较大的场合。

(2) 胶带富有弹性,能缓冲吸振,传动平稳无噪声。

(3) 过载时可产生打滑,能防止薄弱零件的损坏,起安全保护作用。但不能保持准确的传动比。

(4)传动带需张紧在带轮上,对轴和轴承的压力较大。

(5)外廓尺寸大,传动效率低(一般 0.94~0.96)。

根据上述特点,带传动多用于:①中、小功率传动(通常不大于100kW);②原动机输出轴的第一级传动(工作速度一般为 5~25m/s);③传动比要求不十分准确的机械。

(二) V 带和 V 带轮

1. V 带的构造和标准

标准 V 带都制成无接头的环形,其横截面由强力层1、伸张层2、压缩层3 和包布层4 构成,如图6-4 所示。伸张层和压缩层均由胶料组成,包布层由胶帆布组成,强力层是承受载荷的主体,分为帘布结构(由胶帘布组成)和线绳结构(由胶线绳组成)两种。帘布结构抗拉强度高,一般用途的 V 带多采用这种结构。线绳结构比较柔软,弯曲疲劳强度较好,但拉伸强度低,常用于载荷不大,直径较小的带轮和转速较高的场合。V 带在规定张紧力下弯绕在带轮上时外层受拉伸变长,内层受压缩变短,两层之间存在一长度不变的中性层,沿中性层形成的面称为节面,如图 6-5 所示。节面的宽度称为节宽 b_p。节面的周长为带的基准长度 L_d。

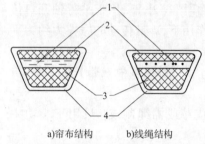

图6-4 V 带剖面结构
a)帘布结构 b)线绳结构
1-强力层;2-伸张层;3-压缩层;4-包布层

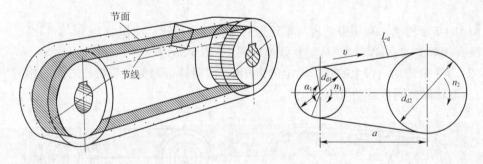

图6-5 V 带的节面和节线

V 带和带轮有两种尺寸制,即有效宽度制和基准宽度制。基准宽度制是以 V 带的节宽为特征参数的传动体系。普通 V 带和 SP 型窄 V 带为基准宽度制传动用带。

按 GB/T11544-2012 规定,普通 V 带分为 Y、Z、A、B、C、D、E 七种,截面高度与节宽的比值为 0.7;窄 V 带分为 SPZ、SPA、SPB、SPC 四种,截面高度与节宽的比值为 0.9。带的截面尺寸如表 6-1 所示。窄 V 带的强力层采用高强度绳芯,能承受较大的预紧力,且可挠曲次数增加,当带高与普通 V 带相同时其带宽较普通 V 带小约 1/3,而承载能力可提高 1.5~2.5 倍。在传递相同功率时,带轮宽度和直径可减小,费用比普通 V 带降低 20%~40%,故应用日趋广泛。

V 带的型号和标准长度都压印在胶带的外表面上,由截型、基准长度和标准编号等组成,以供识别和选用。例如:B3150 GB/T11544-2012,表示为 B 型普通 V 带,带的基准长度 $L_d=3150$mm。带的基准长度系列如表 6-2 所示。

V带的截面尺寸(摘自 GB/T 11544—2012)(单位:mm)　　表 6-1

带型 普通V带	带型 窄V带	节宽 b_p	顶宽 b		高度 h		质量 q (kg/m)		楔角 θ
Y		5.3	6		4		0.03		
Z	SPZ	8.5	10		6	8	0.06	0.07	
A	SPA	11.0	13		8	10	0.11	0.12	
B	SPB	14.0	17		11	14	0.19	0.20	40°
C	SPC	19.0	22		14	18	0.33	0.37	
D		27.0	32		19		0.66		
E		32.0	38		23		1.02		

注:在一列中有两个数据的,左边一个对应普通V带、右边一个对应窄V带。下同。

V带的基准长度 L_d 及带长公差(摘自 GB/T 13575.1—2008)　　表 6-2

基准长度 L_d(mm) 基本尺寸	带长公差 上偏差	带长公差 下偏差	配组公差	型号 Y	型号 Z	型号 A	型号 B	型号 C	型号 D	型号 E
450	11	-6	2	*	*					
500				*	*					
560	13	-6		*						
630				*	*					
710	15	-7		*	*					
800				*	*					
900	17	-8		*	*	*				
1000				*	*	*				
1120	19	-10		*	*	*				
1250					*	*				
1400	23	-11	4		*	*	*			
1600					*	*	*			
1800	27	-13				*	*	*		
2000						*	*	*		
2240	31	-16				*	*	*		
2500			8			*	*	*		
2800	37	-18					*	*	*	
3150							*	*	*	
3550	44	-20					*	*	*	
4000			12				*	*	*	
4500	52	-22						*	*	
5000								*	*	*

续上表

基准长度 L_d(mm)	带长公差			型号						
基本尺寸	上偏差	下偏差	配组公差	Y	Z	A	B	C	D	E
5600	63	-32	20				*	*	*	*
6300	63	-32	20					*	*	*
7100	77	-38	20					*	*	*
8000	77	-38	20					*	*	*
9000	93	-46	32						*	*
10000	93	-46	32						*	*

注：各截型普通V带的基准长度用相应的标号*表示。

2. V带轮的材料和结构

制造V带轮的材料可采用灰铸铁、钢、铝合金或工程塑料，以灰铸铁应用最为广泛。

当带速 v 不大于 25m/s 时，采用 HT150，$v>25\sim30$m/s 时采用 HT200，速度更高的带轮可采用球墨铸铁或铸钢，也可采用钢板冲压后焊接带轮。小功率传动可采用铸铝或工程塑料。

带轮由轮缘、轮辐、轮毂3部分组成。

V带轮按轮辐结构不同分为4种型式，如图6-6所示。

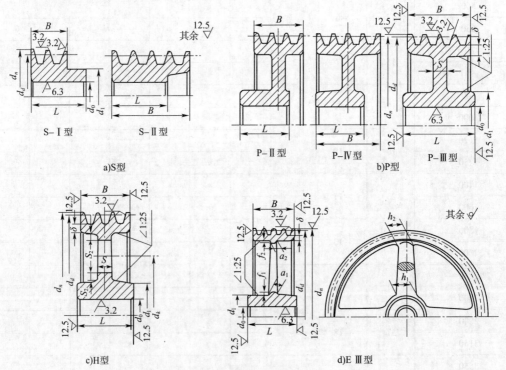

图6-6 V带轮的典型结构

带轮基准直径 $d_d \leq (2.5\sim3)d_0$（d_0为带轮轴直径）时可采用S型[实心带轮，图6-6a)]；$d_d \leq 300$mm 时可采用P型[腹板式带轮，图6-6b)]；且当 $d_d - d_1 \geq 100$mm 时，可采用H型[孔板式带轮，图6-6c)]；$d_d > 300$mm 时可采用E型[轮辐式带轮，图6-6d)]。每种型式根

据轮毂相对腹板(轮辐)位置不同分为Ⅰ、Ⅱ、Ⅲ等几种,带轮的结构尺寸如表6-3所示。

V带轮的结构尺寸　　　　　　　　　　　　　　　　　　　　　　　表6-3

结构尺寸	计算用经验公式
d_1	$d_1 = (1.8 \sim 2)d_0$ d_0为轴的直径。
L	$L = (1.5 \sim 2)d_0$,当$B < 1.5d_0$时,$L = B$
d_k	$d_k = 0.5[d_d - 2(h_f + \delta) + d_1]$
S	型号 Y Z A B C D E S_{min}　6　8　10　14　18　22　28
h_1	$h_1 = 290\sqrt[3]{P/(nm)}$ P——功率,kW; n——转速,r/min; m——轮辐数
h_2、a_1、a_2、S_2、f_1、f_2	$h_2 = 0.8h_1$, $a_1 = 0.4h_1$, $a_2 = 0.8a_1$, $S_2 \geq 0.5S$, $f_1 = 0.2h_1$, $f_2 = 0.2h_2$

带轮的轮缘尺寸如表6-4所示。表中b_d表示带轮轮槽的基准宽度,通常与V带的节面宽度b_p相等,即$b_d = b_p$。基准宽度处带轮的直径称为基准直径d_d,如表6-4中的插图所示。

V带轮的轮缘尺寸(摘自GB/T 13575.1—2008)(单位:mm)　　　　表6-4

项目	符号	槽型								
		Y	Z	SPZ	A	SPA	B	SPB	C	SPC	D	E
基准宽度	b_d	5.3	8.5		11.0		14.0		19.0		27.0	32.0
基准线上槽深	h_{amin}	1.6	2.0		2.75		3.5		4.8		8.1	9.6
基准线下槽深	h_{fmin}	4.7	7.0	9.0	8.7	11.0	10.8	14.0	14.3	19.0	19.9	23.4
槽间距	e	8±0.3	12±0.3		15±0.3		19±0.4		25.5±0.5		37±0.6	44.5±0.7
槽边距	f_{min}	6	7		9		11.5		16		23	28
最小轮缘厚	δ_{min}	5	5.5		6		7.5		10		12	15
带轮宽	B	$B = (z-1)e + 2f$　　　z——轮槽数								
外径	d_a	$d_a = d_d + 2h_a$								
轮槽角φ	32°	相应的基准直径d_d	≤60	—		—		—		—		—	—
	34°		—	≤80		≤118		≤190		≤315		—	—
	36°		>60	—		—		—		—		≤475	≤600
	38°		—	>80		>118		>190		>315		>475	>600
	偏差		±30′								

(三) V带传动工作能力分析

1. 带传动的受力分析

带以一定的预紧力套在带轮上。静止时带轮两边的拉力相等,均为预紧力 F_0,如图 6-7a) 所示。负载转动时,由于带与带轮接触面摩擦力的作用,带绕上主动轮的一边被拉紧,称为紧边,紧边的拉力由 F_0 增加到 F_1;另一边被放松,称为松边,拉力由 F_0 降至 F_2。如图 6-7b) 所示。紧边与松边拉力的差值 $(F_1 - F_2)$ 为带传动中起传递力矩作用的拉力,称为有效拉力 F。

即:

$$F = F_1 - F_2 \tag{6-1}$$

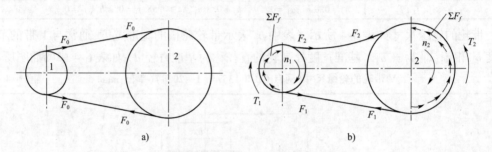

图 6-7 带传动的受力分析

若带传递功率为 $P(\mathrm{kW})$、带速为 $v(\mathrm{m/s})$ 则:

$$F = \frac{1000P}{v} \quad (\mathrm{N}) \tag{6-2}$$

如果近似地认为工作前后胶带总长不变,则带的紧边拉力增量应等于松边拉力的减少量,即 $F_1 - F_0 = F_0 - F_2$,即:

$$F_1 + F_2 = 2F_0 \tag{6-3}$$

由式(6-1)、式(6-3)得:

$$\begin{cases} F_1 = F_0 + F/2 \\ F_2 = F_0 + F/2 \end{cases} \tag{6-4}$$

2. 带传动的应力分析

带在工作过程中主要承受拉应力、离心应力和弯曲应力三种应力。三种应力叠加后,最大应力发生在紧边绕入小带轮处(图 6-8),其值为:

$$\sigma_{\max} = \sigma_1 + \sigma_{b1} + \sigma_c \leq [\sigma] \tag{6-5}$$

式中,$\sigma_1 = F_1/A$ 为紧边拉应力(MPa),A 为带的横截面积(mm^2);$\sigma_{b1} = Eh/d_d$ 为带绕过小带轮时发生弯曲而产生的弯曲应力,E 为带的弹性模量(MPa),h 为带的高度(mm),d_d 为带轮的基准直径(mm);$\sigma_c = qv/A$ 为带绕带轮做圆周运动产生的离心应力,q 为每米长带的质量(kg/m),见表 6-1。

在带的高度 h 一定的情况下,d_d 越小,带的弯曲应力就越大,为防止过大的弯曲应力对各种型号的 V 带都规定了最小带轮直径 $d_{\min}$ 如表 6-5 所示。

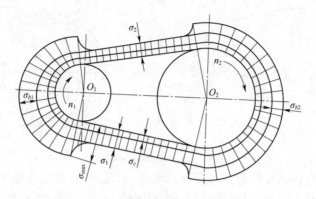

图 6-8 带传动的应力分布

V 带轮的最小基准直径　　　　　　　　　　　　　　　　表 6-5

型号	Y	Z	SPZ	A	SPA	B	SPB	C	SPC	D	E
d_{dmin}(mm)	20	50	63	75	90	125	140	200	224	355	500

3. 带的弹性滑动和打滑

1)弹性滑动

传动带是弹性体,受到拉力后会产生弹性伸长,伸长量随拉力大小的变化而改变。带由紧边绕过主动轮进入松边时,带的拉力由 F_1 减小为 F_2,其弹性伸长量也由 δ_1 减小为 δ_2。这说明带在绕过带轮的过程中,相对于轮面向后收缩了($\delta_1 - \delta_2$),带与带轮轮面间出现局部相对滑动,导致带的速度逐步小于主动轮的圆周速度。同样,当带由松边绕过从动轮进入紧边时,拉力增加,带逐渐被拉长,沿轮面产生向前的弹性滑动,使带的速度逐渐大于从动轮的圆周速度。这种由于带的弹性变形而产生的带与带轮间的滑动称为弹性滑动。

2)打滑

当外载较小时,弹性滑动只发生在带即将由主、从动轮离开的一段弧上。传递外载增大时,有效拉力随之加大,弹性滑动区域也随之扩大,当有效拉力达到或超过某一极限值时,带与小带轮在整个接触弧上的摩擦力达到极限,若外载继续增加,带将沿整个接触弧滑动,这种现象称为打滑。此时主动轮还在转动,但从动轮转速急剧下降,带迅速磨损、发热而损坏,使传动失效。所以必须避免打滑。

弹性滑动和打滑是两个截然不同的概念。打滑是指过载引起的全面滑动,是可以避免的。而弹性滑动是由于拉力差引起的,只要传递圆周力,就必然会发生弹性滑动,所以弹性滑动是不可以避免的。

(四)同步带传动

1. 同步带传动的特点和应用

同步带是以细钢丝绳或玻璃纤维为强力层,外覆以聚氨酯或氯丁橡胶的环形带。由于带的强力层承载后变形小,且内周制成齿状使其与齿形的带轮相啮合,故带与带轮间无相对滑动,构成同步传动。如图 6-9 所示。

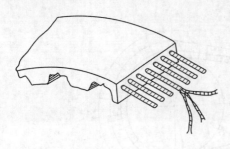
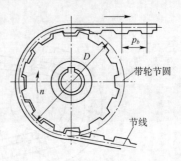

图6-9 同步带结构与同步带传动

同步带传动具有传动比恒定,不打滑、效率高、初张力小、对轴及轴承的压力小、速度及功率范围广,不需润滑、耐油、耐磨损以及允许采用较小的带轮直径、较短的轴间距、较大的速比,使传动系统结构紧凑的特点。一般参数为:带速 $v \leq 50 \text{m/s}$;功率 $P \leq 100 \text{kW}$;速比 $i \leq 10$;效率 $\eta = 0.92 \sim 0.98$;工作温度 $-20 \sim 80 ℃$。

目前同步带传动主要用于中小功率要求速比准确的传动中:如计算机、数控机床、纺织机械、烟草机械等。

2. 同步带的参数、类型和规格

1)同步带的参数

(1)节距 P_b 与基本长度 L_p。在规定张紧力下,同步带相邻两齿对称中心线的距离,称为节距 P_b。同步带工作时保持原长度不变的周线称为节线,节线长度 L_p 为基本长度(公称长度),轮上相应的圆称为节圆。如图6-10所示。显然有 $L_p = P_b z$。

(2)模数 m。与齿轮一样,也规定模数 $m = P_b / \pi$。

2)同步带的类型和规格

同步带分为梯形齿同步带和圆弧齿同步带两大类,如图6-10所示。目前梯形齿同步带应用较广,圆弧齿同步带因其承载能力和疲劳寿命高于梯形齿而应用日趋广泛。同步带按结构分为单面和双面同步带两种形式。双面同步带按齿的排列不同又分为对称齿双面同步带(DA型)和交错齿双面同步带(DB型)两种,如图6-11所示。此外还有特殊用途和特殊结构的同步带。

a)梯形齿同步带   b)圆弧齿同步带

图6-10 梯形齿和圆弧齿同步带

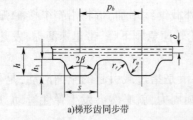

DA型   DB型

图6-11 对称双面齿和交错双面齿同步齿形带

较常用的梯形齿同步齿形带有周节制和模数制两种,其中周节制梯形齿同步齿形带已列入国家标准,称为标准同步带。标准同步带按节距大小分为七种类型(MXL最轻型、XXL超轻型、XL特轻型、L轻型、H重型、XH特重型、XXH超重型)。标准同步带的标记包括:型号、节线长度代号、宽度代号和国标号。对称齿双面同步带在型号前加"DA",交错齿双面同步带在型号前加"DB"。
标记示例:

聚氨酯同步带　DA　900　H　200　GB/T11616—2008

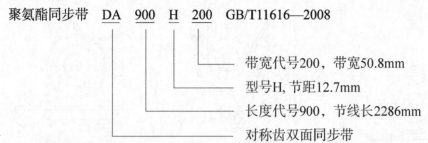

模数制梯形齿同步带以模数为基本参数,模数系列为1.5、2.5、3、4、5、7、10,齿形角2β为40°,其标记为:模数×齿数×宽度。例如　聚氨酯同步带$2\times45\times25$表示:模数$m=2$,齿数$z=45$,带宽$b_s=25$mm的聚氨酯同步带。

3．同步带轮

(1)同步带轮的材料及轮辐、轮毂结构同V带轮。为防止齿形带工作时从带轮上脱落,一般推荐小带轮两边均有挡圈,而大带轮则无挡圈;或大小带轮均为单面挡圈,但挡圈各在不同侧。

(2)同步带轮轮齿形状有渐开线齿廓和直边齿廓两种(用于梯形齿同步齿形带),其中渐开线齿廓的同步带轮可借用齿轮刀具展成加工,齿廓具体尺寸请参阅有关手册。

(3)周节制同步带轮标记由带轮齿数、带型号、轮宽代号和标准代号组成。

标注示例:

带轮　32　H　075　GB/T 11361—2008

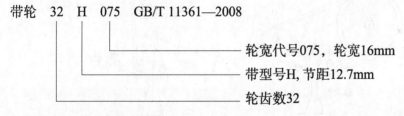

(五)带传动的安装、张紧和维护

1．带传动的张紧与调整

带传动工作一段时间后会由于塑性变形而松弛,使初拉力减小、传动能力下降,需要重新张紧。常用张紧方法有以下几种:

1)调整中心距法

(1)定期张紧。如图6-12所示,将装有带轮的电动机1装在滑道2上,旋转调节螺钉3以增大或减小中心距从而达到张紧或松开的目的。图6-13为把电机装在一摆动底座2上,通过调节螺钉3调节中心距达到张紧的目的。

(2)自动张紧。把电动机1装在如图6-14所示的摇摆架2上,利用电机的自重,使电动机轴心绕铰点A摆动,拉大中心距达到自动张紧的目的。

2)张紧轮法

带传动的中心距不能调整时,可采用张紧轮法。图6-15a)所示为定期张紧装置,定期调整张紧轮的位置可达到张紧的目的。图6-15b)所示为摆锤式自动张紧装置,依靠摆锤重力可使张紧轮自动张紧。

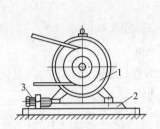

图6-12 水平传动定期张紧装置
1—电动机;2—滑道;3—螺钉

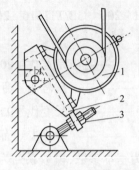

图6-13 垂直传动定期张紧装置
1—电动机;2—摆动底座;3—螺钉

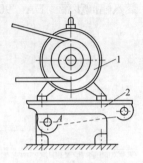

图6-14 自动张紧装置
1—电动机;2—摇摆架

V带和同步带张紧时,张紧轮一般放在带的松边内侧并应尽量靠近大带轮一边,这样可使带只受单向弯曲,且小带轮的包角不致过分减小。如图6-15a)所示定期张紧装置。

平带传动时,张紧轮一般应放在松边外侧,并要靠近小带轮处。这样小带轮包角可以增大,提高了平带的传动能力。如图6-15b)所示摆锤式自动张紧装置。

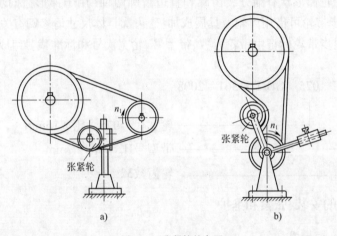

图6-15 张紧轮的布置

2. 带传动的安装与维护

正确的安装和维护是保证带传动正常工作、延长胶带使用寿命的有效措施,一般应注意以下几点:

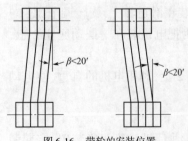

图6-16 带轮的安装位置

(1)平行轴传动时各带轮的轴线必须保持规定的平行度。V带传动主、从动轮轮槽必须调整在同一平面内,误差不得超过$20'$,否则会引起V带的扭曲使两侧面过早磨损。如图6-16所示。

(2)套装带时不得强行撬入。应先将中心距缩小,将带套在带轮上,再逐渐调大中心距拉紧带,直至所加测试力G满足规定的挠度$y=1.6a/100$为止。

(3)多根 V 带传动时,为避免各根 V 带载荷分布不均,带的配组公差(请参阅表 6-2 及有关手册)应在规定的范围内。

(4)对带传动应定期检查及时调整,发现损坏的 V 带应及时更换,新旧带、普通 V 带和窄 V 带、不同规格的 V 带均不能混合使用。

(5)带传动装置必须安装安全防护罩。这样既可防止绞伤人,又可以防止灰尘、油及其他杂物飞溅到带上影响传动。

二、链传动

(一)链传动的特点和应用

1. 链传动结构和类型

链传动由两轴平行的大、小链轮和链条组成。链传动与带传动有相似之处:链轮齿与链条的链节啮合,其中链条相当于带传动中的挠性带,但又不是靠摩擦力传动,而是靠链轮齿和链条之间的啮合来传动,见图 6-17。因此,链传动是一种兼具齿轮传动和带传动的一些特点、具有中间挠性件的啮合传动。

链的种类繁多,按用途不同,链可分为:传动链、起重链和输送链三类。传动链用于一般机械中传递运动和动力,通常工作速度 $v \leqslant 15 \text{m/s}$;起重链主要用于起重机械中提起重物,其工作速度 $v \leqslant 0.25 \text{m/s}$;输送链主要用于链式输送机中移动重物,其工作速度 $v \leqslant 4 \text{m/s}$。

传动链有齿形链和滚子链两种。齿形链是利用特定齿形的链片和链轮相啮合来实现传动的,如图 6-18 所示。齿形链传动平稳,噪声很小,因其更优越的传动性能,故又称无声链传动。齿形链允许的工作速度可达 40m/s,但制造成本高,重量大,故多用于高速或运动精度要求较高的场合。

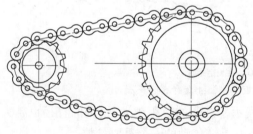

图 6-17 链传动组成

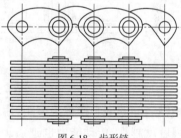

图 6-18 齿形链

2. 链传动的特点

(1)主要优点:与摩擦型带传动相比,链传动无弹性滑动和打滑现象,因而能保持准确的传动比(平均传动比),传动效率较高(润滑良好的链传动的效率为 97%~98%);又因链条不需要张得很紧,所以作用在轴上的压轴力较小;在同样条件下,链传动的结构较紧凑;同时链传动能在温度较高、有水或油等恶劣环境下工作。与齿轮传动相比,链传动易于安装,成本低廉;在远距离传动时,结构更显轻便。

(2)主要缺点:运转时不能保持恒定传动比,传动的平稳性差;工作时冲击和噪声较大;磨损后易发生跳齿;只能用于平行轴间的传动。

链传动主要用在要求工作可靠,且两轴相距较远,以及其他不宜采用齿轮传动的场合,且工作条件恶劣等,如农业机械、建筑机械、石油机械、采矿、起重、金属切削机床、摩托车、自行车等。中低速传动:$i \leq 8 (I = 2 \sim 4)$,$P \leq 100kW$,$V \leq 12 \sim 15m/s$,无声链 $V_{max} = 40m/s$。(不适于在冲击与急促反向等情况下采用),在汽车中,广泛使用做发动机正时传动,如图6-19所示的正时齿形链传动。

图6-19 发动机正时齿形链传动

(二)滚子链和链轮

1. 滚子链

滚子链是由内链板1、外链板2、销轴3、套筒4和滚子5所组成(图6-20),也称为套筒滚子链。其中内链板紧压在套筒两端,销轴与外链板铆牢,分别称为内、外链节。这样内外链节就构成一个铰链。滚子与套筒、套筒与销轴均为间隙配合。当链条啮入和啮出时,内外链节做相对转动;同时,滚子沿链轮轮齿滚动,可减少链条与轮齿的磨损。内外链板均制成"8"字形,以减轻重量和运动惯性并保持链板各横截面的强度大致相等。

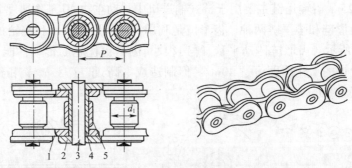

图6-20 滚子链组成

1-内链板;2-外链板;3-销轴;4-套筒;5-滚子

两销轴之间的中心距称为节距,用 P 表示。链条的节距越大,销轴的直径也越大,同时链条的强度就越大,传动能力也越强。节距 P 是链传动的一个重要参数。

链节数 L_p 常用偶数。接头处用开口销或弹簧夹固定。一般前者用于大节距,后者用于小节距。当采用奇数链节时,需采用过渡链节。过渡链节的链板为了兼作内外链板,形成弯链板,受力时产生附加弯曲应力,易于变形,导致链的承载能力大约降低20%。因此,链节数应尽量为偶数。滚子链的接头形式如图6-21所示。

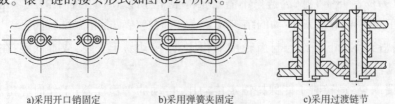

a)采用开口销固定　　b)采用弹簧夹固定　　c)采用过渡链节

图6-21 滚子链的接头形式

滚子链标记:链号—排数×链节数 标准号
例如:节距为15.875mm,单排,86节A系列滚子链其标记为:
10A—1×86GB/T1243—2006
套筒滚子链规格与主要参数见表6-6。表中链号和相应的国际标准号一致,链号乘以25.4/16mm即为节距值。

A系列滚子链的基本参数和尺寸(GB/T 1243—2006)　　　　表6-6

链号	节距 p(mm)	排距 P_t(mm)	滚子外径 d_1(mm)	内链节内宽 b_1(mm)	销轴直径 d_2(mm)	内链板高度 h_2(mm)	单排极限拉伸载荷 F_Q(kN)	单排每米质量 q(kg/m)
08A	12.70	14.38	7.92	7.85	3.98	12.07	13.8	0.60
10A	15.875	18.11	10.16	9.40	5.09	15.09	21.8	1.00
12A	19.05	22.78	11.91	12.57	5.96	18.08	31.1	1.50
16A	25.40	269	15.88	15.75	7.94	24.13	55.6	2.60
20A	31.75	35.76	19.05	18.90	9.54	30.18	86.7	3.80
24A	38.10	45.44	22.23	25.22	11.11	36.20	124.6	5.60
28A	44.45	48.87	25.40	25.22	12.71	42.24	169.0	7.50
32A	50.80	58.55	28.58	31.55	14.29	48.26	222.4	10.10
40A	63.50	71.55	39.68	37.85	19.85	60.33	347.0	16.10
48A	76.20	87.83	47.63	47.35	23.81	72.39	500.4	22.60

2.滚子链链轮

1)链轮的基本参数及主要尺寸

链轮的基本参数为:链轮的齿数z、配用链条的节距p、滚子外径d_a及排距P_t。链轮的主要尺寸及计算公式如表6-7所示。

滚子链链轮主要尺寸(GB/T 1243—2006)(单位:mm)　　　　表6-7

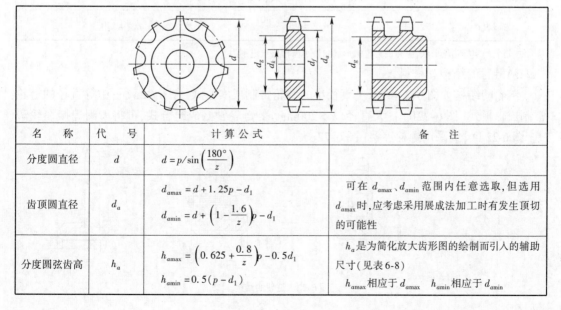

名称	代号	计算公式	备注
分度圆直径	d	$d = p/\sin\left(\dfrac{180°}{z}\right)$	
齿顶圆直径	d_a	$d_{a\max} = d + 1.25p - d_1$ $d_{a\min} = d + \left(1 - \dfrac{1.6}{z}\right)p - d_1$	可在$d_{a\max}$、$d_{a\min}$范围内任意选取,但选用$d_{a\max}$时,应考虑采用展成法加工时有发生顶切的可能性
分度圆弦齿高	h_a	$h_{a\max} = \left(0.625 + \dfrac{0.8}{z}\right)p - 0.5d_1$ $h_{a\min} = 0.5(p - d_1)$	h_a是为简化放大齿形图的绘制而引入的辅助尺寸(见表6-8) $h_{a\max}$相应于$d_{a\max}$　$h_{a\min}$相应于$d_{a\min}$

续上表

名　称	代号	计算公式	备注
齿根圆直径	d_f	$d_f = d - d_1$	
齿侧凸缘（或排间槽）直径	d_g	$d_g \leqslant p\cot\dfrac{180°}{z} - 1.04h_2 - 0.76$ h_2——内链板高度（见表6-1）	

注：d_a、d_g 值取整数，其他尺寸精确到 $0.01\mathrm{mm}$，d_1 为最大滚子直径（见表6-8）。

2）链轮的齿形

国家标准仅规定了滚子链链轮齿槽的齿面圆弧半径 r_e、齿沟圆弧半径 r_i 和齿沟角 α 的最大和最小值（表6-8）。各种链轮的实际端面齿形均应在最大和最小齿槽形状之间。这样处理使链轮齿廓曲线设计有很大的灵活性。但齿形应保证链节能平稳自如地进入和退出啮合，不易脱链，且形状简单并便于加工。

滚子链链轮的齿槽尺寸计算公式（GB/T 1243—2006） 表6-8

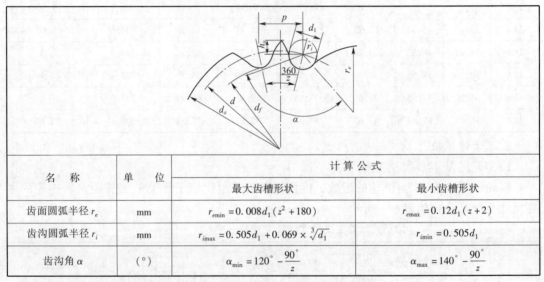

名　称	单位	计算公式	
		最大齿槽形状	最小齿槽形状
齿面圆弧半径 r_e	mm	$r_{emin} = 0.008d_1(z^2 + 180)$	$r_{emax} = 0.12d_1(z + 2)$
齿沟圆弧半径 r_i	mm	$r_{imax} = 0.505d_1 + 0.069 \times \sqrt[3]{d_1}$	$r_{imin} = 0.505d_1$
齿沟角 α	(°)	$\alpha_{min} = 120° - \dfrac{90°}{z}$	$\alpha_{max} = 140° - \dfrac{90°}{z}$

注：链轮的实际齿槽形状，应在最大齿槽形状和最小齿槽形状范围内。

3）链轮的结构和材料

链轮的结构如图6-22所示。直径小的链轮常制成实心式[图6-22a)]；中等直径的链轮常制成辐板式[图6-22b)]；大直径（$d > 200\mathrm{mm}$）的链轮常制成组合式，可将齿圈焊接在轮毂上[图6-22d)]或采用螺栓连接[图6-22c)]。

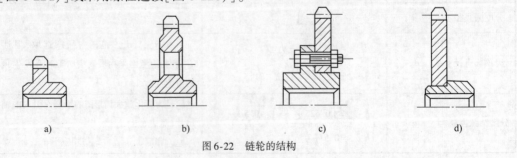

图6-22 链轮的结构

链轮材料应有足够的强度和耐磨性,一般链轮用碳钢、灰铸铁制作,重要的链轮用合金钢制造,齿面要经过热处理(表6-9)。小链轮的啮合次数多于大链轮,受冲击也比较大,故小链轮的材料、齿面硬度应优于大链轮。

链轮材料及热处理 表6-9

材　　料	热　处　理	齿面硬度	应用范围
15、20	渗碳淬火、回火	50~60HRC	$z \leq 25$ 有冲击载荷的链轮
35	正火	160~200HBS	$z > 25$ 的主、从动链轮
45、50 45Mn、ZG310-570	淬火、回火	40~50HRC	无剧烈冲击振动和要求耐磨的主、从动链轮
15Cr、20Cr	渗碳淬火、回火	55~60HRC	$z < 30$ 传递较大功率的重要链轮
40Cr、35SiMn、35CrMo	淬火、回火	40~50HRC	要求强度较高又要求耐磨的重要链轮
Q235-A、Q275	焊接后退火	140HBS	中低速、功率不大的较大链轮
灰铸铁(不低于HT200)	淬火、回火	260~280HBS	$z > 50$ 的从动链轮及外形复杂或强度要求一般的链轮
夹布胶木			$P < 6kW$,速度较高,要求传动平稳和噪声小的链轮

(三)链传动的运动特性

链传动的运动情况和绕在多边形轮子上的带很相似,多边形边长相当于链节距 P,边数相当于链轮的齿数 z。链轮每转过一周,链条转过的长度为 p,当两链轮的转速分别为 n_1 和 n_2、齿数为 z_1 和 z_2 时,链条的平均速度为:

$$v = \frac{z_1 p n_1}{60 \times 1000} = \frac{z_2 p n_2}{60 \times 1000} \quad (m/s) \tag{6-6}$$

由上式得链传动的平均传动比为:

$$i_{12} = \frac{n_1}{n_2} = \frac{z_2}{z_1} \tag{6-7}$$

虽然链传动的平均速度和平均传动比不变,但它们的瞬时值却是周期性变化的。链速和传动比的变化使链传动中产生加速度,从而产生附加动载荷、引起冲击振动,故链传动一般不适合高速传动。为减小动载荷和运动的不均匀性,链传动应尽量选取较多的齿数 z_1 和较小的节距 P,并使链速在允许的范围内变化。

(四)链传动的布置、张紧和润滑

1. 链传动的布置

布置链传动时注意:传动装置最好水平布置。当必须倾斜布置时,中心连线与水平面夹角应小于45°。应尽量避免垂直传动。两轮轴线在同一铅垂面内时,链条因磨损而垂度增

大,使与下链轮啮合的链节数减少而松脱。若必须采用垂直传动时,可考虑采取以下措施:

(1)中心距可调;

(2)设张紧装置;

(3)上下两轮错开,使两轮轴线不在同一铅垂面内;

(4)链传动时,松边在下,紧边在上,可以顺利地啮合。若松边在上,会由于垂度增大,链条与链轮齿相干扰,破坏正常啮合,或者引起松边与紧边相碰。

2. 链传动的张紧

链传动正常工作时,应保持一定张紧度,即合适的松边垂度,推荐为 $f = (0.01 \sim 0.02)a$,a 为中心距。对于重载,经常起动、制动、反转的链传动,以及接近垂直的链传动。松边垂度应适当减少。

链传动的张紧可采用以下方法:

(1)调整中心距,增大中心距可使链张紧,对于滚子链传动,其中心距调整量可取为 $2P$,P 为链条节距。

(2)缩短链长,当链传动没有张紧装置而中心距又不可调整时,可采用缩短链长(即拆去链节)的方法对因磨损而伸长的链条重新张紧。

(3)用张紧轮张紧,下述情况应考虑增设张紧装置:两轴中心距较大;两轴中心距过小,松边在上面;两轴接近垂直布置;需要严格控制张紧力;多链轮传动或反向传动;要求减小冲击,避免共振;需要增大链轮包角等。如图 6-23 所示。

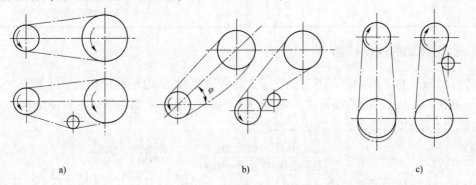

图 6-23 链传动的布置和张紧

3. 链传动的润滑

良好的润滑可以减少链传动的磨损,提高工作能力,延长使用寿命。

链传动采用的润滑方式有以下几种:

(1)人工定期润滑。用油壶或油刷,每班注油一次。适用于低速 $v \leq 4\text{m/s}$ 的不重要链传动,如图 6-24a)所示。

(2)滴油润滑。用油杯通过油管滴入松边内、外链板间隙处,每分钟约 5~20 滴。适用于 $v \leq 10\text{m/s}$ 的链传动,如图 6-24b)所示。

(3)油浴润滑。将松边链条浸入油盘中,浸油深度为 6~12mm,适用于 $v \leq 12\text{m/s}$ 的链传动,如图 6-24c)所示。

(4)飞溅润滑。在密封容器中,甩油盘将油甩起,沿壳体流入集油处,然后引导至链条上。但甩油盘线速度应大于 3m/s,如图 6-24d)所示。

(5)压力润滑。当采用 $v \geqslant 8m/s$ 的大功率传动时,应采用特设的油泵将油喷射至链轮链条啮合处,如图6-24e)所示。

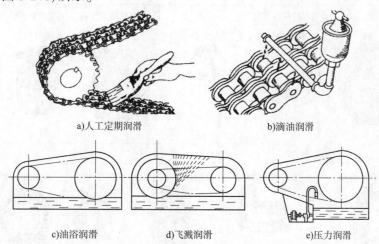

图6-24 链传动的润滑

润滑油应加于松边,因为松边面间比压较小,便于润滑油的渗入。润滑油牌号推荐用L—AN32、L—AN46 和 L—AN68 号全损耗系统用油。或按《机械设计手册》选(普通机械油),黏度约为 20~40St。

三、齿轮传动

齿轮是机械产品的重要基础零件。齿轮传动是传递机器动力和运动的一种主要形式。它与皮带、摩擦机械传动相比,具有传递功率范围大、传动效率高、瞬时传动比恒定、使用寿命长、安全可靠等特点,可实现平行轴、任意角相交轴、任意角交错轴之间的传动;因此它已成为许多机械产品不可缺少的传动部件。齿轮的设计与制造水平将直接影响到机械产品的性能和质量。由于齿轮在工业发展中有突出地位,因此它被公认为是工业化的一种象征。

(一)齿轮传动的类型和对它的基本要求

1. 传动的类型

(1)按照轮齿齿廓曲线的形状:分为渐开线齿轮、圆弧齿轮、摆线齿轮等。本书主要讨论制造、安装方便、应用最广的渐开线齿轮。

(2)按照工作条件分为:开式齿轮传动和闭式齿轮传动。前者轮齿外露,灰尘易于落在齿面,后者轮齿封闭在箱体内。

(3)按照两轮轴线的相对位置分类为:

两轴平行的齿轮(平面齿轮传动):直齿圆柱齿轮传动,斜齿圆柱齿轮传动,人字齿轮传动。

两轴不平行的齿轮机构(空间齿轮传动):直齿相交齿轮传动(锥齿轮传动),斜齿齿轮传动(锥齿轮传动)。

交错轴齿轮传动:交错轴斜齿轮(螺旋齿轮),准双曲面齿轮传动,蜗杆、蜗轮传动。

齿轮传动的基本类型,如图6-25所示。

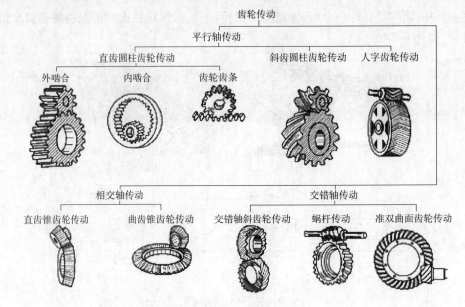

图 6-25 齿轮传动的主要类型

2. 对齿轮传动的基本要求

齿轮用于传递运动和动力,必须满足以下两个要求:

1)传动准确、平稳

齿轮传动的最基本要求之一是瞬时传动比恒定不变。以避免产生动载荷、冲击、振动和噪声。这与齿轮的齿廓形状、制造和安装精度有关。

2)承载能力强

齿轮传动在具体的工作条件下,必须有足够的工作能力,以保证齿轮在整个工作过程中不致产生各种失效。这与齿轮的尺寸、材料、热处理工艺因素有关。

(二)渐开线及渐开线齿廓

1. 渐开线的形成

如图 6-26a)所示,当一条直线 n'(发生线)沿一个半径为 r_b 的圆(基圆)做纯滚动时,该直线上任一点 K 的轨迹 AK 称为该圆的渐开线。渐开线上各点处压力角 α 不相等。压力角越小,齿轮传动越省力,因此,通常选用基圆附近的一段渐开线作为齿轮的齿廓,如图 6-26b)所示。

2. 渐开线的性质

(1)发生线在基圆上滚过的长度等于基圆上被滚过的弧长,即 $NK = NA$。

(2)因为发生线在基圆上做纯滚动,所以它与基圆的切点 N 就是渐开线上 K 点的瞬时速度中心,发生线 NK 就是渐开线在 K 点的法线,同时它也是基圆在 N 点的切线。

(3)切点 N 是渐开线上 K 点的曲率中心,NK 是渐开线上 K 点的曲率半径。离基圆越近,曲率半径越小。

(4)渐开线的形状取决于基圆的大小。基圆越大,渐开线越平直,当基圆半径无穷大时,渐开线为直线。

(5)基圆内无渐开线。

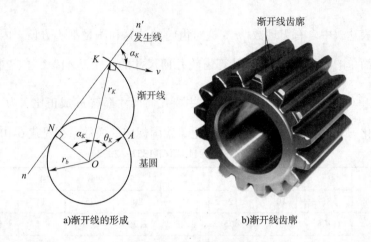

a) 渐开线的形成　　b) 渐开线齿廓

图 6-26　渐开线及渐开线齿廓图

(三) 渐开线标准直齿圆柱齿轮的主要参数和几何尺寸

1. 渐开线直齿圆柱齿轮各部分的名称及主要尺寸(图 6-27)

(1) 齿数。齿轮圆周上轮齿的数目称为齿数用 z 表示。

(2) 齿顶圆。齿顶所确定的圆称为齿顶圆,其直径用 d_a 表示。

(3) 齿根圆。由齿槽底部所确定的圆称为齿根圆,其直径用 d_f 表示。

(4) 齿槽宽。相邻两齿之间的空间称为齿槽,在任意 d_k 的圆周上,轮齿槽两侧齿廓之间的弧线上称为该圆的齿槽宽,用 e_k 表示。

(5) 齿厚。轮齿两侧齿廓之间的弧长称为该圆的齿厚,用 s_k 表示。

(6) 齿距。相邻的两齿同侧齿廓之间的弧长称为该圆的齿距,用 p_k 表示。

(7) 分度圆。标准齿轮上齿厚和齿槽宽相等的圆称为齿轮的分度圆,用 d 表示其直径。分度圆上的齿厚以 s 表示;齿槽宽用 e 表示;齿距用 p 表示。分度圆上的各代号都不带下标。

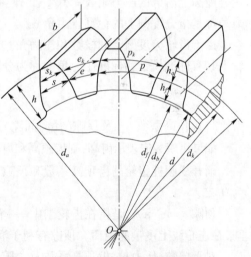

图 6-27　齿轮各部分名称

(8) 齿顶高。在轮齿上,介于齿顶圆和分度圆之间的部分称为齿顶,其径向高度称为齿顶高,用 h_a 表示。

(9) 齿根高。介于齿根圆和分度圆之间的部分称为齿根,其径向高度称为齿根高,用 h_f 表示。

(10) 全齿高。齿顶圆与齿根圆之轮齿的径向高度称为全齿高,用 h 表示,$h = h_a + h_f$。

2. 渐开线直齿圆柱齿轮的基本参数

齿轮各部分尺寸很多,但决定齿轮尺寸和齿形的基本参数只有五个,即齿轮的齿数 z、模数 m、压力角 α、齿顶高系数 h_a^* 及顶隙系数 c^*。上述参数除齿数外均已标准化。

1)模数 m

在齿距的表达式中含有无理数"π",这对齿轮的计算和测量都不方便。因此,规定比值 $\dfrac{p}{\pi}$ 等于整数或简单的有理数,并作为计算齿轮几何尺寸的一个基本参数。这个比值称为模数,以 m 表示,单位为 mm,即 $m = \dfrac{p}{\pi}$,齿轮的主要几何尺寸都与 m 成正比。为了便于齿轮的互换使用和简化刀具,齿轮的模数已经标准化。我国规定的模数系列见表6-10。

标准模数系列(摘自 GB/T 1357—2008)　　　表6-10

第一系列	1	1.25	1.5	2	2.5	3	4	5	6
	8	10	12	16	20	25	32	40	50
第二系列	1.125	1.375	1.75	2.25	2.75	3.5	4.5	5.5	(6.5)
	7	9	11	14	18	22	28	36	45

注:①本标准适用于渐开线圆柱齿轮,对于斜齿轮是指法向模数。
　　②优先采用第一系列,括号内的模数尽可能不用。
　　③对于直齿锥齿轮、斜齿锥齿轮,亦可参考本表选取,但指的是大端端面模数。

2)压力角 α

如前所述,渐开线上各点的压力角是变化的。为设计、制造之便,我国标准规定标准齿轮分度圆上齿廓的压力角 $\alpha = 20°$。此外,有些国家也采用 $14.5°、15°、25°$。若不加指明,压力角都是指分度圆上的标准压力角 α。

由于齿轮分度圆上的模数和压力角均规定为标准值,因此,齿轮的分度圆可定义为:齿轮上具有标准模数和标准压力角的称为分度圆。齿轮分度圆直径 d 则可表示为:

$$d = \dfrac{p}{\pi} z = mz$$

3)齿顶高系数 h_a^* 及顶隙(径向间隙)系数 c^*

如果用模数来表示齿高,则齿顶高和齿根高的关系式为:$h_a = h_a^* \times m$;$h_f = (h_a^* + c^*) m$。渐开线圆柱齿轮的齿顶高系数和顶隙系数在我国已标准化。正常齿制下 h_a^* 为 1.0,c^* 为 0.25。

顶隙 $c = c^* \times m$,是指在齿轮副中,一个齿轮的齿根圆柱面与配对齿轮的齿顶圆柱面之间,在连心线上度量的距离。顶隙有利于润滑油的流动。

对于模数、压力角、齿顶高系数及顶隙系数均为标准值,且分度圆上的齿厚等于齿槽宽的齿轮,称为标准齿轮。

3. 齿条

图6-28所示为一标准齿条的一部分。标准齿条相当于标准外齿轮的齿数增加到无穷时,齿轮上的基圆和其他圆都变成了直线,同侧渐开线齿廓也变成了互相平行的斜直线齿廓,这样就成了齿条。齿条和齿轮相比有以下两个特点:

(1)由于齿条的齿廓是直线,齿廓上各点的压力角都相同,其大小都等于齿廓的齿形角,同样应取为标准值20°。

(2)齿轮的各个圆都变成了直线,如齿顶线、齿根线、分度线等。齿条分度线又称为中线,在中线上具有齿厚 s 等于齿槽宽 e。和标准齿轮一样,标准齿条也具有标准齿顶高 $h_a = h_a^* m$ 和标准齿根高 $h_f = (h_a^* + c^*) m$。

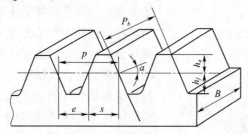

图 6-28　齿条

4. 渐开线标准直齿圆柱齿轮几何尺寸的计算(表 6-11)

渐开线标准直齿圆柱齿轮几何尺寸计算公式　　　　　　　　　　　表 6-11

名　称	代号	外　齿　轮	内　齿　轮	齿　条
齿数	z	根据工作要求确定		
模数	m	由轮齿的承载能力确定,并按相关表格规定取标准值		
压力角	α	$\alpha = 20°$		
齿顶高	h_a	$h_a = h_a^* m$		
齿根高	h_f	$h_f = (h_a^* + c^*) m$		
齿全高	h	$h = h_a + h_f$		
基圆直径	d_b	$d_b = d\cos\alpha = mz\cos\alpha$		$d_b = \infty$
分度圆直径	d	$d = mz$		$d = \infty$
齿顶圆直径	d_a	$d_a = d + 2h_a = m(z + 2h_a^*)$	$d_a = d - 2h_a$	$D_a = \infty$
齿根圆直径	d_f	$d_f = d - 2h_f = m(z - 2h_a^* - 2c^*)$	$d_f = d + 2h_f$	$d_f = \infty$
分度圆齿厚	s	$s = \frac{1}{2}\pi m$		
分度圆齿槽宽	e	$e = \frac{1}{2}\pi m$		
分度圆齿距	p	$p = \pi m$		
基圆齿距	p_b	$p_b = p\cos\alpha = \pi m\cos\alpha$		

(四)渐开线标准直齿圆柱齿轮啮合传动

1. 渐开线齿轮传动的正确啮合条件

要使一对标准渐开线直齿圆柱齿轮能够正确地、连续地啮合传动,必须满足以下条件。

设:m_1、m_2 和 α_1、α_2 分别为两齿轮的模数与压力角,则正确啮合条件是:

$$\begin{cases} m_1 = m_2 = m \\ \alpha_1 = \alpha_2 = \alpha \end{cases}$$

即正确啮合条件为:两齿轮的模数和压力角必须分别相等,且为标准化值。

又设:ω_1、ω_2、n_1、n_2 分别为两齿轮的角速度与转速,一对标准渐开线直齿圆柱齿轮的传动比则为:

$$i_{12} = \omega_1/\omega_2 = O_2C/O_1C = r_2'/r_1' = r_{b2}/r_{b1} = z_2/z_1$$

2. 渐开线齿轮连续传动的条件

图 6-29 所示为一对相互啮合的齿轮,设轮 1 为主动轮,轮 2 为从动轮。齿廓的啮合是由主动轮 1 的齿根部推动从动轮 2 的齿顶开始,因此,从动轮齿顶圆与啮合线的交点 B_2 即为一对齿廓进入啮合的开始。随着轮 1 推动轮 2 转动,两齿廓的啮合点沿着啮合线移动。当啮合点移动到齿轮 1 的齿顶圆与啮合线的交点 B_1 时(图中虚线位置),这对齿廓终止啮合,两齿廓即将分离。故啮合线 N_1N_2 上的线段 B_1B_2 为齿廓啮合点的实际轨迹,称为实际啮合线,而线段 N_1N_2 称为理论啮合线。

当一对轮齿在 B_2 点开始啮合时,前一对轮齿仍在 K 点啮合,则传动就能连续进行。由图可见,这时实际啮合线段 B_1B_2 的长度大于齿轮的法线齿距。如果前一对轮齿已于 B_1 点脱离啮合,而后一对轮齿仍未进入啮合,则不能保证两轮实现定传动比的连续传动,这时传动发生中断,将引起冲击,从而破坏了传动的平稳性。所以,保证连续传动的条件是使实际啮合线长度大于或至少等于齿轮的法线齿距(即基圆齿距 p_b)。通常将 B_1B_2 与 p_b 的比值,称为重合度,用 ε 表示。因此齿轮连续传动的条件是:

$$\varepsilon = B_1B_2/p_b \geq 1$$

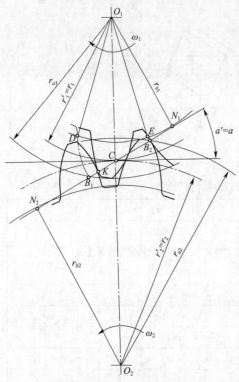

图 6-29 渐开线齿轮连续传动的条件

理论上当 $\varepsilon = 1$ 时,就能保证一对齿轮连续传动,但考虑齿轮的制造、安装误差和啮合传动中轮齿的变形,实际上应使 $\varepsilon > 1$。一般机械制造中,常使 $\varepsilon \geq 1.1$。重合度越大,表示同时啮合的齿的对数越多。

3. 齿轮传动的标准中心距

正确安装的齿轮机构在理论上应达到无齿侧间隙(侧隙),否则齿轮啮合过程中就会产生冲击和噪声;反向啮合时会出现空行程。实际上,为了防止齿轮工作时温度升高而卡死以及存储润滑油,应留有侧隙,但此间隙是在制造时以齿厚公差来保证的,理论设计时仍按无间隙来考虑。因此以下所讨论的中心距均为无侧隙条件下的中心距的计算。

一对正确啮合的渐开线标准齿轮,其模数相等,故两轮分度圆上的齿厚和齿槽宽相等,即 $s_1 = e_1 = s_2 = e_2 = \pi m/2$。显然当两分度圆相切并做纯滚动时(即节圆与分度圆重合),其侧隙为零。一对标准齿轮节圆与分度圆重合的安装称为标准安装,标准安装时的中心距称为标准中心距,以 a 表示。对于外啮合传动标准齿轮的安装:

标准安装:
$$\begin{cases} s_1 = e_1 = \dfrac{\pi m}{2} = s_2 = e_2 \\ s'_1 = s_1 = e_2 = e'_2 \quad \text{(能实现无侧隙啮合)} \\ \alpha' = \alpha \quad \text{(啮合角和压力角相等)} \end{cases}$$

标准中心距：
$$a = r'_1 + r'_2 = r_1 + r_2 = \frac{m(z_1 + z_2)}{2}$$

显然，此时的啮合角 α 就等于分度圆上的压力角。应当指出，分度圆和压力角是单个齿轮本身所具有的，而节圆和啮合角是两个齿轮相互啮合时才出现。标准齿轮传动只有在分度圆与节圆重合时，压力角和啮合角才相等。

(五)根切现象、最少齿数和变位齿轮的概念

1. 根切现象

用展成法加工齿轮时，如果被加工齿轮的齿数太少，若刀具的齿顶线(或齿顶圆)超过理论啮合线极限点 N 时，被加工齿轮齿根附近的渐开线齿廓将被切去一部分，这种现象称为根切，又称为切齿干涉，如图 6-30 所示。

2. 最少齿数

轮齿产生严重的根切，显然根切导致轮齿根部变薄，会大大削弱了轮齿的弯曲强度，并且降低了齿轮传动的平稳性和重合度。因此，应力求避免过大的根切现象产生。要使被切齿轮不产生根切，如图 6-31 所示，刀具的齿顶线不得超过 N 点，即 $NM \geq h_a^* m$。当用标准齿条插刀或滚刀加工压力角为 $\alpha = 20°$、正常齿制 $h_a^* = 1$ 的标准渐开线直齿圆柱齿轮时，不产生根切的最少齿数为 $z_{\min} = 17$。在设计制造中，小齿轮的齿数应大等于 17 个齿，即 $z_1 \geq 17$。

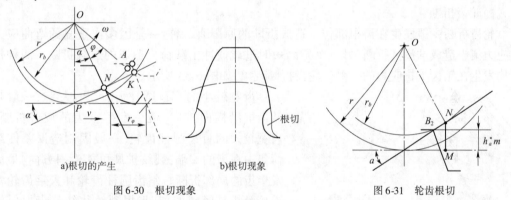

a)根切的产生　　b)根切现象

图 6-30　根切现象　　　　图 6-31　轮齿根切

3. 变位齿轮的概念

1) 变位齿轮

汽车变速箱为改善齿轮传动性能，就采用了变位齿轮传动。为避免切齿干涉发生根切现象，加工齿轮轮齿时，可将刀具移离齿坯一段距离 mx，使刀具顶线不再超过极限点 N_1，这样加工出来的轮齿不会发生根切，如图 6-32 所示。但此时刀具的分度线与齿轮的分度圆不再相切，这种通过改变刀具与齿坯相对位置的切齿方法称为变位。变位后加工的齿轮称为变位齿轮，刀具移动的距离 mx 称为变位量，x 称为变位系数。当 $x > 0$ 时，则刀具远离轮心的变位称为正变位，用正变位方法加工出来的齿轮称为正变位齿轮；当 $x < 0$ 时，则刀具移近轮心的变位称为负变位，用负变位方法加工出来的齿轮称为负变位齿轮；当 $x = 0$ 时，则刀具分度线与轮齿的分度圆重合称为零变位，用零变位方法加工出来的齿轮称为标准齿轮。齿

轮变位后主要参数(m、α、Z)没有改变,只是有关的几何尺寸改变了。

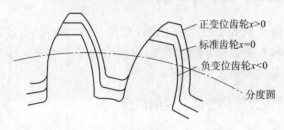

图 6-32 变位齿轮

2)变位齿轮传动的优点

(1)可以改变两齿轮的中心距,使两齿轮的中心距增大(或减小)的非标准中心距的无侧隙传动。

(2)可制成齿轮的齿数少于 z_{min} 而不会产生根切。

(3)可使互相啮合的大小齿轮的齿根厚度比较接近,而抗弯能力又无明显差别。

(六)轮齿失效和齿轮材料

1.轮齿的失效形式

齿轮传动常见的失效形式有:轮齿折断和齿面损伤。齿面损伤又有齿面点蚀、磨损、胶合和塑性变形等。

1)轮齿折断

轮齿折断一般发生在齿根部位。造成折断的原因有二种:一是因多次重复的弯曲应力和应力集中造成的疲劳折断;另一个是因短时过载或冲击载荷而造成的过载折断。两种折断均发生在轮齿受拉应力的一侧。轮齿折断现象,如图 6-33 所示。

齿宽较小的直齿圆柱齿轮,齿根裂纹一般是从齿根沿横向扩展,最后发生全齿的疲劳折断。齿宽较大的直齿圆柱齿轮,一般因制造误差使载荷集中在齿的一端,裂纹扩展可能沿斜方向,最后发生齿的局部折断。斜齿圆柱齿轮和人字齿轮常因接触线是倾斜的,其齿根裂纹往往从齿根斜向齿顶的方向扩展,最后发生齿的局部疲劳折断。

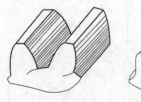 

a)齿根裂纹　　b)齿顶折断

图 6-33 轮齿折断现象

采用正变位等方法增加齿根圆角半径可减小齿根处的应力集中,能提高轮齿的抗折断能力。降低齿面的粗糙度,对齿根处进行喷丸、辊压等强化处理工艺,均可提高轮齿的抗疲劳折断能力。

2)齿面点蚀

由于齿面的接触应力是交变的。应力经多次重复后,在节线附近靠近齿根部分的表面上,会出现若干小裂纹,封闭在裂纹中的润滑油,在压力作用下,产生楔挤作用而使裂纹扩大,最后导致表层小片状剥落而形成麻点状凹坑,称为齿面疲劳点蚀。点蚀出现的结果,往往产生强烈的振动和噪声,导致齿轮失效。齿面产生点蚀的现象,如图 6-34 所示。

防止齿面点蚀的措施:①提高齿面硬度;②降低表面粗糙度值;③限制齿面接触应力;④增

加润滑油的黏度等可防止过早出现点蚀。开式齿轮传动,一般不出现齿面点蚀,主要产生齿面磨损。

3)齿面磨损

当外界的硬屑落入啮合的齿面间,就可能产生磨料磨损。另外当表面粗糙的硬齿与较软的轮齿相啮合时,由于相对滑动,较软的齿表面易被划伤也可能产生齿面磨料磨损。磨损后,正确的齿形遭到破坏,齿厚减薄,最后导致轮齿因强度不足而折断。齿面产生磨损的现象,如图6-35所示。

防止齿面磨损的措施:①采用闭式传动;②提高齿面硬度;③降低表面粗糙度值;④采用清洁润滑油;⑤在润滑油中加入减磨剂;⑥改善工作条件等可减轻齿面磨损,齿面磨损是开式传动的主要失效形式。

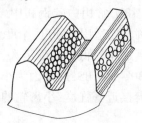 

图6-34 齿面点蚀现象　　图6-35 齿面磨损现象

4)齿面胶合

齿轮在高速、重载传动中,因齿面的压力、摩擦力较大,相对滑动速度较高,造成啮合区温度高,使齿面油膜破坏,导致两齿轮金属表面直接黏焊。随着两轮相对运动,使金属从齿面上撕落的现象称为齿面胶合。齿面产生胶合现象,如图6-36所示。

防止齿面胶合的措施:①提高齿面硬度;②降低表面粗糙度值;③限制油温;④增加润滑油黏度;⑤采用抗胶合性能好的润滑油等。

5)齿面塑性变形

当齿轮材料较软而载荷及摩擦力又很大时,在啮合过程中,齿面表层材料就会沿着摩擦力的方向产生塑性变形从而破坏正确齿形。由于在主动轮齿面节线的两侧,齿顶和齿根的摩擦力方向相背,因此在节线附近形成凹槽,从动轮则相反,由于摩擦力方向相对,因此在节线附近形成凸脊。这种失效常在低速重载、频繁起动和过载传动中出现。齿面产生塑性变形的现象,如图6-37所示。

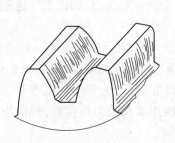 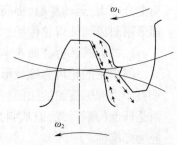

图6-36 齿面胶合现象　　图6-37 齿面塑性变形现象

适当提高齿面硬度,采用黏度较大的润滑油,可以减轻或防止齿面塑性流动。

2. 齿轮的材料

1)对齿轮材料的基本要求

为了保证齿轮工作的可靠性,提高其使用寿命,齿轮的材料应具有:

(1)应有足够的硬度,以抵抗齿面磨损、点蚀、胶合以及塑性变形等;

(2)齿心应有足够的强度和较好的韧性,以抵抗齿根折断和冲击载荷;

(3)应有良好的加工工艺性能及热处理性能,使之便于加工且便于提高其力学性能。最常用的齿轮材料是钢,此外还有铸铁及一些非金属材料等。

2)齿轮的常用材料及热处理

(1)锻钢

锻钢因具有强度高、韧性好、便于制造、便于热处理等优点,大多数齿轮都用锻钢制造。

软齿面齿轮:软齿面齿轮的齿面硬度 <350HBS,常用中碳钢和中碳合金钢,如45钢、40Cr、35SiMn等材料,进行调质或正火处理。这种齿轮适用于强度、精度要求不高的场合,轮坯经过热处理后进行插齿或滚齿加工,生产便利、成本较低。在确定大、小齿轮硬度时应注意使小齿轮的齿面硬度比大齿轮的齿面硬度高30~50HBS,这是因为小齿轮受载荷次数比大齿轮多,且小齿轮齿根较薄,为使两齿轮的轮齿接近等强度,小齿轮的齿面要比大齿轮的齿面硬一些。

硬齿面齿轮:硬齿面齿轮的齿面硬度大于350HBS,常用的材料为中碳钢或中碳合金钢经表面淬火处理。

(2)铸钢

当齿轮的尺寸较大(400~600mm)而不便于锻造时,可用铸造方法制成铸钢齿坯,再进行正火处理以细化晶粒。

(3)铸铁

低速、轻载场合的齿轮可以制成铸铁齿坯。当尺寸大于500mm时可制成大齿圈,或制成轮辐式齿轮。

(七)平行轴斜齿圆柱齿轮传动

标准斜齿圆柱齿轮传动和直齿圆柱齿轮传动不同。顺着轴线的方向看,二者无区别,从垂直于轴的方向看,直齿轮齿与其轴线平行,斜齿轮齿与其轴线不平行,如图6-38所示。所以,它们的最根本的区别是齿形的变化。斜齿圆柱齿轮传动重合度大,运动平稳,提高了齿轮的承载能力,如汽车变速箱中的齿轮大都采用斜齿圆柱齿轮传动。

1. 斜齿圆柱齿轮的基本参数

斜齿轮的轮齿为螺旋形,在垂直于齿轮轴线的端面(下标以 t 表示)和垂直于齿廓螺旋面的法面(下标以 n 表示)上有不同的参数。斜齿轮的端面是标准的渐开线,但从斜齿轮的加工和受力角度看,斜齿轮的法面参数应为标准值。

图6-38 斜齿轮圆柱齿轮传动

1)螺旋角 β

如图6-39所示为斜齿轮分度圆柱及其展开图,螺旋线展开成一直线,该

直线与轴线的夹角 β 称为斜齿轮在分度圆柱上的螺旋角,简称斜齿轮的螺旋角(图6-39)。

$$\tan\beta_b = \tan\beta\cos\alpha_t$$

式中:α_t——斜齿轮分度圆端面压力角(°)。

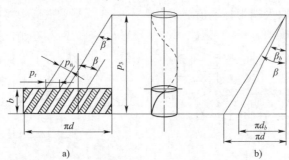

图6-39　斜齿轮分度圆柱及其展开图

斜齿轮的螺旋角分为右旋和左旋两种。

2)模数

如图6-39所示,p_t 为端面齿距,而 p_n 为法面齿距,$p_n = p_t \cdot \cos\beta$,因为 $p = \pi m$,$\pi m_n = \pi m_t \cdot \cos\beta$,故斜齿轮法面模数与端面模数的关系为:$m_n = m_t \cdot \cos\beta$。

3)压力角

端面压力角与法面压力角的关系即:

$$\tan\alpha_n = \tan\alpha_t \cos\beta$$

4)齿顶高系数及顶隙系数

无论从法向或从端面来看,轮齿的齿顶高都是相同的,顶隙也是相同的,即

$$\begin{cases} h_{at}^* = h_{an}^* \cos\beta \\ c_t^* = c_n^* \cos\beta \end{cases}$$

斜齿轮的几何尺寸计算,可参照有关手册。

2. 斜齿圆柱齿轮传动的正确啮合条件

斜齿圆柱齿轮在端面内的啮合相当于直齿轮的啮合。因此斜齿轮传动螺旋角大小应相等,外啮合时旋向相反("-"号),内啮合时旋向相反("+"号),同时斜齿轮的法向参数为标准值,所以其正确的啮合条件为:

$$\begin{cases} m_{t1} = m_{t2} \\ m_{n1} = m_{n2} \end{cases} \quad \begin{cases} \alpha_{t1} = \alpha_{t2} \\ \alpha_{n1} = \alpha_{n2} \end{cases} \quad |\beta_1| = |\beta_2| \Rightarrow \beta_1 = \pm\beta_2$$

(八)直齿圆锥齿轮传动

1. 圆锥齿轮传动的特点

锥齿轮用于传递两相交轴的运动和动力。其传动可看成是两个锥顶共点的圆锥体相互做纯滚动,如图6-40所示。两轴交角 $\Sigma = \delta_1 + \delta$ 由传动要求确定,可为任意值,常用轴交角 $\Sigma = 90°$。锥齿轮有直齿、斜齿和曲线齿之分,其中直齿锥齿轮最常用,斜齿锥齿轮已逐渐被曲线齿锥齿轮代替。与圆柱齿轮相比,直齿锥齿轮的制造精度较低,工作时振动和噪声都较大,适用于低速轻载传动;曲线齿锥齿轮传动平稳,承载能力强,常用于高速重载传动。

图 6-40 为一对标准直齿圆锥齿轮。其节圆锥与分度圆锥重合,轴交角 $\Sigma = 90°$。

2. 直齿圆锥齿轮传动的基本参数和正确啮合条件

圆锥齿轮的轮齿有大、小端,通常以其大端几何尺寸作为标准,以便于确定传动的外形尺寸。其主要参数也取大端为标准值。

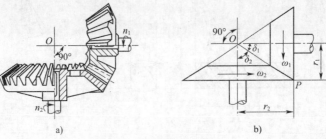

图 6-40 直齿圆锥齿轮传动

1) 基本参数

(1) 模数 m;

(2) 齿数 Z;

(3) 压力角 α,国标规定 $\alpha = 20°$;

(4) 齿顶高系数 h_a^* 和顶隙系数 c^* 正常齿制:$h_a^* = 1, c^* = 0.2$。

2) 正确啮合条件

直齿锥齿轮的正确啮合条件为:两锥齿轮的大端模数和压力角分别相等且等于标准值,此外,两轮的锥距还必须相等。

一对标准直齿圆锥齿轮传动,其分度圆直径分别为:$d_1 = 2R\sin\delta_1, d_2 = 2R\sin\delta_2$。

一对标准直齿圆锥齿轮传动的传动比:$i_{12} = \omega_1/\omega_2 = Z_2/Z_1 = d_2/d_1 = \tan\delta_2 (\Sigma = \delta_1 + \delta_2 = 90°)$。

3. 背锥和当量齿数

1) 背锥

过点 A 作 AO_1 垂直 AO 交锥齿轮的轴线于点 O_1,以 OO_1 为轴线,O_1A 为母线作圆锥 O_1AB。这个圆锥称为背锥。

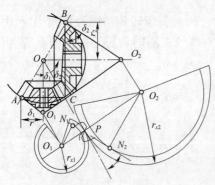

图 6-41 背锥和当量齿数

2) 当量齿数

一对啮合的锥齿轮沿轴向剖开,将两背锥展成平面后得到两个扇形齿轮,该扇形齿轮的模数、压力角、齿顶高、齿根高及齿数就是锥齿轮的相应参数,而扇形齿轮的分度圆半径 r_{v1} 和 r_{v2} 就是背锥的锥矩。现将两扇形齿轮的轮齿补足,使其成为完整的圆柱齿轮,那么它们的齿数将增大为 Z_{v1} 和 Z_{v2}。这两个假想的直齿圆柱齿轮叫当量齿轮,其齿数为锥齿轮的当量齿数。背锥和当量齿数如图 6-41 所示。

(九) 齿轮的结构及齿轮传动的润滑

1. 齿轮的结构

齿轮的结构设计主要包括选择合理适用的结构形式,依据经验公式确定齿轮的轮毂、轮辐、轮缘等各部分的尺寸及绘制齿轮的零件工作图等。

1) 齿轮轴

当圆柱齿轮的齿根圆至键槽底部的距离 $x \leqslant (2 \sim 2.5)m_n$[图6-42a)]，或当圆锥齿轮小端的齿根圆至键槽底部的距离 $x \leqslant (2 \sim 2.5)m$ 时，应将齿轮与轴制成一体，称为齿轮轴。如图6-42b)所示。

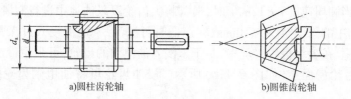

图 6-42　齿轮轴

2) 实体式齿轮

当齿轮的齿顶圆直径 $d_a \leqslant 200\text{mm}$ 时，可采用实体式结构，如图 6-43 所示。这种结构形式的齿轮常用锻钢制造。

图 6-43　实体式齿轮

3) 腹板式齿轮

当齿轮的齿顶圆直径 $d_a = 200 \sim 500\text{mm}$ 时，可采用腹板式结构，如图6-44a)所示。这种结构的齿轮一般多用锻钢制造，其各部分尺寸由图中的数值公式确定。

4) 轮辐式齿轮

当齿轮的齿顶圆直径 $d_a > 500\text{mm}$ 时，可采用轮辐式结构，如图6-44b)所示。这种结构的齿轮常采用铸钢或铸铁制造，其各部分尺寸按图中的数值公式确定。

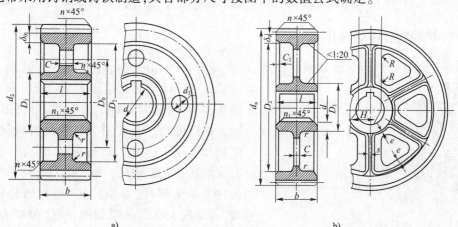

图 6-44　腹板式齿轮和轮辐式齿轮

2. 齿轮传动的润滑

润滑可以减小摩擦、减轻磨损，同时可以起到冷却、防锈、降低噪声、改善齿轮的工作状态、延缓轮齿失效、延长齿轮的使用寿命等作用。

1）润滑方式

浸油润滑和喷油润滑。一般根据齿轮的圆周速度来确定常用哪一种方式。

浸油润滑：当圆周速度 $v<12\text{m/s}$ 时，通常将大齿轮浸入油池中进行润滑，如图6-45a)所示。齿轮浸入油中的深度至少为10mm，转速低时可浸深一些，但浸入过深则会增大运动阻力并使油温升高。在多级齿轮传动中，对于未浸入油池内的齿轮，可采用带油轮将油带到未浸入油池内的齿轮齿面上，如图6-45b)所示。浸油齿轮可将油甩到齿轮箱壁上，有利于散热。

喷油润滑：当齿轮的圆周速度 $v>12\text{m/s}$ 时，由于圆周速度大，齿轮搅油剧烈，且黏附在齿廓面上的油易被甩掉，因此不宜采用浸油润滑，而应采用喷油润滑。即用油泵将具有一定压力的润滑油经喷油嘴喷到啮合的齿面上[图6-45c)]。

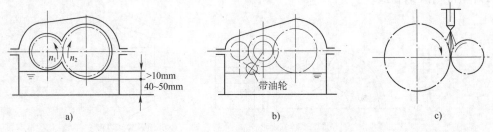

图6-45 齿轮润滑

对于开式齿轮传动，由于其传动速度较低，通常采用人工定期加油润滑的方式。

2）润滑剂的选择

选择润滑油时，先根据齿轮的工作条件以及圆周速度查得运动黏度值，再根据选定的黏度确定润滑油的牌号。

必须经常检查齿轮传动润滑系统的状况（如润滑油的油面高度等）。油面过低则润滑不良，油面过高会增加搅油功率的损失。对于压力喷油润滑系统还需检查油压状况，油压过低会造成供油不足，油压过高则可能是因为油路不畅通所致，需及时调整油压。

（十）蜗轮蜗杆传动简介

蜗杆传动是由斜齿轮传动演化而来，因此蜗杆传动和齿轮传动有许多共同点。蜗杆传动用于传递空间交错角成90°的两轴之间的运动和动力，通常蜗杆为主动件，如图6-46所示。蜗杆传动广泛应用于各种机器和仪器中。蜗杆和螺纹一样有右旋和左旋之分，分别称为右旋蜗杆和左旋蜗杆。蜗杆上只有一条螺旋线的称为单头蜗杆，即蜗杆转一周，蜗轮转过一齿，若蜗杆上有两条螺旋线，就称为双头蜗杆，即蜗杆转一周，蜗轮转过两个齿。依此类推，蜗

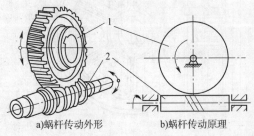

图6-46 蜗杆传动
1-蜗轮；2-蜗杆
a)蜗杆传动外形　b)蜗杆传动原理

杆头数用 Z_1 表示(一般 $Z_1 = 1 \sim 4$),蜗轮齿数用 Z_2 表示。

1. 蜗杆传动的特点和类型

1) 蜗杆传动的特点

(1) 蜗杆传动的最大特点是结构紧凑、传动比大。一般传动比 $i = 10 \sim 40$,最大可达 80。若只传递运动(如分度运动),其传动比可达 1000。

(2) 工作平稳,噪声较小。由于蜗杆上的齿是连续不断的螺旋齿,蜗轮轮齿和蜗杆是逐渐进入啮合并退出啮合的,同时啮合的齿数较多,所以传动平稳、噪声小。

(3) 可制成具有自锁性的蜗杆。当蜗杆的螺旋线升角小于啮合面的当量摩擦角时,蜗杆传动可以实现自锁。

(4) 蜗杆传动的主要缺点是传动效率较低。这是由于蜗轮和蜗杆在啮合处有较大的相对滑动,因而发热量大,效率较低。传动效率一般为 0.7 ~ 0.8,当蜗杆传动具有自锁性时,效率小于 0.5。

(5) 蜗轮材料造价较高。为减轻齿面磨损及防止胶合,蜗轮一般多用青铜制造,因此造价较高。

蜗杆传动常用于两轴交错、传动比较大、传递功率不太大或间歇工作的场合。当要求传递功率较大时,为提高传动效率,常取 $Z_1 = 2 \sim 4$。此外,由于具有自锁性,也常用于卷扬机等起重机构中。

2) 蜗杆传动的类型

根据蜗杆外形的不同,蜗杆可分为圆柱蜗杆[图 6-47a)]、环面蜗杆[图 6-47b)]和锥蜗杆[图 6-47c)]3 种。圆柱蜗杆制造简单,应用广泛;环面蜗杆的分度圆曲面是圆环面,传动润滑状态较好,有利于提高效率,但制造较复杂,主要用于大功率的传动;锥蜗杆的分度圆曲面是圆锥面,锥蜗轮形似弧齿锥齿轮。

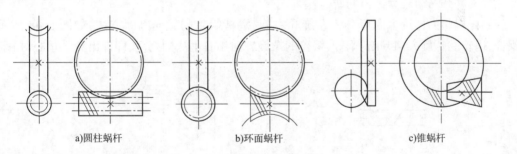

a) 圆柱蜗杆　　b) 环面蜗杆　　c) 锥蜗杆

图 6-47　蜗杆传动的类型

3) 蜗杆传动的正确啮合条件

通过蜗杆轴线并与蜗轮轴线垂直的平面,称为中间平面。在中间平面上,蜗轮与蜗杆的啮合相当于渐开线齿轮与齿条的啮合。蜗杆传动的正确啮合条件为:

(1) 在中间平面内,蜗杆的轴向模数 m_{a1} 与蜗轮的端面模数 m_{t2} 必须相等。

(2) 蜗杆的轴向压力角 α_{a1} 与蜗轮的端面压力角 α_{t2} 必须相等。

(3) 两轴线交错角为 90°时,蜗杆分度圆柱上的导程角 γ 应等于蜗轮分度圆柱上的螺旋角 β,且两者的旋向相同。

2. 蜗杆传动的主要参数

1) 模数 m 和压力角 α

国家标准规定蜗轮的端面模数、压力角和蜗杆的法面模数、压力角为标准值。

2) 蜗杆头数 Z_1、蜗轮齿数 Z_2 和传动比 i

选择蜗杆头数 Z_1 时,主要考虑传动比、效率及加工等因素。通常蜗杆头数 $Z_1=1、2、4$。若要得到大的传动比且要求自锁时,可取 $Z_1=1$;当传递功率较大时,为提高传动效率,可采用多头蜗杆,通常取 $Z_1=2$ 或 4。

蜗轮齿数 $Z_2=iZ_1$,为了避免蜗轮轮齿发生根切,Z_2 不应小于 26,但不宜大于 80。因为 Z_2 过大,会使结构尺寸增大,蜗杆长度也随之增加,致使蜗杆刚度降低而影响啮合精度。

对于蜗杆为主动件的蜗杆传动,其传动比为:

$$i = \frac{n_1}{n_2} = \frac{Z_2}{Z_1}$$

式中:n_1、n_2——蜗杆和蜗轮的转速(r/min);

Z_1、Z_2——蜗杆头数和蜗轮齿数。

3) 蜗杆直径系数 q 和导程角 γ

$$\tan\gamma = \frac{Z_1 P_{a1}}{\pi d_1} = \frac{Z_1 m}{d_1} = \frac{Z_1}{q}$$

式中:q——蜗杆直径系数,表示蜗杆分度圆直径与模数的比,$q=\dfrac{d_1}{m}$;

P_{a1}——蜗杆轴向齿距(mm);

Z_1——蜗杆头数;

m——模数。

3. 蜗杆传动的旋转方向判断

蜗杆蜗轮的螺旋方向可分为左旋和右旋,蜗杆蜗轮的旋向判断方法,如图 6-48 所示。蜗杆、蜗轮的螺旋方向判断:蜗杆、蜗轮的螺旋方向用右手法则判定,即伸出右手掌心对着自

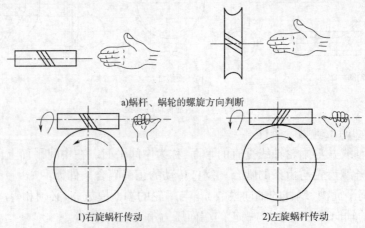

a) 蜗杆、蜗轮的螺旋方向判断

1) 右旋蜗杆传动　　2) 左旋蜗杆传动

b) 蜗杆传动的旋转方向判断

图 6-48　蜗杆蜗轮的旋向判断

已,4个手指并紧指向轴线摆放,齿向与手大拇指的指向一致时,为右旋蜗杆或蜗轮。反之,则为左旋蜗杆或蜗轮,如图6-48a)所示。蜗杆传动的旋转方向,与蜗杆、蜗轮自身旋转方向有关,还与自身螺旋方向有关。蜗杆传动的旋转方向判断:当蜗杆是右旋(或左旋)时,伸出右手(或左手)握住蜗杆轴线的拳头,用4个手指表示蜗杆的旋转方向,与大拇指指向相反的方向就是蜗轮的旋转方向。如图6-48b)所示。

(十一)轮系

在实际应用的机械中,为了满足各种需要,例如需要较大的传动比或做远距离传动等,常采用一系列互相啮合的齿轮(包括蜗杆传动)来组成传动装置。这种由一系列齿轮组成的传动装置称为齿轮系统,简称轮系。

1. 轮系的分类

轮系有两种基本类型:

1) 定轴轮系

如图6-49所示,在轮系运转时各齿轮几何轴线都是固定不变的,这种轮系称为定轴轮系。

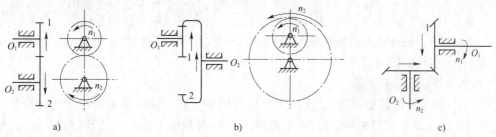

图6-49 定轴轮系

2) 行星轮系

如图6-50所示,在轮系运转时至少有一个齿轮的几何轴线绕另一几何轴线转动,这种轮系称为行星轮系。

2. 定轴轮系的传动比

1) 传动比的计算

轮系中,输入轴(轮)与输出轴(轮)的转速或角速度之比,称为轮系的传动比,通常用 i 表示。因为角速度或转速是矢量,所以,计算轮系传动比时,不仅要计算它的大小,而且还要确定输出轴(轮)的转动方向。

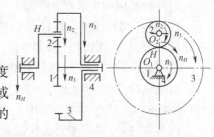

图6-50 行星轮系

根据轮系传动比的定义,一对圆柱齿轮的传动比为:

$$i_{12} = \frac{n_1}{n_2} = \pm \frac{z_2}{z_1}$$

式中,"±"为输出轮的转动方向符号,当输入轮和输出轮的转动方向相同时取"+"号、相反时取"−"号。

如图6-49a)所示的一对外啮合直齿圆柱齿轮传动,两齿轮旋转方向相反,其传动比规定为负值,表示为:

$$i = \frac{n_1}{n_2} = -\frac{z_2}{z_1}$$

如图 6-49b）所示为一对内啮合直齿圆柱齿轮传动,两齿轮的旋转方向相同,其传动比规定为正值,表示为：

$$i = \frac{n_1}{n_2} = \frac{z_2}{z_1}$$

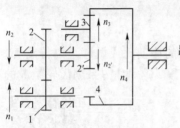

图 6-51 定轴轮系传动比的计算

如图 6-51 所示的定轴轮系,齿轮 1 为输入轮,齿轮 4 为输出轮。齿轮 2 和 2′是固定在同一根轴上的,即有 $n_2 = n_2'$。此轮系的传动比 i_{14} 可写为：

$$i_{14} = \frac{n_1}{n_4} = \frac{n_1}{n_2} \frac{n_2'}{n_3} \frac{n_3}{n_4} = i_{12} i_{2'3} i_{34}$$

$$= \frac{z_2}{z_1} \frac{z_3}{z_2'} \frac{z_4}{z_3}$$

上式表明,定轴轮系的总传动比等于各对啮合齿轮传动比的连乘积,其大小等于各对啮合齿轮中所有从动轮齿数的连乘积与所有主动轮齿数的连乘积之比,即

$$i_{1k} = \frac{n_1}{n_k} = (-1)^m \frac{\text{从 1 轮到 } k \text{ 轮之间所有从动轮齿数的连乘积}}{\text{从 1 轮到 } k \text{ 轮之间所有主动轮齿数的连乘积}} \quad (6-8)$$

式中：m——平行轴外啮合圆柱齿轮的对数,用于确定全部由圆柱齿轮组成的定轴轮系中输出轮的转向。

2) 非平行轴定轴齿轮系

非平行轴定轴齿轮系,其传动比的大小仍可用平行轴定轴齿轮系的传动比计算公式计算,但因各轴线并不全部相互平行,故不能用 $(-1)^m$ 来确定主动轮与从动轮的转向,必须用画箭头的方式在图上标注出各轮的转向。

(1) 圆锥齿轮传动。一对互相啮合的圆锥齿轮传动时,在其节点处的圆周速度是相同的,所以标志两者转向的箭头不是同时指向啮合点,就是同时背离啮合点。图 6-53c）轮系中圆锥齿轮的转向即可按此法判断。

(2) 蜗杆蜗轮传动。蜗杆蜗轮传动中蜗轮转向的判定方法,可用"右旋蜗杆左手握,左旋蜗杆右手握,四指拇指"来判定。

右旋蜗杆：伸出左手,四指顺蜗杆转向,则蜗轮的切向速度 vp_2 的方向与拇指指向相同。

左旋蜗杆：用右手判断,方法一样。

蜗杆旋向：左旋、右旋（常用）。

判定方法：与螺纹或斜齿轮的旋向判断方法相同。

(3) 惰轮的作用。在图 6-51 中,齿轮 3 同时与齿轮 2′、4 相啮合,既为主动轮又为从动轮,z_3 在 i_{14} 计算式中可以消掉,它对轮系传动比的大小没有影响,但增加了外啮合次数,改变了传动比的符号。这种仅影响输出轮转向的齿轮称为惰轮或过桥齿轮。

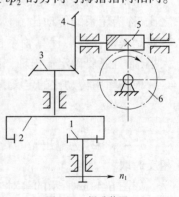

图 6-52 提升装置

例 6-1 如图 6-52 所示为提升装置。其中各轮齿数为：$z_1 = 20, z_2 = 80, z_3 = 25, z_4 = 30, z_5 = 1, z_6 = 40$。试求传动比

i_{16}。并判断蜗轮 6 的转向。

解： 因该轮系为定轴轮系，而且存在非平行轴传动，故应按式(6-8)计算轮系传动比的大小：

$$i_{16}=\frac{z_2 z_4 z_6}{z_1 z_3 z_5}=\frac{80\times30\times40}{20\times25\times1}=192$$

然后再按画箭头的方法确定蜗轮的转向，如图 6-52 所示。

3．周转轮系的传动比

1）行星轮系的组成

如图 6-53a）所示的行星轮系，主要由行星齿轮、行星架和太阳轮组成。图 6-53b）所示的齿轮 2 由构件 H 支承，运转时除绕自身几何轴线 O' 自转外，还随构件 H 上的轴线 O' 绕固定的几何轴线 O 公转，故称其为行星轮。支承行星轮的构件 H 称为行星架，与行星轮相啮合且几何轴线固定不动的齿轮 1、3（内齿轮）称为太阳轮。

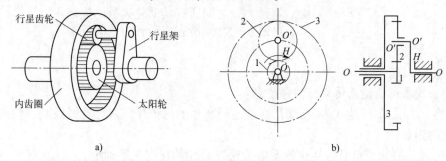

图 6-53 行星轮系

2）行星轮系的传动比计算

因为行星轮除绕本身轴线自转外，还随行星架绕固定轴线公转，所以行星轮系的传动比计算不能直接采用定轴轮系传动比计算公式。最常用的方法是转化机构法，也称反转法。

定轴轮系和行星轮系的根本区别在于行星轮的公转。实际上，我们完全可以认为定轴轮系是行星轮系中公转速度等于零的特例。换言之，当行星轮的公转速度等于零时，该行星轮系就变成了定轴轮系。现假想给图 6-54a）所示的整个行星轮系，加上一个与行星架的转速 n_H 大小相等方向相反的公共转速"$-n_H$"，则行星架 H 的转速从 n_H 变为 $n_H+(-n_H)$，即变为静止，而各构件间的相对运动关系并不变化，此时行星轮的公转速度等于零，得到了假想的定轴轮系[图 6-54b)]。这种假想的定轴轮系称为原行星轮系的转化轮系。转化轮系中，各构件的转速见表 6-12 所示。

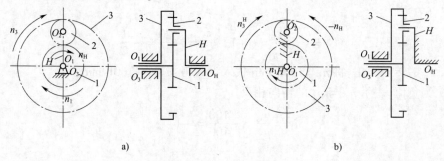

图 6-54 行星轮系及其传动比的计算

转化轮系中各构件的转速　　　　　　　　　　　　　表 6-12

构　件	行星齿轮系中的转速	转化齿轮系中的转速
太阳轮 1	n_1	$n_1^H = n_1 - n_H$
行星轮 2	n_2	$n_2^H = n_2 - n_H$
太阳轮 3	n_3	$n_3^H = n_3 - n_H$
行星架 H	n_H	$n_H^H = n_H - n_H = 0$
机架 4	$n_4 = 0$	$n_4^H = -n_H$

转化轮系中 1、3 两轮的传动比可根据定轴轮系传动比的计算方法得：

$$i_{13}^H = \frac{n_1^H}{n_3^H} = \frac{n_1 n_3}{n_3 n_H} = (-1)^1 \frac{z_2 z_3}{z_1 z_2} = -\frac{z_3}{z_1}$$

将以上分析归纳为一般情况，可得转化轮系传动比的计算公式为：

$$i_{1K}^H = \frac{n_1 - n_H}{n_k - n_H} = \pm \frac{\text{从 1 轮到 } K \text{ 轮之间所有从动轮齿数的连乘积}}{\text{从 1 轮到 } K \text{ 轮之间所有主动轮齿数的连乘积}} \tag{6-9}$$

式中：1——主动轮；

K——从动轮。

应用上式求行星轮系传动比时须注意：

（1）将 n_1、n_K、n_H 的值代入上式时，必须连同转速的正负号代入。若假设某一转向为正，则与其反向为负。

（2）公式右边的正负号按转化轮系中 1 轮与 K 轮的转向关系确定。

（3）在 n_1、n_K、n_H 三个参数中，已知任意两个，就可确定第三个，从而求出该行星轮系中任意两轮的传动比。要注意的是 $i_{1K}^H \neq i_{1K}$；$i_{1K}^H = n_1^H / n_K^H$ 为转化轮系中 1 轮与 K 轮转速之比，其大小及正负号按定轴轮系传动比的计算方法确定。$i_{1K} = n_1 / n_K$ 是行星轮系中 1 轮与 K 轮的绝对速度之比，其大小及正负号由计算结果确定。

例 6-2　在图 6-54a)所示的行星轮系中，已知 $n_1 = 100\text{r/min}$，假设轮 3 固定不动，各轮齿数为 $z_1 = 40, z_2 = 20, z_3 = 80$。求①$n_H$ 和 n_2；②i_{12}^H 和 i_{12}。

解： 由式（6-9）得

$$i_{13}^H = \frac{n_1 - n_H}{n_3 - n_H} = (-1)^1 \frac{z_3}{z_1}$$

取 n_1 的转向为正，将 $n_1 = 100\text{r/min}$，$n_3 = 0$ 代入上式得：$n_H = 33.3\text{r/min}$。

求得的 n_H 为正，表示 n_H 与 n_1 的转向相同。

由式（6-9）

$$i_{12}^H = \frac{n_1 - n_H}{n_2 - n_H} = (-1)^1 \frac{z_2}{z_1} = -\frac{20}{40} = -\frac{1}{2}$$

仍取 n_1 的转向为正，将 $n_1 = 100\text{r/min}$ 代入上式得：$n_2 = -100\text{r/min}$。

求得的 n_2 为负值，表示 n_2 与 n_1 的转向相反。

$$i_{12} = \frac{n_1}{n_2} = -\frac{100}{100} = -1$$

注意： $i_{12}^H \neq i_{12}$；$i_{12} \neq -\frac{z_2}{z_1}$。

例 6-3 图 6-55 所示为汽车差速器,当汽车直线行驶,左右两后轮转速相同,行星轮不自转,齿轮 1、2、3、2′如同一个整体,一起随齿轮 4 转动,此时 $n_3 = n_4 = n_1$,差速器起到联轴器的作用。

汽车转弯时,左右两轮的转弯半径不同,两轮行走的距离也不相同,为保证两轮与地面做纯滚动,要求两轮的转速也不相同。此时,因左右轮的阻力不同使行星轮自转,造成左右半轴齿轮 1 和 3 连同左右车轮一起产生转速差,从而适应了转弯的需求。差速器此时起到运动分解的作用。

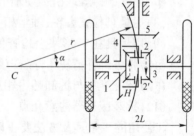

图 6-55 汽车后桥差速器

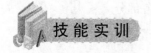

减速器(或汽车手动变速器)的拆装

(一)实训内容

(1)掌握拆装减速器的顺序。
(2)检查各齿轮的要素及相关尺寸。
(3)检查各轴承的要素及相关尺寸。
(4)检查各传动轴的要素及相关尺寸。
(5)检查各密封件的要素。

(二)实训目的

(1)通过拆装减速器了解其工作原理。
(2)通过拆装减速器熟悉其结构及齿轮啮合传动关系。
(3)通过拆装减速器掌握拆装方法。
(4)通过拆装减速器学会分析故障原因。

(三)实训器材

齿轮减速器(或手动变速器);扳手、套筒、梅花扳手各一套;拉力器、十字起、一字起、橡胶锤、紫铜棒、平口钳、尖嘴钳各一件;钳工工作台;量具(齿轮卡尺、外径千分尺、百分表)、V 形块、相应的专业维修工具等。

(四)减速器拆装操作步骤及工作要点

(1)清除减速器外表灰尘、杂物及油污。
(2)松开上盖与下座的连接螺栓。
(3)用橡胶锤敲去上盖,取下上盖。
(4)观察减速器内部结构及运动情况。

(5)取出各传动轴及齿轮总成。

(6)用拉力器摘除传动轴两端的轴承。

(7)用紫铜棒等取出传动轴上的齿轮。

(8)用量具检查齿轮、轴承相关尺寸。

(9)用量具在V形块上检查传动轴的要素及相关尺寸。

(10)将各部件清洗干净,摆放整齐。

(11)装配顺序与拆卸顺序相反。

(12)拆装减速器注意几点。

①使用的工量具及方法要正确,读数要准确。

②不可用榔头,更不能用工量具直接敲打轴承、齿轮和传动轴的各部分。

③拆装过程中注意量具、工用具、零部件的放置位置,严禁混放在一起。

④拆装过程中一定要注意人身安全。

注:手动变速器的拆装步骤可参考各型号的维修手册的要求来进行。

模块小结

通过本模块知识脉络图(图6-56),自行对所学知识进行梳理总结。

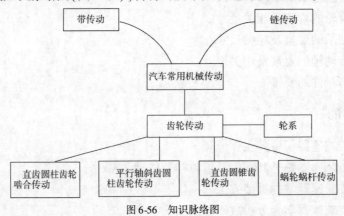

图6-56 知识脉络图

思考与练习

(一)填空题

1.带传动一般由_____、_____和_____组成。

2.摩擦型带传动按截面形状可分为_____传动、_____传动、_____传动和_____传动。

3.链传动一般由_____、_____和_____组成。

4.普通V带轮由_____、_____和_____3部分组成。

5.常见的张紧方法有:_____张紧方法、_____张紧方法和_____张紧方法。

6.渐开线标准直齿圆柱齿轮的基本参数有:_____、_____、_____、_____和_____等。

7.用零变位方法加工出来的齿轮称为_____齿轮,用正、负变位方法加工出来的齿轮称为_____齿轮。

8.标准圆锥齿轮正确安装的条件是:_____圆锥与_____圆锥重合。

9.蜗轮的螺旋方向用右手法则判定,即伸出右手掌心对着自己,4个手指并紧指向轴线摆放,齿向与手的大拇指的指向一致时,为_____蜗杆或蜗轮。

10.如果齿轮系运转时,至少有一个齿轮的轴线绕其他轴线转动的齿轮系称为_____。

(二)选择题

1.当带弯曲时长度和宽度均不变的中性层称为( )。
　A.节宽　　　B.节面　　　C.节距　　　D.节长

2.V带轮轮槽基准宽度所在的圆的直径称为( )。
　A.基准直径　B.顶圆直径　C.根圆直径　D.分度圆直径

3.由外链板、内链板、滚子、套筒和销轴组成是( )。
　A.起重链　　B.曳引链　　C.齿形链　　D.滚子链

4.小直径V带轮的结构采用( )。
　A.实心带轮　B.腹板带轮　C.孔板带轮　D.椭圆轮辐

5.链传动的倾斜布置是:当水平布置无法实现时,倾斜布置应使倾斜角小于( )。
　A.45°　　　B.50°　　　C.60°　　　D.75°

6.我国标准齿轮分度圆上的压力角等于( )。
　A.15°　　　B.18°　　　C.20°　　　D.22°

7.由齿轮的轮齿顶部所组成的圆叫作( )。
　A.齿顶圆　　B.齿根圆　　C.分度圆　　D.基圆

8.正常齿制 $h_a^*=1$ 的标准渐开线直齿圆柱齿轮不产生根切现象的最少齿数为( )。
　A.14　　　B.17　　　C.18　　　D.19

(三)判断题

1.带传动都是依靠传动带与带轮的相互摩擦来传递运动和动力的。( )

2.链传动是依靠链条与链轮的相互摩擦来传递运动和动力的。( )

3.金属带轮和链轮都需要进渗碳、淬火热处理才能耐磨。( )

4.普通V带按横截面的尺寸分为Y、Z、A、B、C、D、E 7种型号,但Y型的横截面尺寸最大,E型的横截面尺寸最小。( )

5.链节距越大,承载能力越大,但结构尺寸也越大。( )

6.两齿轮正确啮合条件是两齿轮的模数和压力角必须分别相等。( )

7.一对齿轮连续传动的条件是重合度必须小于等于1。( )

8.如果齿轮系运转时所有齿轮的轴线保持固定不变称为定轴齿轮系。( )

9.将具有两个自由度的行星齿轮系称为差动齿轮系。( )

10.在齿轮系中不影响齿轮系传动比大小,只起到改变转向作用的齿轮称为惰轮。( )

(四)简答题

1.V带楔角和带轮槽角是否相等?为什么?

2. 安装传动带时,为什么要张紧?常用带的张紧装置有哪几种?
3. 何谓齿轮模数?为什么要规定模数的标准系列?
4. 一对齿轮的正确啮合条件和传动连续条件是什么?各说明什么问题?
5. 在蜗杆转向一定的条件下,如何判别蜗轮转向?
6. 常用的齿轮材料有哪些?在选择齿轮材料应考虑哪些因素?
7. 何谓定轴齿轮系和行星齿轮系?行星齿轮系与差动齿轮系有何区别?如何判别?
8. 齿轮传动有哪些失效形式?各种失效原因是什么?采取哪些措施来防止或减缓失效的发生?

(五)计算题

1. 今测得一标准直齿圆柱齿轮的齿顶圆直径 $d_a=208$mm,齿根圆直径 $d_f=172$mm,齿数 $Z=24$。试求该齿轮的模数 m。

2. 已知一对外啮合标准直齿圆柱齿轮机构的传动比 $i=2.5$,$Z_1=40$,$h_a^*=1$,$c^*=0.25$,$M=10$mm,试求这对齿轮的主要尺寸 d_1,d_2,d_{a1},d_{a2},a。

3. 在如图6-57所示的齿轮系中,已知各齿轮齿数分别为 $Z_1=20$,$Z_2=40$,$Z_3=15$,$Z_4=60$,$Z_5=18$,$Z_6=18$,$Z_9=20$,齿轮9的模数 $m=3$mm,蜗杆(左旋)头数 $Z_7=1$,蜗轮齿数 $Z_8=40$,齿轮1的转向如箭头所示,转速 $n_H=100$r/min,试求齿条10的速度和移动方向。

4. 在如图6-58所示齿轮系中,已知各齿轮齿数 $Z_1=Z_3$,$Z_2=Z_{2'}$、$n_1=50$r/min(顺时针转动)。

试求:(1) $n_1=0$ 时,n_3 为多少?

(2) $n_1=200$r/min 时(逆时针转动),n_3 为多少?

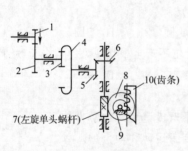

图6-57 齿轮系

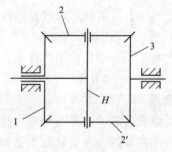

图6-58 齿轮系

模块七　汽车液压与气压传动

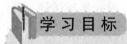

☞ 知识目标

1. 掌握液(气)压传动系统的概念、组成和应用;
2. 掌握液(气)压系统的主要部件的工作原理;
3. 掌握汽车典型液压、气压系统的组成和工作原理。

☞ 能力目标

1. 能通过液(气)压系统图,分析一般液(气)压系统的工作过程;
2. 能够分析汽车典型液(气)压系统的工作过程。

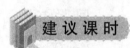

16 课时

液(气)压传动是以液(气)体作为工作介质,利用液(气)体压力来传递动力和进行控制的一种传动方式。液压传动系统具有体积小、重量轻、操纵控制简便、易实现自动化等特点,因此,被广泛应用于现代汽车的制动系统、转向系统和自动变速器中。气压传动也广泛应用于载重汽车、大型客车的制动系统。

一、液压传动基础知识

(一)液压传动概述

1. 液压传动的工作原理

液压传动的工作原理可以用一个液压千斤顶的工作原理来说明。

图 7-1 所示是液压千斤顶的工作原理图。提起杠杆 1 时,小活塞 2 就被带动向上运动,于是小液压缸 3 的下腔密封空间容积增大,压力下降,低于一个大气压,形成部分真空。这时钢球 5 将所在的油路关闭,油箱 10 中的油液在大

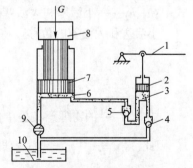

图 7-1　液压千斤顶的工作原理
1-杠杆;2-小活塞;3-小液压缸;4、5-钢球;6-大液压缸;7-大活塞;8-重物;9-放油阀;10-油箱

气压力的作用下推开钢球4,沿着吸油管道进入小缸的下腔,完成了一次吸油动作。接着,压下杠杆1,小活塞下移,小缸下腔的密封空间容积减小,压力升高,这时钢球4自动关闭了油液流回油箱的通路,小缸下腔的压力油就推开钢球5进入大液压缸6的下腔,推动大活塞将重物8(重力为G)向上顶起一段距离。如此反复地提、压杠杆1,就可以使重物不断升起,达到起重的目的。

若将放油阀9旋转90°,则在重物8的自重作用下,大缸中的油液流回油箱,活塞下降到原位。

由此得出结论:密封容积中的液体既可以传递力,又可以传递运动。因此液压传动又称容积式液压传动。

从上例进一步可看出,液压传动是以液体为工作介质,借助于密封工作空间的容积变化和油液的压力来进行能量传递和运动控制的传动方式。

2. 力比、速比及功率关系

图7-2为液压千斤顶简化模型,据此可分析推导出两活塞间的力比、速比及功率关系。设大、小活塞的面积为 A_2、A_1,当作用在大活塞的负载为 G,作用在小活塞的作用力为 F 时,根据帕斯卡原理,即"在密闭容器内,施加于静止液体上的压力将同时以等值传递到液体内各点"。

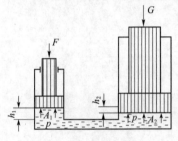

图7-2 液压千斤顶简化模型

设缸内压力为 p,运动摩擦力忽略不计,则有:

$$p = \frac{F}{A_1} = \frac{G}{A_2}$$

式中:A_1、A_2——分别为小活塞和大活塞的作用面积;
　　　F——为杠杆手柄作用在小活塞上的力;
　　　G——作用在大活塞的负载。

如果不考虑液体的可压缩性、泄漏损失和缸体、油管的变形,则从图7-2可以看出,被小活塞压出的油液的体积必然等于大活塞向上升起后大缸扩大的体积,即

$$A_1 \cdot h_1 = A_2 \cdot h_2$$

式中:h_1、h_2——小活塞和大活塞的位移。

小活塞和大活塞的位移。将式两端同除以活塞移动的时间 t 得:

$$A_1 \frac{h_1}{t} = A_2 \frac{h_2}{t}$$

式中,$A_1 \frac{h_1}{t}$ 的物理意义是单位时间内,液体流过截面积为 A 的体积,称为流量 q,$q = A \cdot v$。因此,得 $q = A_1 \cdot v_1 = A_2 \cdot v_2$ 即:

$$\frac{v_1}{v_2} = \frac{A_2}{A_1}$$

式中:v_1、v_2——小活塞和大活塞的运动速度。

使负载 G 上升所需的功率为:

$$P = G \cdot v_2 = p \cdot A_2 \frac{q}{A_2} = p \cdot q$$

即 p 的单位为 $Pa(N/m^2)$，q 的单位为 m^3/s，P 的单位为 $W(N \cdot m/s)$。

由此可见，压力 p 和流量 q 是液体传动中最基本、最重要的两个参数，它们相当于机械传动中的力和速度，它们的乘积即为功率，可称为液压功率。

由于计算时功率 P 常用的单位为 kW，而压力 p 常用的单位为 MPa，流量 q 常用的单位为 L/min，所以还必须进行单位换算。

从以上分析可知，液压传动是以液体的压力能来传递动力的。

液体的压力是指液体在单位面积上所受的作用力，确切地说应该是压力强度（或压强），工程上习惯叫压力，单位为 $Pa(N/m^2)$。

液压系统中的两个重要概念：

(1) 压力取决于负载，在图 7-2 所示的简化模型中，只有大活塞上有了重物 G（负载），小活塞上才能施加上作用力 F，而有了负载和作用力，才产生液体压力 p，有了负载，液体才会有压力，并且压力大小决定于负载，而与流入的液体多少无关。这是一个很重要的概念。今后，在分析液压系统中元件和系统的工作原理时经常要用到它。实际上，液压传动中液体的压力相当于机械传动中机械构件的应力。机械构件应力是决定于负载的，同样液体的压力也是决定于负载的。但是机械构件在传动时可以承受拉、压、弯、剪等各种应力，而液压传动中液体只能承受压力，这是二者的重要区别。

(2) 速度取决于流量，可得到另一个重要的基本概念，调节进入缸体的流量 q，即可调节活塞的运动速度 v，这就是液压传动能实现无级调速的基本原理。即活塞的运动速度（马达的转速）取决于进入液压缸（马达）的流量，而与液体压力大小无关。

以上两个重要概念将在本门课程的学习和应用中贯穿始终，必须掌握。

3. 液压系统的组成

根据以上实例分析，液压系统由以下五部分组成：

(1) 动力元件——液压泵将机械能转换为液压能，给整个系统提供压力油。

(2) 执行元件——液压缸或液压马达将液压能转换为机械能，可克服负载做功。

(3) 控制元件——各种阀类可控制和调节液压系统的压力、流量及液流方向，以改变执行元件输出的力（或转矩）、速度（或转速）及运动方向。

(4) 辅助元件——油管、管接头、油箱、过滤器、蓄能器和压力表等起连接、储油、过滤、储存压力能和测量油液压力等作用的辅助元件。

(5) 工作介质——传递压力的工作介质通常为液压油，同时还可起润滑、冷却和防锈的作用。

4. 液压系统图的图形符号

为了简化液压原理图的绘制，《流体传动系统及元件图形符号和回路图 第 1 部分：用于常规用途和数据处理的图形符号》（GB/T 786.1—2009）规定了"液压气动图形符号"，这些符号只表示元件的职能，不表示元件的结构和参数。一般液压传动系统图均应按标准规定的图形符号绘制，若某些元件无法用图形符号表示，或需着重说明系统中某一重要元件的结构和动作原理时，允许采用结构原理图表示。图 7-4 即为用图形符号绘制的图 7-3 所示的磨床工作台液压系统工作原理图。

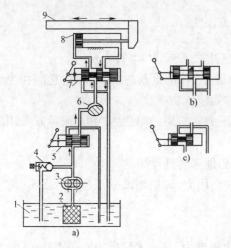
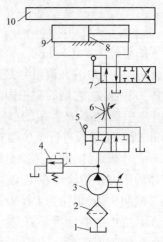

图 7-3 磨床工作台液压系统工作原理图
1-油箱;2-过滤器;3-液压泵;4-溢流阀;5、7-换向阀;6-节流阀;8-液压缸;9-工作台

图 7-4 磨床工作台液压系统图形符号图
1-油箱;2-过滤器;3-液压泵;4-溢流阀;5、7-换向阀;6-节流阀;8-活塞;9-液压缸;10-工作台

(二)液压泵与液压缸

1. 液压泵的工作原理及特点

图 7-5 所示的是一单柱塞液压泵的工作原理图。图中柱塞 2 安装在缸体 3 中形成一个密封容积 a,柱塞在弹簧 4 的作用下始终紧抵在偏心轮 1

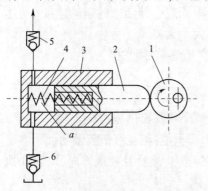

图 7-5 单柱塞液压泵工作原理图
1-偏心轮;2-柱塞;3-泵体;4-弹簧;5、6-止回阀

上。原动机驱动偏心轮 1 旋转时,柱塞 2 将做往复运动,使密封容积 a 的大小发生周期性的交替变化。当 a 由小变大时就形成部分真空,油箱中油液在大气压作用下,经吸油管顶开止回阀 6 进入油箱 a 而实现吸油;反之,当 a 由大变小时,a 腔中吸满的油液将顶开止回阀 5 流入系统而实现压油。原动机驱动偏心轮不断旋转,液压泵就不断地吸油和压油,这样液压泵就将原动机输入的机械能转换成液体的压力能输出。

如上是以单柱塞液压泵来分析液压泵的工作原理的,但代表了液压泵的共同性质。液压泵都是依靠密封容积变化的原理来进行工作的,故一般称为容积式液压泵。构成容积式泵的两个必要条件是:

(1) 有能形成容积变化的密封工作空间。容积由小变大时吸油,由大变小时压油。

(2) 有与容积变化相协调的配流装置。配流装置保证密封容积由小变大时只与吸油管相通,由大变小时只与压油管相通。上述单柱塞泵中的两个止回阀 5 和 6 就是起配流作用的。配流装置在结构中一般是以配流盘或配流轴的形式出现的。

2. 液压泵的主要性能参数

1) 工作压力和额定压力

(1) 工作压力。液压泵实际工作时的输出压力称为工作压力。工作压力的大小取决于外负载。

(2) 额定压力。液压泵在正常工作条件下,按试验标准规定连续运转的最高压力称为液压泵的额定压力。

(3) 最高允许压力。在超过额定压力的条件下,根据试验标准规定,允许液压泵短暂运行的最高压力值,称为液压泵的最高允许压力。超过这个压力液压泵很快损坏。

2) 液压泵的排量和流量

(1) 排量。

排量指泵每转一圈所通过的油液体积,由泵在工作时密封空间几何尺寸变化计算而得。在图7-5中,排量为柱塞左、右行程之间的体积。排量用 V 表示,常用单位为 mL/r。

泵的排量一般标注在泵的标牌上,其数值大小未考虑泵的泄漏因素,只与泵的结构尺寸有关。体积较大的泵,其排量一般也较大。

(2) 流量。

理论输出流量 q_t:是在不考虑泄漏情况下的泵的输出流量,其值与泵的工作压力无关,它等于排量和转速的乘积,即

$$q_t = Vn$$

实际输出流量 q:是在考虑泄漏情况下的泵的输出流量。由于存在泄漏,泵的实际输出流量小于理论输出流量。

泵的实际输出流量 q 与理论输出流量 q_t 的比值称为容积效率,用 η_V 表示。因此,泵的实际输出流量为

$$q = q_t \eta_V = V n \eta_V$$

泵的实际输出流量与工作压力有一定的关系。载荷增大,泵的工作压力增加,泵的泄漏量也随之增加,容积效率下降,使实际输出流量减小。当泵的工作压力小于额定压力时,泵的泄漏量受工作压力的影响较小,不致影响其正常工作。但如果工作压力大于额定压力,泄漏量会明显增加,液压泵将无法正常工作。泵的实际输出流量随工作压力而变化的关系曲线如图7-6所示。

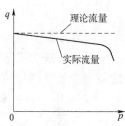

图7-6 泵的实际输出流量与压力的关系

3. 齿轮泵

齿轮泵是一种常用液压泵,其主要特点是结构简单,制造方便,价格低廉,体积小,质量轻,自吸性能好,对油液污染不敏感,工作可靠;其主要缺点是流量和压力脉动大,噪声大,排量不可调。

按齿轮的啮合方式不同,齿轮泵分为外啮合齿轮泵和内啮合齿轮泵,下面以外啮合齿轮泵为例进行说明。

图7-7所示的外啮合齿轮泵是一对几何参数完全相同的齿轮1、2,泵体3,前、后盖板4、5等零件组成。在泵体3上开有吸油口和排油口。泵体内两相互啮合的齿轮,泵体、前、后盖一起构成密闭容积,同时,两齿轮的啮合点又将上、下两腔隔开,形成了排、吸油腔。

当两齿轮按图示方向旋转时,由于齿轮 f 和 g' 的齿顶圆半径 R_e 在单位时间内所扫过的容积大于 h 和 h' 啮合点 P 的半径 R_p 在单位时间内所扫过的容积,致使吸油

腔(由齿 f、g、h、h'、g' 的表面及泵体 3 和前、后盖 4、5 的内表面组成)的容积增大,产生真空,吸入液体。充满齿间的液体沿泵壳内表面被带到排油腔(由 a、b、c'、b'、a' 的表面及泵体 3 和前、后盖 4、5 的内表面组成)。由于齿 b 和 c' 的齿顶面半径 R_e 在单位时间内所扫过的容积大于 a 和 a' 的啮合点 N 的半径 R_N 在单位时间内所扫过的容积,致使压油腔的容积减小,将液体排除。随着齿轮旋转,轮齿依次进入啮合,吸油腔周期性地由小变大,排油腔周期性地由大变小,齿轮泵不断地吸油和排油。

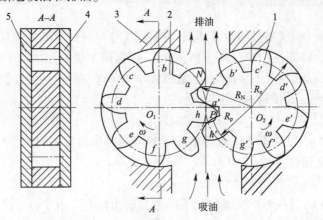

图 7-7 外啮合型齿轮泵工作原理
1、2-齿轮;3-泵体;4、5-前、后盖板

4. 叶片泵

叶片泵根据工作原理可分为单作用式及双作用式两类。单作用式可做成各种变量型,但主要零件在工作时要受径向不平衡力的作用,工作条件较差。双作用式一般不能变量,但径向力平衡,工作情况较好,应用得到推广。

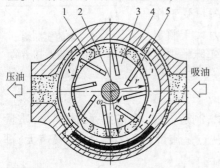

图 7-8 双作用叶片泵的工作原理
1-配流盘上的窗口;2-轴;3-转子;4-定子;5-叶片

图 7-8 所示为双作用叶片泵的工作原理。该泵主要由定子 4、转子 3、叶片 5 及安装在它们两侧的配流盘组成,定子与转子的中心重合,定子内表面近似椭圆形。转子上沿圆周均布的若干个叶片槽内分别安放有叶片,这些叶片可沿叶片槽做近似径向滑动。在两侧的配流盘上,对应于定子四段过渡曲线的位置开有四个腰形配油窗口,其中两个窗口与泵的吸油口相通,为吸油窗口;另两个窗口与泵的压油口连通,为压油窗口。当转子由原动机带动按图示方向旋转时,叶片在离心力的作用下外伸,压向定子内表面,并随定子内表面曲线的变化在叶片槽内往复滑动。于是,相邻叶片间的密封容积随转子的转动而发生变化。经过吸油窗口处时容积增大,产生真空度,通过吸油窗口从油箱中吸油;经过压油窗口处时容积缩小,通过压油窗口向系统压油。因此,该泵是依靠相邻叶片间的容积变化实现吸、压油的。转子每转一周,每个密封空间完成两次吸、压油,故这种泵称为双作用叶片泵。因吸、压油区域对称布置,故转子和轴承所受的径向液压作用力相平衡。这种泵的排量不可调,为定量泵。由于改善了机件的受力情况,所以双

作用叶片泵可承受的工作压力比普通齿轮泵高。

5. 柱塞泵

柱塞泵是靠柱塞在缸体柱塞孔中往复运动时造成密封工作容积的变化,实现吸油和排油的。根据柱塞的布置和运动方向与传动主轴相对位置的不同,柱塞泵可分为径向柱塞泵和轴向柱塞泵两大类。

图 7-9 所示为配流轴式径向柱塞泵的工作原理。它是由定子 1、转子(缸体)2、配流轴 3、衬套 4 和柱塞 5 等主要零件构成。沿转子的半径方向均匀分布有若干个柱塞缸,柱塞可在其中灵活滑动。衬套 4 与转子 2 内孔是紧配合,随转子一起转动。配流轴 3 固定不动,其结构如图中右半部所示。当转子转动时,由于定子 1 内圆中心和转子 2 中心之间有偏心距 e,于是柱塞在定子内表面的作用下,在转子的柱塞缸中做往复运动,实现密封容积变化。为了配流,在配流轴与衬套 4 接触处加工出上下两个缺口,形成吸、压油口 a 和 b,留下的部分形成封油区。转子每转一圈,每个柱塞往复一次,完成一次吸油和压油。沿水平方向移动定子,改变偏心距 e 的大小,便可改变柱塞移动的行程长度,从而改变密封容积变化的大小,达到改变其输出流量的目的。若改变偏心距 e 的偏移方向,则泵的输油方向亦随之改变,即成为双向的变量径向柱塞泵。

6. 液压缸

1)液压缸的基本类型和特点

(1)活塞缸。

活塞式液压缸缸体内有一与缸体内表面相配合的活塞。活塞把缸体分成两个腔并沿缸体内表面做往复运动。活塞杆一端与活塞相连,另一端与工作机构相接。活塞缸有双杆式活塞缸和单杆式活塞缸两种基本形式。

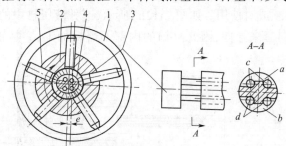

图 7-9 径向柱塞泵的工作原理
1-定子;2-转子;3-配流轴;4-衬套;5-柱塞

图 7-10 所示为双杆活塞式液压缸,这种液压缸其活塞两端都有活塞杆。双杆活塞式液压缸有缸体固定和活塞杆固定两种形式,缸体固定时,工作台移动范围更大一些。这种液压缸的最大特点是,两端的活塞杆直径通常是相等的,因而左右两腔油液的有效作用面积相等。

如图 7-11 所示,活塞只有一端带活塞杆,单杆液压缸也有缸体固定和活塞杆固定两种形式,但它们的工作台移动范围都是活塞有效行程的两倍。

由于液压缸两腔的有效工作面积不等,因此它在两个方向上的输出推力和速度也不等。

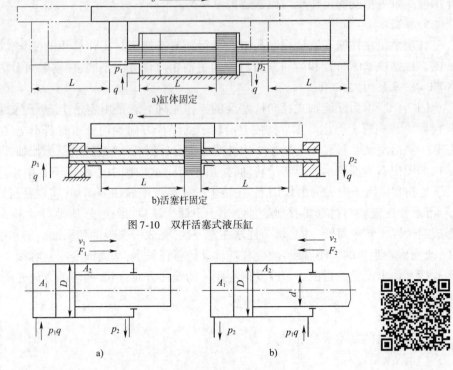

图 7-10 双杆活塞式液压缸

图 7-11 单杆活塞式液压缸

(2)柱塞缸。

如图 7-12a)所示为柱塞缸,它只能实现一个方向的液压传动,反向运动要靠外力。若需要实现双向运动,则必须成对使用。如图 7-12b)所示,这种液压缸中的柱塞和缸筒不接触,运动时由缸盖上的导向套来导向,因此缸筒的内壁不需精加工,它特别适用于行程较长的场合。

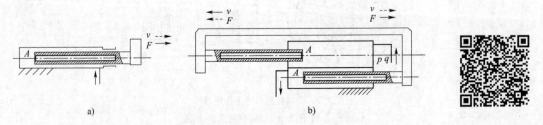

图 7-12 柱塞缸

2)液压缸的典型结构和组成

图 7-13 所示的是一个较常用的双作用单活塞杆液压缸。它是由缸底 20、缸筒 10、缸盖兼导向套 9、活塞 11 和活塞杆 18 组成。缸筒一端与缸底焊接,另一端缸盖(导向套)与缸筒用卡键 6、套 5 和弹簧挡圈 4 固定,以便拆装检修,两端设有油口 A 和 B。活塞 11 与活塞杆 18 利用卡键 15、卡键帽 16 和弹簧挡圈 17 连在一起。活塞与缸孔的密封采用的是一对 Y 形聚氨酯密封圈 12,由于活塞与缸孔有一定间隙,采用由尼龙 1010 制成的耐磨环(又叫支承环)13 定心导向。杆 18 和活塞 11 的内孔由密封圈 14 密封。较长的导向套 9 则可保证活塞

杆不偏离中心,导向套外径由 O 形密封圈 7,而其内孔则由 Y 形密封圈 8 和防尘圈 3 分别防止油外漏和灰尘带入缸内。缸与杆端销孔与外界连接,销孔内有尼龙衬套抗磨。

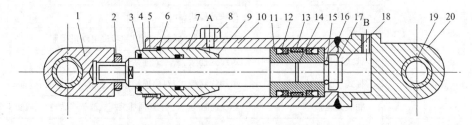

图 7-13　双作用单活塞杆液压缸

1-耳环;2-螺母;3-防尘圈;4、17-弹簧挡圈;5-套;6、15-卡键;7、14-O 形密封圈;8、12-Y 形密封圈;9-缸盖兼导向套;10-缸筒;11-活塞;13-耐磨环;16-卡键帽;18-活塞杆;19-衬套;20-缸底

(三)液压阀及其他辅助元件

1. 阀的基本类型和要求

1)液压阀的作用

液压阀是用来控制液压系统中油液的流动方向或调节其压力和流量的,因此它可分为方向阀、压力阀和流量阀三大类。一个形状相同的阀,可以因为作用机制的不同,而具有不同的功能。压力阀和流量阀利用通流截面的节流作用控制着系统的压力和流量,而方向阀则利用通流通道的更换控制着油液的流动方向。这就是说,尽管液压阀存在着各种各样不同的类型,它们之间还是保持着一些基本共同点的。例如:在结构上,所有的阀都由阀体、阀芯(转阀或滑阀)和驱使阀芯动作的元、部件(如弹簧、电磁铁)组成。

在工作原理上,所有阀的开口大小,阀进、出口间压差以及流过阀的流量之间的关系都符合孔口流量公式,仅是各种阀控制的参数各不相同而已。

2)液压阀的分类

液压阀可按不同的特征进行分类,如表 7-1 所示。

液压阀的分类　表 7-1

分类方法	种　类	详细分类
按机能分类	压力控制阀	溢流阀、顺序阀、卸荷阀、平衡阀、减压阀、比例压力控制阀、缓冲阀、仪表截止阀、限压切断阀、压力继电器
	流量控制阀	节流阀、单向节流阀、调速阀、分流阀、集流阀、比例流量控制阀
	方向控制阀	止回阀、液控止回阀、换向阀、行程减速阀、充液阀、梭阀、比例方向阀
按结构分类	滑阀	圆柱滑阀、旋转阀、平板滑阀
	座阀	锥阀、球阀、喷嘴挡板阀
	射流管阀	射流阀

续上表

分类方法	种 类	详细分类
按操作方法分类	手动阀	手把及手轮、踏板、杠杆
	机动阀	挡块及碰块、弹簧、液压、气动
	电动阀	电磁铁控制、伺服电动机和步进电动机控制
按连接方式分类	管式连接	螺纹式连接、法兰式连接
	板式及叠加式连接	单层连接板式、双层连接板式、整体连接板式、叠加阀
	插装式连接	螺纹式插装(二、三、四通插装阀)、法兰式插装(二通插装阀)
按其他方式分类	开关或定值控制阀	压力控制阀、流量控制阀、方向控制阀
按控制方式分类	电液比例阀	电液比例压力阀、电源比例流量阀、电液比例换向阀、电流比例复合阀、电流比例多路阀、三级电液流量伺服
	伺服阀	单、两级(喷嘴挡板式、动圈式)电液流量伺服阀、三级电液流量伺服
	数字控制阀	数字控制压力控制流量阀与方向阀

3) 对液压阀的基本要求

对液压阀的基本要求:动作灵敏,使用可靠,工作时冲击和振动小;油液流过的压力损失小;密封性能好;结构紧凑,安装、调整、使用、维护方便,通用性大。

2. 方向控制阀

方向控制阀是用来改变液压系统中各油路之间液流通断关系的阀类,如止回阀、换向阀及压力表开关等。

1) 止回阀

液压系统中常见的止回阀有普通止回阀和液控止回阀两种。

(1) 普通止回阀。

普通止回阀的作用,是使油液只能沿一个方向流动,不许它反向倒流。

图 7-14a)所示是一种管式普通止回阀的结构。压力油从阀体左端的通口 P_1 流入时,克服弹簧 3 作用在阀芯 2 上的力,使阀芯向右移动,打开阀口,并通过阀芯 2 上的径向孔 a、轴向孔 b 从阀体右端的通口流出。但是压力油从阀体右端的通口 P_2 流入时,它和弹簧力一起使阀芯锥面压紧在阀座上,使阀口关闭,油液无法通过。图 7-14b)所示是止回阀的职能符号图。

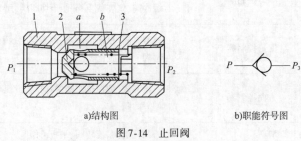

a) 结构图 b) 职能符号图

图 7-14 止回阀

1-阀体;2-阀芯;3-弹簧

(2) 液控止回阀。

图 7-15a)所示是液控止回阀的结构。当控制口 K 处无压力油通入时,它的工作机制和

普通止回阀一样;压力油只能从通口 P_1 流向通口 P_2,不能反向倒流。当控制口 K 有控制压力油时,因控制活塞 1 右侧 a 腔通泄油口,活塞 1 右移,推动顶杆 2 顶开阀芯 3,使通口 P_1 和通口 P_2 接通,油液就可在两个方向自由通流。图 7-15b)所示是液控止回阀的职能符号。

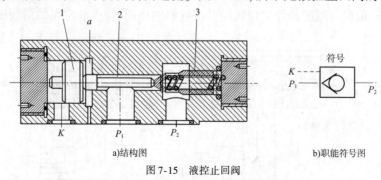

图 7-15　液控止回阀
1-活塞;2-顶杆;3-阀芯

2)换向阀

换向阀利用阀芯相对于阀体的相对运动,使油路接通、关断,或变换油流的方向,从而使液压执行元件启动、停止或变换运动方向。换向阀应满足:油液流经换向阀时的压力损失要小;互不相通的油口间的泄漏要小;换向要平稳、迅速且可靠。

(1)转阀式换向阀。

图 7-16a)所示为转动式换向阀(简称转阀)的工作原理图。

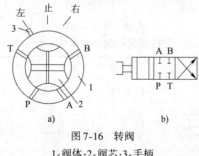

图 7-16　转阀
1-阀体;2-阀芯;3-手柄

该阀由阀体 1、阀芯 2 和使阀芯转动的操作手柄 3 组成,在图示位置,通口 P 和 A 相通、B 和 T 相通;当操作手柄转换到"止"位置时,通口 P、A、B 和 T 均不相通,当操作手柄转换到另一位置时,则通口 P 和 B 相通,A 和 T 相通。此阀因有三个工作位置,四个通口,阀芯靠手动实现转动,所以称作三位四通手动换向阀,图 7-16b)所示是它的职能符号。

(2)滑阀式换向阀。

图 7-17 所示为滑阀式电磁换向阀的换向原理及相应的图形符号图。它变换油液的流动方向是利用阀芯相对阀体的轴向位移来实现的。换向阀变换左、右位置,即使得执行元件变换了运动方向。此阀因有两个工作位置,四个通口,阀芯靠电磁铁推力实现移动,所以称作二位四通电磁换向阀。

(3)三位换向滑阀的中位机能。

三位换向滑阀的左、右位是切换油液的流动方向,以改变执行元件的运动方向。其中位为常态位置。中位机能是指换向阀里的滑阀处在中间位置或原始位置时阀中各油口的连通形式,体现了换向阀的控制机能。采用不同形式的滑阀会直接影响执行元件的工作状况。利用中位 P、A、B、T 间通路的不同连接,可获得不同的中位机能以适应不同的工作要求。表 7-2 所示为三位换向阀的各种中位机能以及它们的作用、特点。常见的滑阀操纵方式示于图 7-18 中。

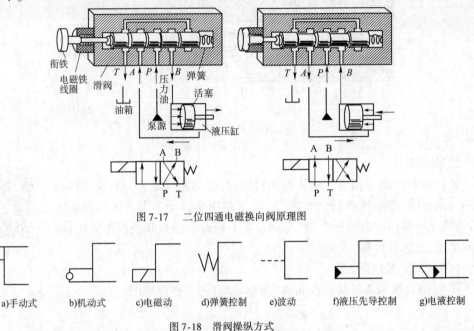

图 7-17　二位四通电磁换向阀原理图

a) 手动式　b) 机动式　c) 电磁动　d) 弹簧控制　e) 波动　f) 液压先导控制　g) 电液控制

图 7-18　滑阀操纵方式

三位换向阀的各种中位机能　　　　表 7-2

滑阀机能	滑阀状态	中位符号 四通	中位符号 五通	特　点
O	T(T₁) A P B T(T₂)	A B  / P T	 A B / T₁PT₂	各油口全封闭,系统不卸载,缸封闭
H	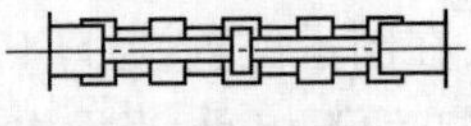	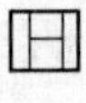		各油口全连通,系统卸载
Y	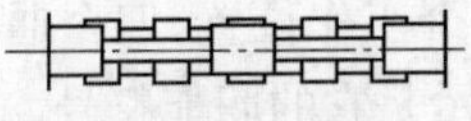			系统不卸载,缸两腔与回油连通
J	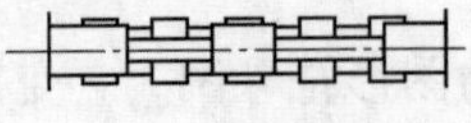	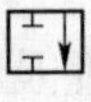		系统不卸载,缸一腔封闭,另一腔与回油连通
C	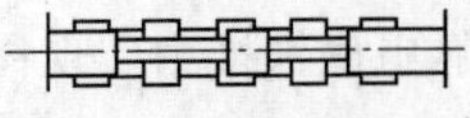			压力油与缸一腔连通,另一腔及回油皆封闭
P	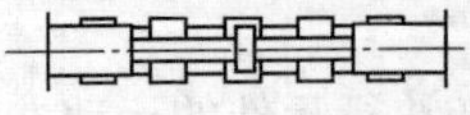			压力油与缸两腔连通,回油封闭

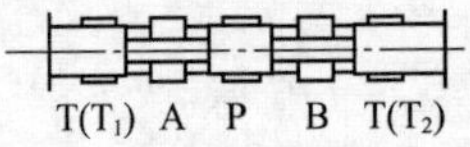

续上表

滑阀机能	滑阀状态	中位符号 四通	中位符号 五通	特　点
K				压力油与缸一腔及回油连通,另一腔封闭,系统可卸载
X				压力油与各油口半开启连通,系统保持一定压力
M				系统卸载,缸两腔封闭
U				系统不卸载,缸两腔连通,回油封闭
N				系统不卸载,缸一腔与回油连通,另一腔封闭

3. 流量控制阀

流量控制阀简称流量阀,主要用来调节阀口的流量,以满足执行元件运动速度的要求。主要有节流阀、调速阀等,以下以节流阀为例介绍。

图 7-19 所示为 L 形节流阀的结构和符号。压力油从进油口 P_1 进入节流阀,经孔 b 流至环形槽,再经过阀芯 1 左端狭小的轴向三角槽式节流阀口,通过孔 a,由出口 P_2 流出。旋转调节手柄 3,可使推杆 2 做轴向移动。推杆左移时,阀芯也向左移动,将节流阀口关小,通过流量减小。反之,阀芯在弹簧力作用下右移,通过流量增大。

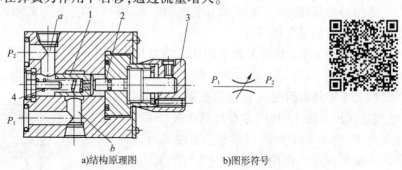

a)结构原理图　　　b)图形符号

图 7-19　L 形节流阀
1-阀芯;2-推杆;3-调节手柄;4-弹簧

这种节流阀的节流阀口形式为轴向三角槽式,节流通道长度短,流量特性与薄壁小孔相类似,其通流面积可任意调节。

节流阀结构简单、体积小,油液可以逆向流动,但功率损失较大,负载及压差的变化对流量稳定性的影响较大。节流阀常用于负载和温度变化不大或对速度稳定性要求较低的液压系统中。

4. 压力控制阀

在液压传动系统中,控制油液压力高低的液压阀称之为压力控制阀,简称压力阀。这类阀的共同点是利用作用在阀芯上的液压力和弹簧力相平衡的原理工作的。

在具体的液压系统中,根据工作需要的不同,对压力控制的要求是各不相同的:有的需要限制液压系统的最高压力,如安全阀;有的需要稳定液压系统中某处的压力值(或者压力差,压力比等),如溢流阀、减压阀等定压阀;还有的是利用液压力作为信号控制其动作,如顺序阀、压力继电器等。

1)溢流阀

(1)溢流阀的作用。

在液压系统中维持定压是溢流阀的主要用途。它常用于节流调速系统中,和流量控制阀配合使用,调节进入系统的流量,并保持系统的压力基本恒定。如图7-20a)所示,溢流阀2并联于系统中,进入液压缸4的流量由节流阀3调节。由于定量泵1的流量大于液压缸4所需的流量,油压升高,将溢流阀2打开,多余的油液经溢流阀2流回油箱。因此,泵在这里溢流阀的功用就是在不断的溢流过程中保持系统压力基本不变。

用于过载保护的溢流阀一般称为安全阀。如图7-20b)所示的变量泵调速系统。在正常工作时,安全阀2关闭,不溢流,只有在系统发生故障,压力升至安全阀的调整值时,阀口才打开,使变量泵排出的油液经溢流阀2流回油箱,以保证液压系统的安全。

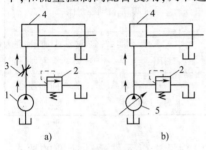

图7-20 溢流阀的作用
1-定量泵;2-溢流阀;3-节流阀;4-液压缸;5-变量泵

(2)常见溢流阀的结构和工作原理。

常用的溢流阀按其结构形式和基本动作方式可归结为直动式和先导式两种。以下以直动式溢流阀为例进行介绍。

直动式溢流阀是依靠系统中的压力油直接作用在阀芯上与弹簧力等相平衡,以控制阀芯的启闭动作,图7-21a)所示是一种低压直动式溢流阀,P是进油口,T是回油口,进口压力油经阀芯4中间的阻尼孔g作用在阀芯的底部端面上,当进油压力较小时,阀芯在弹簧2的作用下处于下端位置,将P和T两油口隔开。当油压力升高,在阀芯下端所产生的作用力超过弹簧的压紧力F。此时,阀芯上升,阀口被打开,将多余的油液排回油箱,阀芯上的阻尼孔g用来对阀芯的动作产生阻尼,以提高阀的工作平衡性,调整螺帽1可以改变弹簧的压紧力,这样也就调整了溢流阀进口处的油液压力p。

2)减压阀

减压阀是利用液流流经缝隙产生压力降的原理,使得阀的出口压力低于进口压力的压力控制阀。用于要某一支路压力低于主油路压力的场合。按其控制压力可分为定值输出减压阀(出口压力为定值)、定比减压阀(进口和出口压力之比为定值)和定差减压

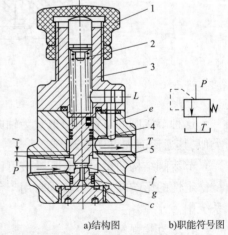

a)结构图 b)职能符号图

图7-21 低压直动式溢流阀
1-螺帽;2-调压弹簧;3-上盖;4-阀芯;5-阀体

阀(进口和出口压力之差为定值)。对定值输出减压阀的性能要求是:出口压力保持恒定,且不受进口压力和流量变化的影响。如图7-22所示为直动式减压阀的工作原理和图形符号图。

5.其他辅助元件

1)蓄能器

液压蓄能器是能量存储装置,它在适当的时候把系统多余的压力油储存起来,在需要时又释放出来供给系统,此外还能缓和液压冲击及吸收压力脉动等。

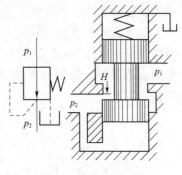

图7-22 直动式减压阀

按储存能量的方式不同,蓄能器有重力式、弹簧式和气液式。

重力式蓄能器是利用重物的势能来储存和释放能量的,如图7-23所示,重物通过柱塞作用于液压油上,使之产生压力,产生的压力取决于重物的质量和柱塞面积的大小。储存能量时,油液经止回阀进入蓄能器内,通过柱塞推动重物上升;释放能量时,柱塞和重物同时下降,油液输出。

弹簧式蓄能器是将液体的压力能转变成弹簧的弹性势能储存起来。图7-24为常用的弹簧式蓄能器结构及图形符号,用活塞3将液体腔与弹簧腔隔开。该蓄能器结构简单,容量小,油压稳定性差,用于低压、小流量系统的蓄能和缓冲。

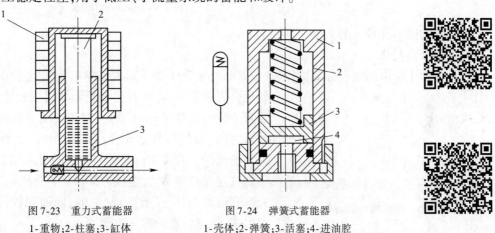

图7-23 重力式蓄能器　　图7-24 弹簧式蓄能器
1-重物;2-柱塞;3-缸体　　1-壳体;2-弹簧;3-活塞;4-进油腔

气液式蓄能器是将液体压力能转变成气体压力能储存起来。按气液隔离的方式不同,分为气液直接作用式、活塞式和气囊式。气液直接作用式一般采用乳化液。该结构容量大,反应灵敏,控制系统复杂,常用于大型水压机中。图7-25是气囊式蓄能器及图形符号,采用耐油橡胶制成的气囊3将气、液分开,气囊固定在壳体2的上部,由充气阀1给气囊内充入氮气。为了保护气囊不被挤出油口,在壳体下端设置了菌形阀4。该蓄能器使气液完全隔开,重量轻,惯性小,反应灵敏,但工艺性稍差。该蓄能器现已得到广泛应用。

2)过滤器

过滤就是从油液中分离出非溶性固体微粒的过程,在液压系统中一般采用过滤器和过滤装置进行过滤。过滤器通常可安装在液压泵的吸油管路上或液压泵的输出管路上及重要原件的前面。有资料显示液压系统的故障75%以上是由于油液污染造成的,混在工作介质中的颗粒污染物会加速液压元件的磨损,堵塞节流小孔,甚至使液压滑阀卡死。

过滤器种类较多,如图7-26所示为通常采用的一种纸芯过滤器,采用酚醛树脂或木浆微孔滤纸作滤芯,油液经过滤芯时,通过滤纸的微孔滤去固体颗粒。为增大过滤面积,纸芯常制成折叠形。它的过滤精度为 5~30μm,多用于精过滤,堵塞后很难清洗,滤芯需经常更换。

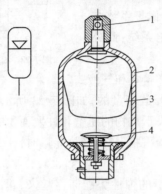

图7-25 气囊式蓄能器
1-充气阀;2-壳体;3-气囊;4-菌形阀

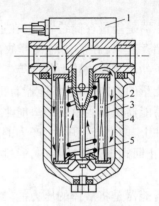

图7-26 纸芯过滤器
1-压差发讯装置;2-滤芯外层;3-滤芯内层;4-壳体;5-支承弹簧

过滤器的图形符号如图7-27所示。

3) 油管及管接头

液压传动中常用的油管有金属管、橡胶管和尼龙管3类。通常情况下,固定元件间的油管用金属管连接,有相对运动的元件间用软管连接。油管安装时应尽量短且平直,避免交叉。管接头是油管之间、油管与其他元件(如泵、阀等)之间的可拆卸连接件。管接头与其他元件之间可采用普通细牙螺纹连接或锥螺纹连接(多用于中低压)。管接头除直通形式外,还有二通、三通、四通和铰接等多种形式,具体可查阅相关手册。

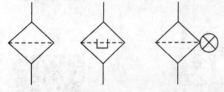

a)一般符号 b)带磁性过滤器 c)带污染指示过滤器

图7-27 过滤器的图形符号

4) 密封件

密封按耦合面间有无相对运动可分为动密封和静密封两大类,按其工作原理可分为非接触式密封和接触式密封。非接触式密封主要指间隙密封,接触式密封指线密封和密封件密封。液压系统中常用的密封件有 O 形密封圈、Y 形密封圈、V 形密封圈等,如图7-28、图7-29、图7-30所示。

密封件在选用时必须考虑以下因素:

(1)密封的性质,是动密封,还是静密封;是平面密封,还是环行间隙密封。

(2)动密封是否要求静、动摩擦系数要小,运动是否平稳,同时考虑相对运动耦合面之间的运动速度、介质工作压力等因素。

(3)工作介质的种类和温度对密封件材质的要求,同时考虑制造和拆装是否方便。

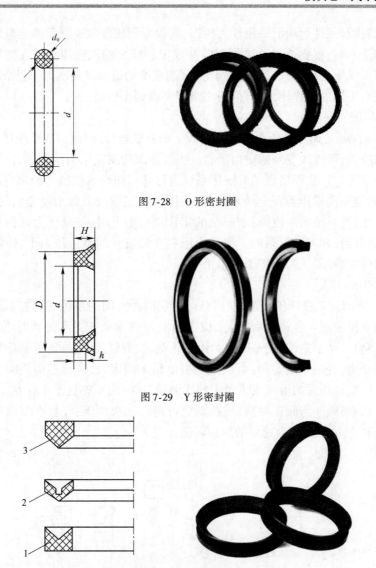

图 7-28　O 形密封圈

图 7-29　Y 形密封圈

图 7-30　V 形密封圈
1-支承环；2-密封环；3-压环

二、典型液压控制回路及在汽车上的应用

(一) 典型控制回路

1. 压力控制回路

压力控制回路是用压力阀来控制和调节液压系统主油路或某一支路的压力,以满足执行元件速度换接回路所需的力或力矩的要求。利用压力控制回路可实现对系统进行调压(稳压)、减压、增压、卸荷、保压与平衡等各种控制。

1) 调压及限压回路

当液压系统工作时,液压泵应向系统提供所需压力的液压油,同时,又能节省能源,减少油液发热,提高执行元件运动的平稳性。所以,应设置调压或限压回路。当液压泵一直工作在系统的调定压力时,就要通过溢流阀调节并稳定液压泵的工作压力。在变量泵系统中或旁路节流调速系统中用溢流阀(当安全阀用)限制系统的最高安全压力。当系统在不同的工作时间内需要有不同的工作压力,可采用二级或多级调压回路。

(1)单级调压回路。

如图7-31a)所示,通过液压泵1和溢流阀2的并联连接,即可组成单级调压回路。通过调节溢流阀的压力,可以改变泵的输出压力。当溢流阀的调定压力确定后,液压泵就在溢流阀的调定压力下工作。从而实现了对液压系统进行调压和稳压控制。如果将液压泵1改换为变量泵,这时溢流阀将作为安全阀来使用,液压泵的工作压力低于溢流阀的调定压力,这时溢流阀不工作,当系统出现故障,液压泵的工作压力上升时,一旦压力达到溢流阀的调定压力,溢流阀将开启,并将液压泵的工作压力限制在溢流阀的调定压力下,使液压系统不致因压力过载而受到破坏,从而保护了液压系统。

(2)二级调压回路。

图7-31b)所示为二级调压回路,该回路可实现两种不同的系统压力控制。由先导型溢流阀2和直动式溢流阀4各调一级,当二位二通电磁阀3处于图示位置时系统压力由阀2调定,当阀3得电后处于右位时,系统压力由阀4调定,但要注意:阀4的调定压力一定要小于阀2的调定压力,否则不能实现;当系统压力由阀4调定时,先导型溢流阀2的先导阀口关闭,但主阀开启,液压泵的溢流流量经主阀回油箱,这时阀4亦处于工作状态,并有油液通过。应当指出:若将阀3与阀4对换位置,则仍可进行二级调压,并且在二级压力转换点上获得比图7-31a)所示回路更为稳定的压力转换。

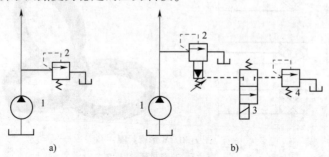

图7-31 调压回路

1-液压泵;2-先导型溢流阀;3-电磁阀;4-直动式溢流阀

2)减压回路

当泵的输出压力是高压而局部回路或支路要求低压时,可以采用减压回路,如机床液压系统中的定位、夹紧、回路分度以及液压元件的控制油路等,它们往往要求比主油路较低的压力。减压回路较为简单,一般是在所需低压的支路上串接减压阀。采用减压回路虽能方便地获得某支路稳定的低压,但压力油经减压阀口时要产生压力损失,这是它的缺点。

最常见的减压回路为通过定值减压阀与主油路相连,如图7-32a)所示。回路中的止回阀为主油路压力降低(低于减压阀调整压力)时防止油液倒流,起短时保压作用,减压回路中也可以采用类似两级或多级调压的方法获得两级或多级减压。图7-32b)所示为利用先导型减压阀1的远控口接一远控溢流阀2,则可由阀1、阀2各调得一种低压。但要注意,阀2的调定压力值一定要低于阀 1 的调定减压值。

为了使减压回路工作可靠,减压阀的最低调整压力不应小于 0.5MPa,最高调整压力至少应比系统压力小 0.5MPa。当减压回路中的执行元件需要调速时,调速元件应放在减压阀的后面,以避免减压阀泄漏(由减压阀泄油口流回油箱的油液)对执行元件的速度产生影响。

3) 增压回路

如果系统或系统的某一支油路需要压力较高但流量又不大的压力油,而采用高压泵又不经济,或者根本就没有必要增设高压力的液压泵时,就常采用增压回路,这样不仅易于选择液压泵,而且系统工作较可靠,噪声小。增压回路中提高压力的主要元件是增压缸或增压器。

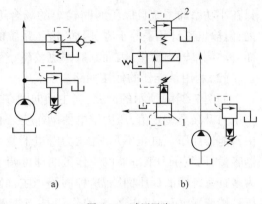

图 7-32 减压回路
1-先导型减压阀;2-远控溢流阀

(1) 单作用增压缸的增压回路。

如图 7-33a) 所示为利用增压缸的单作用增压回路,当系统在图示位置工作时,系统的供油压力 p_1 进入增压缸的大活塞腔,此时在小活塞腔即可得到所需的较高压力 p_2;当二位四通电磁换向阀右位接入系统时,增压缸返回,辅助油箱中的油液经止回阀补入小活塞。因而该回路只能间歇增压,所以称之为单作用增压回路。

(2) 双作用增压缸的增压回路。

图 7-33b) 所示的采用双作用增压缸的增压回路,能连续输出高压油,在图示位置,液压泵输出的压力油经换向阀 5 和止回阀 1 进入增压缸左端大、小活塞腔,右端大活塞腔的回油通油箱,右端小活塞腔增压后的高压油经止回阀 4 输出,此时止回阀 2、3 被关闭。当增压缸活塞移到右端时,换向阀得电换向,增压缸活塞向

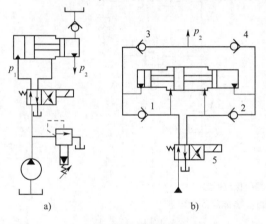

图 7-33 增压回路
1、2、3、4-止回阀;5-换向阀

左移动。同理,左端小活塞腔输出的高压油经止回阀 3 输出,这样,增压缸的活塞不断往复运动,两端便交替输出高压油,从而实现了连续增压。

4) 保压回路

在液压系统中,常要求液压执行机构在一定的行程位置上停止运动或在有微小的位移下稳定地维持住一定的压力,这就要采用保压回路。最简单的保压回路是密封性能较好地液控止回阀的回路,但是,阀类元件处的泄漏使得这种回路的保压时间不能维持太久。常用的保压回路有以下几种:

(1) 利用液压泵的保压回路。

利用液压泵的保压回路也就是在保压过程中,液压泵仍以较高的压力(保压所需压力)工作,此时,若采用定量泵则压力油几乎全经溢流阀流回油箱,系统功率损失大,易发热,故

只在小功率的系统且保压时间较短的场合下才使用;若采用变量泵,在保压时泵的压力较高,但输出流量几乎等于零,因而,液压系统的功率损失小,这种保压方法能随泄漏量的变化而自动调整输出流量,因而其效率也较高。

(2)利用蓄能器的保压回路。

如图7-34a)所示的回路,当主换向阀在左位工作时,液压缸向前运动且压紧工件,进油路压力升高至调定值,压力继电器动作使二通阀通电,泵即卸荷,止回阀自动关闭,液压缸则由蓄能器保压。缸压不足时,压力继电器复位使泵重新工作。保压时间的长短取决于蓄能器容量,调节压力继电器的工作区间即可调节缸中压力的最大值和最小值。图7-34b)所示为多缸系统中的保压回路,这种回路当主油路压力降低时,止回阀3关闭,支路由蓄能器保压补偿泄漏,压力继电器5的作用是当支路压力达到预定值时发出信号,使主油路开始动作。

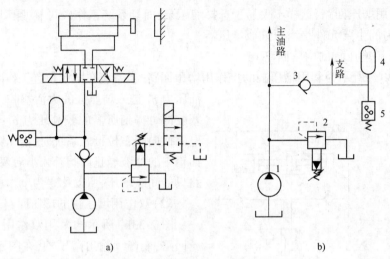

图7-34 利用蓄能器的保压回路
1-液压泵;2-溢流阀;3-止回阀;4-蓄能器;5-继电器

2. 速度控制回路

采用液压传动的设备,液压系统除了必须满足设备对力和转矩的要求外,还必须满足其对运动速度的各项要求,如调速、增速、速度换接及限速等要求。以下简要分析调速回路。

调速回路主要有节流调速回路、容积调速回路、容积节流调速回路等。节流调速回路是采用定量泵供油,由阀改变输入(或输出)执行元件的流量来达到速度调节的调速回路。容积调速回路是通过调节变量泵或变量马达的排量来进行调速的回路。容积节流调速回路又称联合调速回路,它由变量泵供油,通过调节调速阀或节流阀的阀口大小,从而自动地改变变量泵的排量,以实现执行元件工作速度的调节。以下主要介绍节流调速回路。

节流调速的方法是:定量泵同时向两条油路供油,调节其中一条油路中的节流阀口通流面积,改变两条油路的流量分配,实现速度调节。

节流调速回路结构简单,工作可靠,成本低,操作简便,维护方便。但存在较大的节流、溢流能量损失,效率低,发热大。根据阀的种类不同,节流调速分为节流阀调速、调速阀调速和手动换向阀调速三种;根据阀在回路中的安装位置不同,又分为进油节流调速、回油节流调速和旁路节流调速三种。

图7-35a)将节流阀串接在执行元件的进油路上就构成了节流阀进油节流调速回路。在进油节流调速回路中,液压缸的运动速度 v 与节流阀通流面积 A 成正比,调节 A 可实现无级调速,故这种回路的调速范围较广。溢流阀常开有溢流,泵的工作压力由溢流阀调定,溢流阀起溢流、稳压和调压作用。液压缸的运动速度与负载 F 成反比。

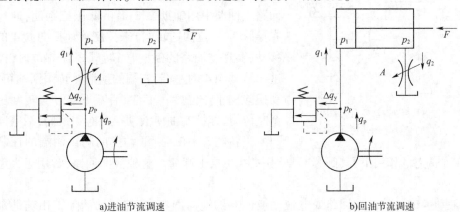

a)进油节流调速　　　　　　b)回油节流调速

图7-35　节流阀进、回油节流调速回路

图7-35b)将节流阀串接在执行元件的回油路上就构成了节流阀回油节流调速回路。与进油节流调速回路一样,液压缸的运动速度与节流阀通流面积成正比;溢流阀常开有溢流,泵的供油压力也由溢流阀调定,溢流阀起溢流、稳压和调压作用;液压缸的运动速度也与负载 F 成反比。

图7-36将节流阀串接在执行元件的进油路的旁路上就构成了节流阀旁路节流调速回路。压缸的运动速度与节流阀通流面积成反比,这与进油、回油节流调速回路相反。溢流阀作安全阀用,常态时关闭,过载时才打开,因而液压缸正常运动时泵的出口压力不再恒定,与缸的进油压力相等(忽略管路泄漏和压力损失),直接随负载而变。液压缸的运动速度也与负载 F 成反比。

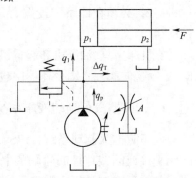

图7-36　节流阀旁路节流调速回路

3.方向控制回路

在液压系统中,起控制执行元件的起动、停止及换向作用的回路,称方向控制回路。方向控制回路有换向回路和锁紧回路。以下分析换向回路。

运动部件的换向,一般可采用各种换向阀来实现。在容积调速的闭式回路中,也可以利用双向变量泵控制油流的方向来实现液压缸(或液压马达)的换向。

依靠重力或弹簧返回的单作用液压缸,可以采用二位三通换向阀进行换向。双作用液压缸的换向,一般都可采用二位四通(或五通)及三位四通(或五通)换向阀来进行换向,按不同用途还可选用各种不同的控制方式的换向回路。

电磁换向阀的换向回路应用最为广泛,尤其在自动化程度要求较高的组合机床液压系统中被普遍采用,这种换向回路曾多次出现于上面许多回路中,这里不再赘述。对于流量较大和换向平稳性要求较高的场合，电磁换向阀的换向回路已不能适应上述要求，往往采用手动换向阀或机动换向阀作先导阀，而以液动换向阀为主阀的换向回路，或者采用电液动换向阀的换向回路。

图7-37所示为手动转阀控制液动换向阀的换向回路。回路中用辅助泵2提供低压控制油，通过手动先导阀3(三位四通转阀)来控制液动换向阀4的阀芯移动，实现主油路的换向，当转阀3在右位时，控制油进入液动阀4的左端，右端的油液经转阀回油箱，使液动换向阀4左位接入工件，活塞下移。当转阀3切换至左位时，即控制油使液动换向阀4换向，活塞向上退回。当转阀3中位时，液动换向阀4两端的控制油通

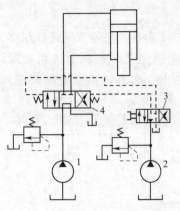

图7-37　先导阀控制液动换向阀的换向回路
1-主泵;2-辅助泵;3-手动转阀;4-液动阀

油箱，在弹簧力的作用下，其阀芯回复到中位、主泵1卸荷。这种换向回路，常用于大型油压机上。

在液动换向阀的换向回路或电液动换向阀的换向回路中，控制油液除了用辅助泵供给外，在一般的系统中也可以把控制油路直接接入主油路。但是，当主阀采用M型或H型中位机能时，必须在回路中设置背压阀，保证控制油液有一定的压力，以控制换向阀阀芯的移动。

在机床夹具、油压机和起重机等不需要自动换向的场合，常常采用手动换向阀来进行换向，手动换向阀在自动变速器中也有应用。

(二) 典型汽车制动液压系统

汽车防抱死制动系统(ABS)中，制动压力调节器串接在制动主缸与轮缸之间，通过电磁阀直接或间接地控制轮缸的制动压力。通常，把电磁阀直接控制轮缸制动压力的调节器称作循环式制动压力调节器，把间接控制制动压力的调节器称作可变容积式制动压力调节器。

循环式制动压力调节器是在制动总缸与轮缸之间串联一电磁阀，直接控制轮缸的制动压力，这种压力调节系统的特点是制动压力油路和ABS控制压力油路相通。如图7-38所示，图中的储能器的功用是在"减压"过程中将从轮缸流经电磁阀的制动液暂时储存起来。回油泵也叫做再循环泵，其作用是将"减压"过程中从制动轮缸流进储能器的制动液泵回制动主缸。下面就该系统的工作原理介绍如下：

1. 常规制动(升压)状态

在常规制动过程中，ABS系统不工作，电磁线圈中无电流通过，电磁阀处于"升压"位置。此时制动主缸与轮缸相通，如图7-39所示，由制动主缸来的制动液直接进入轮缸，轮缸压力随主缸压力而增减。此时回油泵也不需要工作。

2. 保压状态

当转速传感器发出抱死危险信号时，电控单元向电磁线圈输入一个较小的保持电流(约为最大电流的1/2)，电磁阀处于"保压"位置，如图7-40所示。此时主缸、轮缸和回油孔相

互隔离密封,轮缸中的制动压力保持一定。

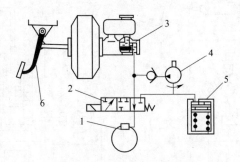

图 7-38 循环式制动压力调节器的基本工作原理
1-制动轮缸;2-电磁阀;3-制动主缸;4-回油泵;5-储能器;6-制动踏板

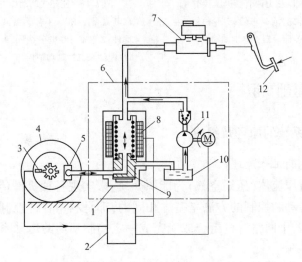

图 7-39 循环式制动压力调节器常规制动(升压)状态
1-电磁阀;2-ECU;3-传感器;4-车轮;5-制动轮缸;6-液压部件;7-主缸;8-电磁线圈;9-阀芯;10-储液器;11-回油泵;12-制动踏板

3. 减压状态

如果在电控单元"保压"命令发出后,车轮仍有抱死的倾向,电控单元即向电磁线圈输入一个最大电流,柱塞移至上端,使电磁阀处于"减压"位置,此时电磁阀将轮缸与回油通道或储液室接通,轮缸中的制动液经电磁阀流入储液室,轮缸压力下降。与此同时,驱动电动机启动,带动液压泵工作,把流回液压油箱的制动液加压后输送到主缸,为下一个制动周期做好准备,如图 7-41 所示。这种液压泵叫再循环泵。它的作用是将减压过程中的轮缸流回的制动液送到高压端,这样可以防止 ABS 工作时制动踏板行程发生变化。因此,在 ABS 工作过程中液压泵必须常开。

4. 增压状态

当压力下降后车轮转速太快时,电控单元便切断通往电磁阀的电流,主缸和轮缸再次相通,主缸中的高压制动液再次进入轮缸,使制动力增加。

制动时,上述过程反复进行,直到解除制动为止。

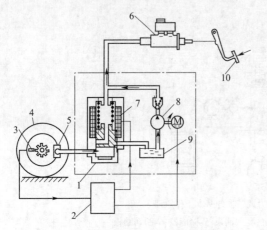 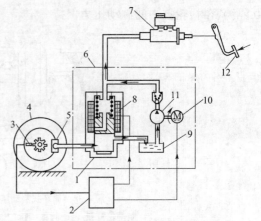

图7-40 循环式制动压力调节器保压状态
1-电磁阀;2-ECU;3-传感器;4-车轮;5-轮缸;6-主缸;7-线圈;8-回油泵;9-储液器;10-制动踏板

图7-41 循环式制动压力调节器减压状态
1-电磁阀;2-ECU;3-传感器;4-车轮;5-轮缸;6-液压部件;7-主缸;8-电磁线圈;9-储液器;10-电动机;11-回油泵;12-制动踏板

三、气压传动基础知识

(一)气压传动系统的原理及组成

1. 气压传动系统的工作原理

气压传动是以有压流体(压缩空气)为能源介质,来实现各种机械传动的系统。气压传动与液压传动实现传动和控制的方法是基本相同的,都是利用各种控制元件组成所需要的各种控制回路,再由若干回路有机组合成能完成一定控制功能的传动系统来进行能量的传递、转换与控制。

2. 气压传动系统的组成及特点

1) 气压传动系统组成

根据气动元件和装置的不同功能,可将气压传动系统分成以下四部分:

(1) 动力元件。动力元件主要设备是空气压缩机,空气压缩机是气动系统的动力源,它把电动机输出的机械能转换为气压能输送给起动系统。

(2) 执行元件。气动执行元件是将压缩空气的压力能转变为机械能的装置,如做直线运动的气缸,做回转运动的气马达等。

(3) 控制元件。气动控制元件是控制压缩空气的流量、压力、方向以及执行元件工作程序的元件,如各种压力阀、流量阀、方向阀、逻辑元件等。

(4) 辅助元件。辅助元件是使压缩空气净化、润滑、消声以及用于元件间连接等所需的装置,如各种过滤器、油雾器、消声器、管件等。

2) 气压传动的优缺点

气压传动能够得到迅速发展和广泛应用的原因,是由于它具有如下优点:

(1) 工作介质是空气,来源方便,取之不尽,使用后直接排入大气而无污染,不需要设置专门的回气装置。

(2)空气的黏度很小,流动时压力损失较小,节能,高效,适用于集中供应和远距离输送。

(3)气动动作迅速,反应快,维护简单,调节方便,特别适合一般设置的控制。

(4)工作环境适应好,特别适合在易燃、易爆、潮湿、多尘、强磁、振动、辐射等恶劣条件下工作,外泄漏不污染环境,在食品、轻工、纺织、印刷、精密检测等环境中采用最为适宜。

(5)成本低,过载能自动保护。

气压传动与其他传动相比,具有以下缺点:

(1)空气具有可压缩性,不易实现准确的速度控制和很高的定位精度,负载变化时对系统的稳定性影响较大。

(2)空气的压力较低,只适用于压力较小的场合。

(3)排气噪声较大,高速排气时应加消声器。

(4)因空气无润滑性能,故在气路中应设置给油润滑装置。

(二)气压传动组件

气动系统常用的执行元件为气缸和气马达,气缸用于实现直线往复运动,气马达用于实现连续回转运动。

1)气缸

气缸的种类较多,以下简要几种介绍常见的气缸。

(1)普通气缸。

常用的气缸有单杆单作用和单杆双作用两种气缸。

①单杆双作用气缸。

单杆双作用气缸的工作原理与普通液压缸相同,通过无杆腔和有杆腔交替进气和排气,活塞杆伸出和退回,气缸实现往复直线运动。

②单杆单作用气缸。

单杆单作用气缸通过气体压力驱动活塞向一个方向运动,复位靠另一侧的弹簧力作用。在弹簧一侧留有气孔与大气相通。

(2)气—液阻尼缸。

气—液阻尼缸是由气缸和液压缸组合而成,它以压缩空气为能源,利用油液的不可压缩性和控制流量来获得活塞的平稳运动和调节活塞的运动速度。与气缸相比,它传动平稳,停位精确,噪声小;与液压缸相比,它不需要液压源,经济性好,同时具有气动和液压的优点,因此得到了越来越广泛的应用。

图7-42为串联式气—液阻尼缸的工作原理图。若压缩空气自A口进入气缸左侧,必推动活塞向右运动。因液压缸活塞与气缸活塞共用一个活塞杆,故液压缸也将向右运动。此时液压缸右腔排油,油液由A口经节流阀而对活塞的运行产生阻尼作用,调节节流阀,即可改变阻尼缸的运动速度;反之,压缩空气自B口进入气缸右侧,活塞向左移动,液压缸左侧排油,此时止回阀开启,无阻尼作用,活塞快速向左运动。

(3)膜片式气缸。

如图7-43所示的为薄膜气缸,它主要由膜片和中间硬芯相连来代替普通气缸中的活塞,依靠膜片在气压作用下的变形来使活塞杆前进。活塞的位移较小,一般小于40mm;平膜片的行程则为其有效直径的1/10,有效直径的定义为:

$$D_m = \frac{D^2 + Dd + d^2}{3}$$

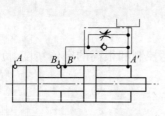

图7-42 串联式气—液阻尼缸

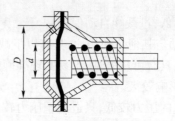

图7-43 薄膜气缸

这种气缸的特点是结构紧凑,重量轻,维修方便,密封性能好,制造成本低,广泛应用于化工生产过程的调节器上。

(4)摆动式气缸。

摆动式气缸是将压缩空气的压力能转变成气缸输出轴的有限回转的机械能,多用于安装位置受到限制,或转动角度小于360°的回转工作部件,例如夹具的回转、阀门的开启、转塔车床转位以及自动线上物料的转位等场合。

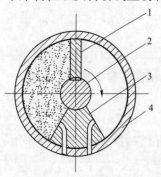

图7-44 摆动气缸
1-叶片;2-转子;3-定子;4-缸体

图7-44为单叶片式摆动气缸的工作原理图,定子3与缸体4固定在一起,叶片1和转子2(输出轴)连接在一起,当左腔进气时,转子顺时针转动;反之,转子则逆时针转动。转子可做成图示的单叶片式,也可做成双叶片式。

2)气动马达

(1)叶片式气动马达。

如图7-45所示的为双向旋转叶片式气动马达的工作原理图,当压缩空气从进气口 A 进入气室后立即喷向叶片1,作用在叶片的外伸部分,产生转矩,带动转子2做逆时针转动,输出旋转的机械能,废气从排气口 C 排出,残余气体则经 B 排出(二次排气);若进、排气口互换,则转子反转,输出相反方向的机械能。转子转动的离心力和叶片底部的气压力、弹簧力(图中未画出)使得叶片紧密地抵在定子3的内壁上,以保证密封,提高容积效率。

(2)径向活塞式气动马达。

图7-46所示是径向活塞式气动马达的工作原理图。压缩空气经进气孔(图中未画出)进入分配阀(又称配气阀)后再进入气缸体3内(图示进入气缸Ⅰ和Ⅱ),推动活塞4及连杆组件5运动,驱动曲轴6旋转。在曲轴旋转的同时,带动固定在曲轴上的分配阀同步运动,使压缩空气随着分配阀角度位置的改变而进入不同的缸内,依次推动各个活塞运动,并由各活塞及连杆带动曲轴连续运转。与此同时,与进气缸相对应的气缸则处于排气状态。

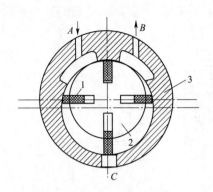
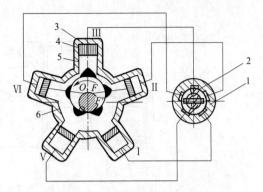

图 7-45 双向旋转的叶片式马达
1-叶片;2-转子;3-定子

图 7-46 径向活塞式气动马达
1-分配阀套;2-分配阀芯;3-气缸体;4-活塞;5-连杆;6-曲轴

(三)控制元件

1. 方向控制阀

方向型控制阀是通过控制压缩空气的流动方向和气路的通断,控制执行元件的启动、停止及运动方向的气动控制元件。

1)单向型控制阀

(1)止回阀。

止回阀是指气流只能向一个方向流动而不能反向流动的阀。止回阀的工作原理、结构和图形符号与液压阀中的止回阀基本相同,只不过在气动止回阀中,阀芯和阀座之间有一层胶垫(密封垫),如图 7-47 所示。

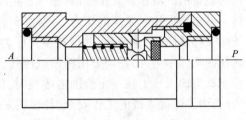

图 7-47 止回阀

(2)快速排气阀。

快速排气阀简称快排阀,它是为加快气缸运动速度作快速排气用的。通常气缸排气时,气体是从气缸经过管路由换向阀的排气口排出的。如果从气缸到换向阀的距离较长,而换向阀的排气口又小时,排气时间就较长,气缸动作速度较慢。此时,若采用快速放气阀,则气缸内的气体就能直接由快排阀排往大气中,加速气缸的运动速度。实验证明,安装快速排气阀后,气缸的运动速度可提高 4~5 倍。

快速排气阀的工作原理如图 7-48 所示。当进气腔 P 进入压缩空气时,将密封膜片迅速下推,关闭排气口 O,使进气腔 P 的压缩空气经膜片上的孔与工作腔 A 相通;当 P 腔没有压缩空气进入时,在 A 腔压力作用下,密封膜片迅速上移,关闭 P 腔,使 A 腔通过阀口经 O 腔快速排气。图 7-48 右侧图为该阀的图形符号。

其他类型的单向型控制阀,可参考有关资料,在此不再赘述。

2)换向型控制阀

换向型方向控制阀(简称换向阀)是通过改变气体通道,使气体流动方向发生变化,从而改变气动执行元件的运动方向。换向型控制阀有气压控制、电磁控制、人力控制、机械控制等多种控制操作方式。

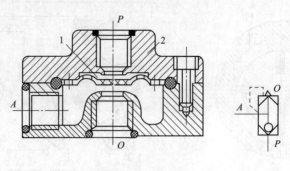

图 7-48 快速排气阀
1-膜片;2-阀体

换向型方向控制阀的结构和工作原理与液压阀中的方向控制阀基本相似,切换位置和接口数也分几位几通,图形符号也基本相同,在此不再赘述。

2. 压力控制阀

压力控制阀主要用来控制系统中气体的压力,满足各种力的要求或用以节能。

气压传动系统与液压传动系统不同的一个特点是,液压传动系统的液压油是由安装在每台设备上的液压源直接提供;而气压传动则是将比使用压力高的压缩空气储于储气罐中,然后减压到适用于系统的压力。因此每台气动装置的供气压力都需要用减压阀(在气动系统中又称调压阀)来减压,并保持供气压力值稳定。对于低压控制系统(如气动测量),除用减压阀降低压力外,还需要用精密减压阀(或定值器)以获得更稳定的供气压力。这类压力控制阀当输入压力在一定范围内改变时,能保持输出压力不变。当管路中压力超过允许压力时,为了保证系统的工作安全,往往用安全阀实现自动排气,以使系统的压力下降。有时,气动装置中不便安装行程阀而要依据气压的大小来控制两个以上的气动执行机构的顺序动作,能实现这种功能的压力控制阀称为顺序阀、平衡阀等。所有的压力控制阀,都是利用空气压力和弹簧力相平衡的原理来工作的。安全阀、顺序阀的工作原理与液压控制阀中溢流阀(安全阀)和顺序阀基本相同。

1) 调压阀

图 7-49 所示为直动式调压阀的工作原理图及符号。当顺时针方向调整手柄 1 时,调压弹簧 2(实际上有两个弹簧)推动下弹簧座 3、膜片 4 和阀芯 5 向下移动,使阀口 8 开启,气流通过阀口后压力降低,从右侧输出二次压力气体。与此同时,有一部分气流由阻尼孔 7 进入膜片室,在膜片下方产生一个向上的推力与弹簧力平衡,调压阀便有稳定的压力输出。当输入压力 P_1 增高时,输出压力 P_2 也随之增高,使膜片下方的压力也增高,将膜片向上推,阀芯 5 在复位弹簧 9 的作用下上移,从而使阀口 8 的开度减小,节流作用增强,使输出压力降低到调定值为止;反之,若输入压力下降,则输出压力也随之下降,膜片下移,阀口开度增大,节流作用降低,使输出压力回升到调定压力,以维持压力稳定。

调节手柄 1 以控制阀口开度的大小,即可控制输出压力的大小。目前常用的 QTY 型调压阀的最大输入压力为 1.0MPa,其输出流量随阀的通径大小而改变。

2) 顺序阀

顺序阀是依靠气路中压力的大小来控制各执行元件动作先后顺序的压力控制阀,其作用和工作原理与液压顺序阀基本相同,顺序阀常与止回阀组合成止回顺序阀。图7-50所示为单向顺序阀的工作原理图。当压缩空气由 P 口输入时,止回阀4在压差力及弹簧力的作用下处于关闭状态,作用在活塞3上输入侧的气压作用力如超过弹簧2的预紧力时,活塞被顶起,顺序阀打开,压缩空气由 A 输出;当压缩空气反向流动时,输入侧变成排气口,输出侧变成进气口,其进气压力将顶开止回阀,由左侧排气。调节手柄1就可改变顺序阀的开启压力。

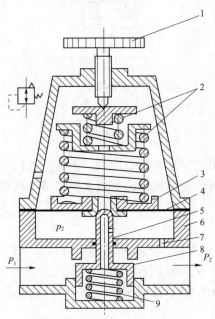

图7-49 调压阀
1-调压手柄;2-调压弹簧;3-下弹簧座;4-膜片;5-阀芯;6-阀套;7-阻尼孔;8-阀口;9-复位弹簧

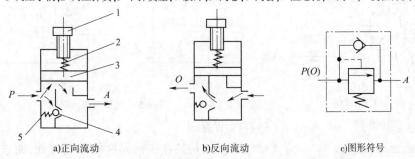

a)正向流动　　　　b)反向流动　　　　c)图形符号

图7-50 止回顺序阀的工作原理
1-手柄;2-压缩弹簧;3-活塞;4-止回阀;5-小弹簧

3) 安全阀

在气压系统中,为防止管路、气缸等的破坏,应限制回路中的最高压力,此时应采用安全阀。当回路中的压力达到某给定值时,安全阀使部分或全部气体从排气口溢出,以保证回路压力的稳定。

图7-51所示为安全阀的工作原理图。当系统中的压力低于调定值时,阀处于关闭状态。当系统压力升高到安全阀的开启压力时,压缩空气推动活塞3上移,阀门开启排气,直

到系统压力降到低于调定值时,阀口又重新关闭。安全阀的开启压力可通过调整弹簧2的预压缩量来调节。

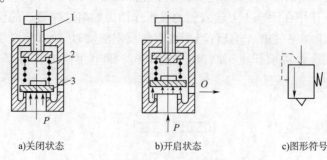

a)关闭状态　　　b)开启状态　　　c)图形符号

图 7-51　安全阀的工作原理
1-旋钮;2-弹簧;3-活塞

3.流量控制阀

1)节流阀

图 7-52 所示为圆柱斜切型节流阀的结构图。压缩空气由 P 口进入,经过节流后,由 A 口流出,旋转阀芯调节螺杆可改变节流口的开度。这种节流阀结构简单,体积小,应用范围较广。

2)止回节流阀

止回节流阀是由止回阀和节流阀并联而成的组合式流量控制阀,常用来控制气缸的运动速度。图 7-53 所示为止回节流阀工作原理图,当气流由 P 向 A 流动时,止回阀关闭,节流阀节流,见图 7-53a);反方向流动时,止回阀打开,不能节流,见图 7-53b)]。

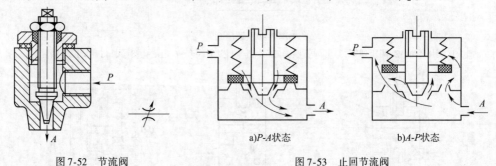

a)P-A状态　　　b)A-P状态

图 7-52　节流阀　　　图 7-53　止回节流阀

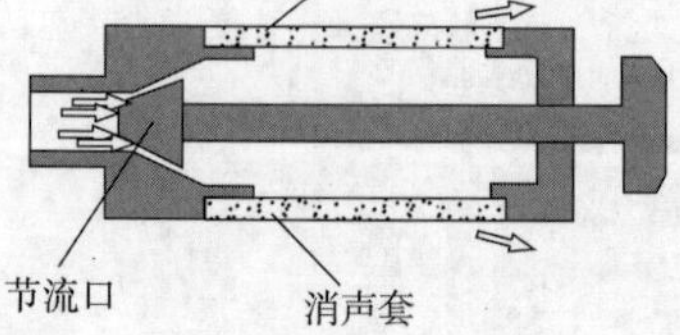

3)排气节流阀

排气节流阀是装在执行元件的排气口处,通过调节排入大气的流量来改变执行元件运动速度的一种控制阀。它常带有消声器件以降低排气噪声,并能防止不清洁的环境通过排气孔污染气路中的元件。图 7-54 所示是排气节流阀的工作原理图。

图 7-54　排气节流阀

(四)其他装置及附件

1.气源装置

气源装置又称动力源,是气动系统的重要组成部分。其作用是为气动系统提供满足要求的压缩空气。如图 7-55 所示,一般的气源装置由三部分组成:空气压缩机;存储、净化压缩空气的设备;连接传输压缩气体的管路及其他辅助元件。

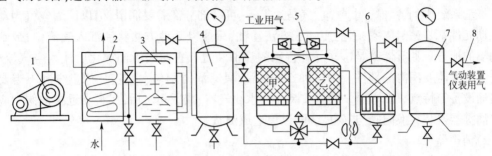

图 7-55　气源装置的组成

1-空气压缩机;2-后冷却器;3-除油器;4、7-储气罐;5-干燥器;6-过滤器;8-输气管路

1)空气压缩机

空气压缩机是将电动机输出的机械能转换成压缩空气压力能的装置,是气动系统的动力源。

(1)空气压缩机的分类。

空气压缩机的种类很多,按工作原理可分为容积式和速度式两大类。在气压传动中,一般采用容积式空气压缩机。

(2)空气压缩机的工作原理。

在容积式空气压缩机中,最常用的是活塞式空气压缩机,其工作原理如图 7-56 所示,曲柄 8 做回转运动,带动气缸活塞 3 做直线往复运动,当活塞 3 向右运动时,气缸腔 2 因容积增大而形成局部真空,在大气压的作用下,吸气阀 9 打开,大气进入气缸腔,此过程为吸气过程;当活塞向左运动时,气缸腔内的气体被压缩,压力升高,吸气阀关闭,排气阀 1 打开,压缩空气排出,此过程为排气过程。单级单缸的空气压缩机就这样循环往复运动,不断产生压缩空气,而大多数空气压缩机是由多缸多活塞组合而成。

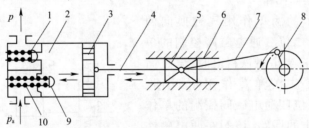

图 7-56　活塞式空气压缩机

1-排气阀;2-汽缸腔;3-活塞;4-活塞杆;5-滑块;6-滑道;7-连杆;8-曲柄;9-吸气阀;10-弹簧

2)气源净化装置

一般使用的空压机都采用油润滑,在空压机中空气被压缩,温度可升高到 140~170℃,这时部分润滑油变成气态,加上吸入空气中的水和灰尘,形成了水气、油气、灰尘等混合杂质。如果将含有这些杂质的压缩空气供气动设备使用,将会产生极坏的影响。

在气动系统中设置除水、除油、除尘和干燥等气源净化装置是十分必要的。常用的气源净化装置主要有后冷却器、油水分离器、干燥器、储气罐、分水滤气器等。

2. 气动附件

1) 油雾器

气动系统中的各种气阀、气缸、气马达等,其可动部分都需要润滑,但以压缩空气为动力的气动元件都是密封气室,不能用一般方法注油,只能以某种方法将油混入气流中,带到需要润滑的地方。油雾器就是这样一种特殊的注油装置。它使润滑油雾化后注入空气流中,随空气进入需要润滑的部件。用这种方法加油,具有润滑均匀、稳定,耗油量少和不需要大的储油设备等特点。油雾器一般应安装在分水滤气器、减压阀之后,尽量靠近换向阀。应避免将油雾器安装在换向阀与气缸之间,以免造成浪费。

2) 消声器

气动回路与液压回路不同,它没有回气管道,压缩空气使用后直接排入大气,因排气速度较高,会产生强烈的排气噪声。为降低噪声,一般在换向阀的排气口安装消声器。

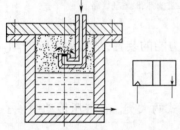

图 7-57 气液转换器

3) 气液转换器

气液转换器是将气体压力能转换成液体压力能的能量转换装置,图 7-57 所示为一种直接作用式气液转换器结构原理图。压缩空气由上部输入管进入,作用在液体油面上,液压油即以相同的压力由转换器下部的排油孔输出到液压缸,使液压缸产生动作。

四、气压基本回路及汽车典型气压传动系统

(一) 气压基本回路

1. 方向控制回路

1) 单作用气缸换向回路

如图 7-58 所示的为单作用气缸换向回路。图 7-58a) 是用二位三通电磁阀控制的单作用气缸上、下回路,当电磁铁得电时,气缸向上伸出,失电时气缸在弹簧作用下返回。图 7-58b) 所示为三位四通电磁阀控制的单作用气缸上、下和停止的回路,该阀在两电磁铁均失电时能自动对中,使气缸停于任何位置,但定位精度不高,且定位时间不长。

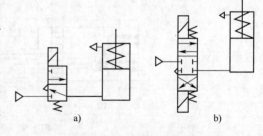

图 7-58 单作用气缸换向回路

2) 双作用气缸换向回路

图 7-59 为各种双作用气缸的换向回路,图 7-59a) 是比较简单的换向回路,图 7-59f) 还有中停位置,但中停定位精度不高,图 7-59d)、e)、f) 的两端控制电磁铁线圈或按钮不能同时操作,否则将出现误动作,其回路相当于双稳的逻辑功能,在图 7-59b) 的回路中,当 A 有压缩空气时,气缸推出;反之,气缸退回。

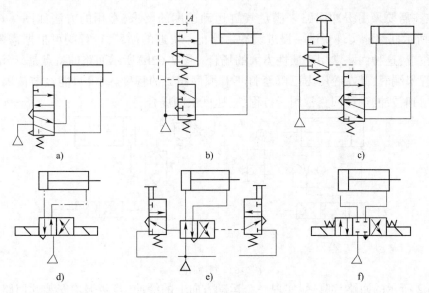

图 7-59 双作用气缸换向回路

2. 压力控制回路

1）一次压力控制回路

一次压力控制回路主要用于控制储气罐内气体的压力。为此,通常在储气罐上安装一只安全阀,用来实现一旦罐内压力超过规定压力就向大气放气,也常在储气罐上装一电接点式压力表,一旦罐内压力超过规定压力时,使空气压缩机断电,不再供气。(插入一次压力控制回路)若储气罐里的压力超过规定值,溢流阀开启,压缩机输出的压缩空气由溢流阀排出,使储气罐内压力在规定范围;采用电接点压力表控制时,用它直接控制压缩机的停止和转动。

2）二次压力控制回路

为保证气动系统使用的气体压力为一稳定值,多用如图 7-60 所示的由空气过滤器—减压阀—油雾器(气动三联件)组成的二次压力控制回路。但要注意,供给逻辑元件的压缩空气不要加入润滑油。

3. 速度控制回路

1）单作用气缸速度控制回路

图 7-61 所示为单作用气缸速度控制回路,升、降均通过节流阀调速,两个相反安装的单向节流阀,可分别控制活塞杆的伸出及缩回速度。

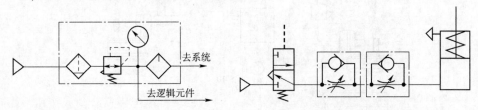

图 7-60 二次压力控制回路　　图 7-61 单作用气缸速度控制回路

2）缓冲回路

要获得气缸行程末端的缓冲,除采用带缓冲的气缸外,特别在行程长、速度快、惯性大的情况下,往往需要采用缓冲回路来满足气缸运动速度的要求,常用的方法如图7-62所示。图7-62a)所示回路能实现快进—慢进缓冲—停止—快退的循环,行程阀可根据需要来调整缓冲开始位置,这种回路常用于惯性力大的场合。图7-62b)所示回路的特点是,当活塞向左运动到行程末端时,其左腔压力已降至打不开顺序阀2的程度,余气只能经节流阀1排出,因此活塞得到缓冲,这种回路常用于行程长、速度快的场合。

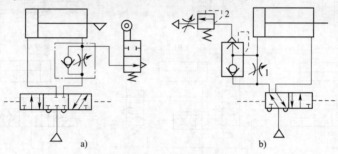

图7-62 缓冲回路

图7-62所示的回路,都只能实现一个运动方向上的缓冲,若两侧均安装此回路,可达到双缓冲的目的。

(二)汽车典型气压传动系统

汽车气压制动系统ABS。汽车在行驶过程中,经常要用制动的方式来降低车速,或在很短的距离内停车,可是过度制动会使车轮抱死。如果前轮先抱死,汽车将失去转向能力;如果后轮先抱死,汽车有可能出现侧滑甚至掉头的危险。为了防止制动时车轮被抱死后在路面上进行纯粹地滑移,提高汽车在制动过程中转向操纵能力和方向稳定性,缩短制动距离,设置了汽车防滑控制系统,称为防抱死制动系统,简称ABS。

汽车装用的气压制动系统ABS,一般采用四传感器、四通道、四轮独立控制,如图7-63所示。

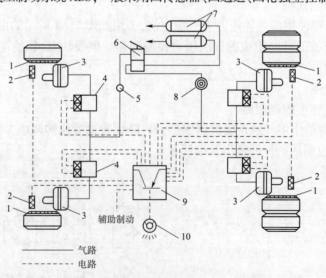

图7-63 四轮后驱动气压制动系统ABS

1-齿圈;2-轮速传感器;3-制动气室;4-制动压力调节器(PCV阀);5-快放阀;6-制动总阀;7-储气筒;8-继动阀;9-ABS ECU;10-报警灯

每个车轮配有一个轮速传感器和一个制动压力调节器(PCV 阀),前轮 PCV 阀串联在快放阀与前轮制动气室之间,后轮 PCV 串联在继动阀与后轮制动气室之间。PCV 阀根据 ABS ECU 的指令将压缩空气充入制动气室、排出制动气室或封闭制动气室,从而实现制动压力的"增压""减压"和"保持"过程。

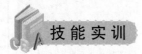

液压基本回路的组装调试实验

(一)实训内容

液压基本回路的组装调试。

(二)实训目的

认识常见的液压基本元件,掌握简单的液压回路的组装步骤和调试方法(表 7-3)。

表 7-3

回路名称	换向、制动回路		
实验回路			
实验元件			
组装步骤	1.将所有实验元件从抽屉中取出,正确悬挂在面板上; 2.对照实验油路,用油管将元件连接起来; 3.根据实验设备的技术要求,分别用红、蓝电线连接好电磁换向阀的控制电路; 4.认真自查组装回路,并提交指导老师检查验收		
电磁通断表	工况	1YA	2YA
	工进		
	快退		
	制动		

续上表

调试步骤	1. 将溢流阀的手柄调至最松状态,节流阀的阀口开度处于最大状态; 2. 按下定量泵的启动开关,启动定量泵; 3. 逐步旋紧溢流阀,使压力表读数为4MPa左右; 4. 换向与制动: 按照电磁通断表的电路连通关系,采用"点动"控制方法,使液压缸分别实现"工进—快退—制动"工作。此时观察压力表,发现三种工况下压力表读数分别为_____、_____、_____ MPa
实验分析与思考	1. 在本实验中,液压缸活塞直径为40mm、活塞杆直径为20mm,请计算工进与快进的速度比。 2. 当换向阀处于中位状态时,泵的出口压力为什么不为零? 3. 启动泵前,为什么溢流阀要处于最松状态?

模块小结

通过本模块知识脉络图(图7-64),自行对所学知识进行梳理总结。

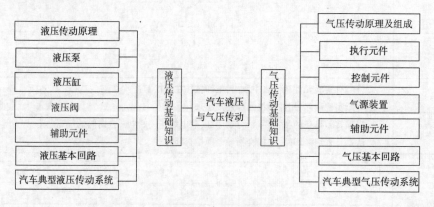

图7-64 知识脉络图

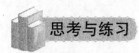

思考与练习

(一)填空题

1. 液压系统除工作介质外,主要由_____、_____、_____和_____四部分组成。
2. 液压泵是将原动机(如电动机)输出的_____转换为_____的装置。
3. 液压缸是液压传动系统中的_____元件,是将_____能转换为_____能的能量转换装置。
4. 三位换向阀在中位时_____称为中位机能。
5. 流量控制阀是通过改变_____来调节_____,从而改变执行元件的_____。
6. 气压传动系统由_____、_____、_____和_____四部分元件组成。
7. 液压传动一般采用_____为工作介质。
8. 轿车及小型车的制动系统一般采用_____为工作介质。
9. 当液压缸的活塞有效作用面积一定时,活塞的运动速度由输入液压缸的_____决定。
10. 常用的内啮合齿轮泵有_____和_____两种类型,工作原理与外啮合齿轮泵基本类似。
11. 按柱塞排列方向不同,可分为_____柱塞泵和_____柱塞泵两大类。
12. 按液压马达的额定转速不同分为_____液压马达和_____液压马达两大类。
13. _____是液压系统的执行元件,是可将油液的压力能转换成机械能并输出的装置。
14. 液压控制阀主要有两个参数,即_____和_____。
15. 在液压系统中,_____用来储存和释放液体压力能的装置。

(二)简答题

1. 什么是液压传动?液压传动与其他传动相比有哪些优缺点?
2. 外啮合齿轮泵是定量泵,其吸、排油口是否可以互换?
3. 液压传动大致由哪些部分组成?各部分起何作用?
4. 气压控制阀有什么作用?
5. 流量控制阀有哪些类型?各有什么作用?
6. 液压传动由哪五部分组成?各部分起何作用?
7. 液压马达有哪些类型?各有什么特点?
8. 液压缸有什么作用?其结构一般由哪些组成?
9. 试分析汽车循环式制动压力调节器工作原理。

参 考 文 献

[1] 毛友新.机械设计基础[M].武汉:华中科技大学出版社,2007.
[2] 宋亚林.机械设计基础[M].武汉:华中科技大学出版社,2008.
[3] 牛宝林.机械制造基础[M].武汉:华中科技大学出版社,2005.
[4] 骆莉.机械制造工艺基础[M].武汉:华中科技大学出版社,2006.
[5] 朱秀琳.汽车机械基础[M].北京:电子工业出版社,2009.
[6] 吴定春.汽车机械基础[M].北京:中国劳动社会保障出版社,2014.
[7] 王党生,孙旭.汽车机械基础[M].北京:清华大学出版社,2011.
[8] 成大先.机械设计手册[M].6版.北京:化学工业出版社,2016.